모자이크로
승 부 하 라

모자이크로 승부하라

발행일	2019년 5월 31일
지은이	안영노
펴낸이	한아타
펴낸곳	출판법인 드림워커
제작처	(주)북랩 book.co.kr

등록일자	2017-08-08
등록번호	제2018-000083호
등록주소지	서울특별시 용산구 한강대로7길 22-6 이안오피스 1층 102호
홈페이지	https://drmwalker.modoo.at
이메일	ii21@live.com
전화번호	050-4866-0021
팩스번호	050-4346-5979

ISBN   979-11-958185-7-0 03320

이 도서의 국립중앙도서관 출판예정도서목록(CIP)은 서지정보유통지원시스템 홈페이지(http://seoji.nl.go.kr)와
국가자료공동목록시스템(http://www.nl.go.kr/kolisnet)에서 이용하실 수 있습니다.
(CIP제어번호: CIP2019018473)

안녕드림총서

— 협업가의 시대와 새로운 기업가 정신 —

모자이크로 승부하라

안영노 지음

'안녕드림'은 '안녕소사이어티'와 '출판법인 드림워커'가 협업을 통해
진행하는 프로젝트형 출판브랜드입니다.

내가 어디서 왔고 어디로 가는지 알면
회사가 어디로 가야 할지 알 수 있을까?

사업에서 서로 돕고 함께 일하는 것이
우리에게 더 나은 생존의 기회를 줄까?

우리가 세상을 바꾸는 목표를 세우면
시장을 헤쳐나가는 도전이 더 낫지 않을까?

'모자이크 비즈니스 랩(Mosaic Business Lab)'은 기업가들의 창업과 창업 후 성장을 돕기 위해 만들어진 보육 프로그램이다. 새롭게 창업하는 사람들뿐 아니라, 이미 사업을 하고 있는 현장의 기업가들을 위한 것인데, 비즈니스 모델을 짜 주는 컨설팅이나 사업계획서를 만들어 주는 멘토링 같은 데 머물지 않는다. 원탁 대화를 통해서 기업가가 핵심적으로 해 내야 할 일을 되돌아볼 수 있는 통찰력을 제공하기 때문에, 철학이 분명한 기업가 양성 프로그램으로 자리 잡아 가고 있다.

기존의 단순한 창업 교육 과정과 달리 현장 기업가들을 위한 자기점검 교육에도 쓰이고, 기업가 정신(Entrepreneurship)을 기르는 대화형 워크숍으로 쓰이기도 한다. 또 기업가뿐 아니라 기획자, 예술가와 디자이너, 지역 혁신가, 공동체 활동가, 그리고 리더십 워크숍 등 다양한 고객을 대상으로 펼쳐지는 특징이 있다.

일하는 분야가 다른 사람들이 한 원탁에서 서로 이야기를 나누도록 프로그램을 짰고, 처음부터 끝까지 협업을 지향하는 대화 절차로 진행된다. 그래서 모자이크를 이루어 간다고 말한다. 원탁 대화 안에서 참여한 사람들이 서로에게 멘토링을 해 주도록 만드는 혁신적인 절차이기 때문에, 어떤 참여자에게든 적용될 수 있고 확장이 잘된다.

컨설턴트나 멘토가 이끄는 것이 아니라, 참여자들이 함께 학습하고 연구해 나가는 공동실험실(Laboratory) 개념의 프로그램이라 랩이라고 한다. 그 안에서 참여한 사람들은 파트너십을 갖고 콜라보 상대를 찾아 비즈니스 대화를 해 나간다. 참여자 스스로 모자이크 비즈니스를 만들어 내도록 돕는 이 랩을 줄여서 우리는 '모비랩(Mobiz Lab)'이라고 부른다.

모자이크의 힘

모비랩은 저자를 비롯한 현장의 기업가들이 한국 사회에서 직접 만들어 낸 창업보육 시스템이다. 크게 해업, 협업, 환업의 세 단계로 이뤄져 있다. 기업가 양성 과정의 핵심 요소를 독자적으로 발굴하여, 기업가로서 배출될 사람들에게 체계적으로 적용했다. 그 결과 실제 기업 육성 현장에서 이전의 것들과 다른 성과를 만들어 내고 있다.

기성 창업보육 과정은 경험을 가진 멘토가 창업해야 할 멘티를 가르치면서 돕는 기본 구조를 갖고 있다. 나는 정부가 운영하거나 민간에서 진행하는 몇몇 육성 과정을 경험하면서 그 방식에 의문을 품었다. 창업 육성의 문제가 낡은 멘토링 방식에 있다는 데에 주목했다. 보육기관의 프로그램이 창업하는 사람들을 적절하게 돕지 못하므로 멘토링 절차 전체를 완전히 새롭게 모형화하는 데 집중하게 된 것이다.

모비랩에서는 멘토링을 파격적으로 줄이고, 창업을 해야 하는 멘티들이 오로지 대화를 통해 상호학습과 공동연구를 하도록 충분히 시간을 주었다. 멘티로서 창업보육의 문제를 겪어본 30대, 40대 현업의 기업가들과 함께, 과거의 멘토 방식을 극복하고 효과적으로 후배 기업가를 길러 내는 서비스를 만들기로 했다. 창업해야 할 멘티들이 스스로 잠재력을 발견하고 서로 대화하면서 기업가로서의 시야를 확대해 나가도록, 원탁을 운영하는 혁신적인 방법을 파고들었다.

원탁에서의 대화를 바탕으로 모자이크 방식을 추구하는 것이 핵심이었다. 모자이크란 다른 색깔의 유리조각이 모여 하나의 조화로운 그림을 이루며 커다란 창문을 만들어 내는 것으로, 원탁을 상징한다. 모자이크는 이질적이고 다양한 기업체들이 차이를 인정하면서 공존하는 태도를 갖는 것을 뜻한다. 그런 관대함과 포용의 자세 안에서 자신의 자원을 공유하고, 협동을 통해 상생의 기회를 얻으며, 공생에 이르기 위해 협업을 해 나가는 대화를 비유하는 말이 모자이크다.

관념적으로 보일 수 있는 이런 대화가 창업에 도움이 될까. 놀랄 정도로 실용적이다. 각자도생하거나 무한경쟁으로 상대방을 밟아 죽이고 올라서는 것을 당연시하는 것이 시장이다. 하지만 사업하는 사람들의 시장이 꼭 이러하기만 한지, 모든 사업가가 꼭 남을 밟아 죽이고 살아남는지, 질문해야 한다. 컨설턴트와 멘토들, 창업보육센터 담당자들부터 이것을 의심하지 않고 프로그램을 운영하기 때문에 당연히 남을 죽이고 살아남는 기업, 남의 것을 빼앗아 이기려는 기업가를 양산한다. 결국 무례하고 잔인한 장사꾼과 업자만 길러 내는 우를 범한다.

경제학과 인류학, 사회학에서는 경쟁이 주류를 이루는 시장 상황에서 호혜성(Reciprocal Situation)이라고 부르는 것을 인정한다. 상대를 이겨야 하는 경쟁 관계가 아니라 상호혜택을 볼 수 있는 경제적 관계다. 그리고 상부상보(Mutual Activities)를 지향하는 인간의 의도적인 행위들을 갈등과 경쟁만큼이나 보편적이고 일상적인 것으로 본다. 즉, 잠재적 경쟁자와의 동종의식에서 오는 우정, 선의의 경쟁, 상대방뿐 아니라 자신에게도 득이 되는 선물 주기, 나를 비롯한 많은 사람들이 혜택을 보게 만드는 사회적 기여 행위, 상호 간에 생존에 도움이 되는 교환, 경쟁자들의 상호부조를 통한 생존, 이질적인 것들의 공존을 통한 상호혜택 증가, 양보와 공여를 통한 공동시장 구축 등이 가능하다고 본다.

물론 경쟁지상주의 시장 상황에서 이런 행위가 지배적으로 늘어나지는 않는다. 하지만 그 대신 이것이 가능하고 또 바람직하다고 느끼는 기업가들의 수가 늘어난다면, 이런 시장들도 조금씩 생겨나고 바람직한 시장으로 부상할 것이다. 이런 생각을 나누면서 자기 회사가 아니라 시장 자체에 대해 생각해 보게 만드는 것이 모자이크 비즈니스의 원탁이다. 모자이크는, 제대로 된 기업을 하고 싶은 사람들이 머리와 가슴에 새겨 두어야 할 아이콘이다.

교육 서비스, 모비랩

한마디로 모비랩은 교육 서비스다. 협동을 통해 시장생존과 기업가치를 증진하도록 돕는 학습 프로그램이다. 모비랩은 현장의 선배들이 기업가가 되려는 후배들을 돕는 기능을 더 원활하게 하도록 설계했다. 비즈니스는 가르침이나 배움이 아니라 현장 그 자체다. 멘토와 멘티의 역할이 구분되는 방식으로는 현업을 체득하는 효과를 잘 볼 수 없다.

창업보육 후에 사업을 하기 위해 시장으로 배출된 후배와 선배 사이에, 더 직접적으로 충분히 일에 관해 이야기를 나눠야 한다. 일하는 현장 그 자리에 답이 있다. 현업 기업가와의 대화만으로 훈련받고 배출된 예비 기업가는 습득할 수 있는 것들이 많다. 사업하는 현장의 경험과 정보를 빠른 속도로 제공하여 선배들이 가진 선의를 보여 주고, 체험적인 지식을 서로 공유하도록 촉진해 주는 것이 기업가 생존에 큰 효력을 발휘한다. 누구나 느끼는 바다.

이에 따라 가설을 세웠다. 만일 기업 현장의 이야기를 바로 듣고 기업을 하는 당사자들 간에 현장 정보를 나누어 가지며 자신의 문제를 푸는 대화 시간을 추분히 갖는다면, 기업가로서 현장의 일을 터득하고 속도감 있게 대응하는 효과를 볼 것이다. 모비랩은, 한 사람이 적절한 도움만 받는다면 스스로를 멘토링할 수 있는 직관과 성찰 능력을 갖추고 있으며, 현장에서 누구나 서로를 위해 멘토 역할을 할 수 있다는 철학을 바탕으로 한다.

그리하여 '교육이 아니라 스스로 학습하게 한다', '학습 이전에 몸소 조사하게 한다', '교육이 아니라 즉시 실천하게 한다' 등 모비랩 프로그램의 원칙을 세웠다. 강의 교수법이나 컨설팅 절차가 아니라 대화를 통해 참여자들이 상호학습을 하도록 촉구하고, 협업을 바탕으로 즉각 실행을 자극한다. 연속되는 원탁 대화 안에서 교감과 연대 행동이 벌어지도록 혁신적인 프로세스를 설계했다. 이렇게 하니, 모비랩 과정을 겪는 이들이 창의적인 집단행동을 하는 분위기를 만드는 경향이 있었다.

조합 비즈니스, 모비랩

모비랩을 운영하는 현장 기업가들이야말로 자신들이 후배 기업가들에게 강조하는 모자이크 방식으로 비즈니스를 전개하는 행동을 실천한다. 함께하는 기업가들은 모비랩 모더레이터(Moderator, 조정자), 모비랩 퍼실리테이터(Facilitator, 조력자)를 뜻하는 '모비래퍼'라는 이름으로 후배들의 창업보육 혹은 창업 후 성장보육을 하고 있다. 그것은 우리 사회에 위대한 기업가를 양산하고 좋은 기업가 정신을 배양하려는 현업 선배들의 실천인 동시에, 사회적 기업가와 청년 기업가들이 생존하도록 돕는 전문적인 서비스다.

후배 기업가들이 콜라보 비즈니스를 만들면서 생존하도록 돕는 모비랩을 그 자체로 선배 기업가들이 공동사업으로 운영하는 콜라보 서비스다. 모비래퍼로 활동하면서 원탁 대화를 진행하는 동시에 후배들을 위해 멘토가 되어 주는 현업 기업가들이 생존하고 활로를 개척하려는 비즈니스다. 모비랩은 창업보육 프로그램의 시장경쟁에서 우위를 점하는 교육 서비스를 만들어 가는 본격적인 지식 비즈니스다.

기업가를 육성하려는 나에게 이는 절실하다. 모비랩으로 길러 내고

자 하는 후배 창업가뿐 아니라, 나와 함께 모비랩을 만들어 가는 현장의 동료들이 '성업'하고 '흥업'해야만 한다. 다른 이들의 창업을 돕는 자세를 갖추고 있는 30대 청년 기업가들이 나의 동료들이다. 나는 이들의 개별 사업들이 생존하고 성공하도록 도와야 하고, 이들 사이에서 모자이크 방식의 비즈니스를 만드는 사례를 실천해 내야 한다. 우리들이 함께 모자이크 방식의 서비스로 모비랩을 성공시키는, 일종의 자기증명을 해 내야 한다.

따라서 모비랩 자체는 일종의 컴퍼니, 즉 동료 기업가들과 함께 만들어 가는 조합 비즈니스다. 동료들의 활로가 걸린 가상의 기업 간 조직으로서, 임시 회사체다. 전례 없던 방식으로 창의적이고도 혁신적인 모자이크 서비스를 만들어 시장 확보의 기회를 찾아내려는 경제적 결사체인 셈이다. 우리는 계약과 약속을 하나씩 정해 나가면서 불안정하고 임의적인 형태의 콜라보를 통해 수익을 확보해 왔다. 봉사와 지식, 경험과 시간을 투자한 개발 과정을 함께 나누었으며, 우리들 스스로 협업과 분업을 통해서 질 좋은 창업보육과 기업가 양성에 대한 모자이크 서비스를 확장해 나가고 있다.

모비랩 프로그램을 함께 하고, 모자이크 방식으로 사업을 함께 도모하는 존재들을 모자이크 기업가라고 부른다. 모비랩이 길러 내려는 기업가는 모자이크 비즈니스맨, 즉 '모비맨'이다. 모비래퍼들을 비롯해서 이들이 길러 내는 모비맨들은 협업가 정신을 가진 존재들이다.

모비랩 활동의 향방은 다음과 같다. 일부 동료들은 사업이 자리 잡게 하기 위해 모바랩 서비스를 전담하는 협동조합 혹은 소셜 벤처를 창조하려는 움직임을 벌이고 있다. 일부는 후배들을 도울 모바랩 펀드를 조성하는 품앗이와 두레에 주력할 것이다. 공정다단계 방식의 새로운 모바랩 서비스를 연다든지, 공유자산 활용 방식의 사업이나 공유경제 비즈니스를 개척한다든지, 기업 간 연합을 통해 공동의 디지털 플랫폼을 개발한다든지 하는 실험들이 진행될 것이다. 또 각 지역에서 몇몇 기업들이 주인이 되는 모자이크 비즈니스를 전개하는 분산과 분점이 일어나, 수입의 통로를 다각화하고, 생존의 기회를 확대한다든지 할 것이다.

이를 위해 참여한 기업가들 간에 지적 소유권을 오픈소싱(Open Sourcing)하고 원천지식을 활용하여 더욱 다양한 프로그램을 개발하도록 도울 것이다. 지식을 배타적으로 소유하는 카피라이트(Copyright) 방식 대신 널리 공유하는 카피 레프트(Copyleft) 방식을 통해 모바랩의 철학을 빠르게 보급하고 모자이크 방식을 적극적으로 퍼뜨리는 것이 바로 우리들이 하고자 하는 일이다.

모비맨의 활동

요약하자면, 현업의 30, 40대 기업가들이 모자이크 방식으로 함께 만들어 후배 창업가들에게 퍼실리테이션함으로써 시장에서 실패를 줄이고 생존하거나 제대로 성장할 수 있도록 인큐베이팅을 진행하게 된 것이 모바랩 서비스다. 또 공공 영역의 현장에서 좋은 반향을 얻으면서 성과를 내고 있는 모비래퍼들은 스스로 모자이크 비즈니스를 실천한다. 이들은 현장의 동료와 후배들이 모자이크 비즈니스를 추구하도록 모비랩 과정을 통해 돕는다. 동료 멘토이자, 응원하는 마니토이자, 창업 현장을 지켜보고 문제를 함께 해결하려는 모니터 요원이다.

모비랩을 통해 후배를 함께 길러 내고 있는 기업가들, 즉 모비래퍼들 역시 모비랩 철학을 공유하면서 새로운 콜라보 비즈니스를 만들어 가거나 자신들의 사업에서 모자이크를 시도하고 있다. 2018년 1년간 벌어진 그 양상을 간단히 소개하고 싶다.

모비랩 프로그램을 초기에 함께 만들어간 문화기획사이자 사회적 기업인 아트버스킹은 서울 성북구에서 기업 간 생존율을 높이는 원탁으로 아버 콜라보를 추진하고 있다. 드림스폰, 어반비즈서울, 빅워크, 케어유 등 소셜 벤처 간 공동 비즈니스를 짜는 커뮤니티를 운영하고 있다.

교육, 인력양성, 협동조합, 지역공동체 사업 등을 펼쳐온 에이스벤추라는 부여와 공주 지역에서 지역 혁신가들, 작은 기업들을 모아 연대를 통해 지역사회를 바꾸고 생존하는 금강모비랩을 운영하고 있다. 이것은 기업 간에 힘을 모아 사업을 전개한 모자이크 비즈니스 첫 사례로서, 부여마을협동조합, 동네형아, 레이징덕, 스카이배너, 아무튼같이 등이 부여에서 상권을 만드는 데 참여하고 있다. 충남의 사회적협동조합 공동체세움과 모비랩 사이에 사업의 공동협약을 맺도록 했는데, 이들은 창업양성 서비스를 주로 하는 서울 모비랩보다 더 많은 현장사업들을 전개하고 있다. 이들은 농사펀드, 드림스폰, 빅워크, 아트버스킹 등과 함께 '사회적 여행'을 천명하고 지역문화 기획자들이 만들어낸 여행사들 간의 연합을 통해 충남 지역 관광수요를 발굴하여 시장을 확보하고 작은 지역기업들이 생존하도록 만드는 민간자생의 시도를 하고 있다.

안녕다방은 큐에피이 등과 함께 안녕메이커즈라는 브랜드를 만들어 안녕공방을 열었다. 종합건설사 작은도시의 투자를 통해 모비랩 센터 역시 문을 여는 등 공동 프로젝트를 진행하고 있다. 각 회사가 운영하는 공간들 사이의 콜라보를 모색 중인데, 행화탕, 나인로드, 보스토크, 부여로, 아무튼같이, 양림여행자라운지, 문화전파사 등이 함께 서비스를 만들어 각자의 공간에서 운용하는 방식을 개발하고 있다. 체험팩토리, 조율, 시너지어스, 팀버튼, STL 등이 교육 프로그램을 함께 운영하거나 프로그램을 공동개발하려고 시도했다. 퍼즐웍스, 한국사회혁신금융, ㈜한국공유경제진흥원 등은 상품 개발과 투자, 펀딩을 도모하는 고민을 함께 하고 있다.

드림워커 출판사는 안녕다방, 안녕소사이어티 등과 손잡고 안녕드림이라는 출판 브랜드를 만들고, 책과 디지털 콘텐츠를 인재양성 교육서비스와 온라인 강좌로 개발하여 출판의 판로를 확보하는 협업을 진행하고 있다. 이 책 역시 그 일환으로 쓰인 것이다.

안녕소사이어티와 구하라담비 등은 SNS 팔로어를 대량 보유한 소셜벤처, 스타트업 간의 대대적인 연계를 통해 홍보광고 시장을 개척하고, 수익의 일부를 야생동물서식지보전에 노력하는 동행숲 캠페인에 사용하는 모자이크를 추진하고 있다.

문화콘텐츠 회사 빙고믹스는 경기도 지역의 청년을 기르는 사업, 사회적 기업 케어유는 어르신 복지를 위해 청소년이 봉사하도록 길러 내는 퍼실리테이터 양성 등을 하는데, 이 회사들이 추구하는 시장을 개척하는 데 다른 회사들이 협업을 구상하고 있다. 그리고 큐에이피, 꿈꾸는다락방, 크레카, 어반정글 등이 모여 보드게임, 메이커 교육 프로그램 등 모비랩 교구와 교육상품을 계속 개발하고 있다.

　예술기업 무소속연구소와 안녕다방, 충분한 주식회사 등은 공공예술 설치물, 문화행사 재료, 인테리어 자재 등을 버리지 않고 모으는 공유창고를 만드는 프로젝트에서 규모가 큰 콜라보를 만들어 내고 있다. 나인로드는 안녕다방 등과 함께 소셜다이닝을 수익성 있는 서비스로 확산하는 콜라보를 하고 있으며, 쥬스컴퍼니와 안녕소사이어티는 전남 지역에서 콘텐츠 개발사와 상품 제조사, 메이커를 대상으로 한 보육과정 브랜드를 만들어 모비래퍼들이 공유할 시장을 확보하고 있다. 대구의 북성로 허브를 운영하는 (사)공동체디자인연구소, 울산의 (사)공동체창의지원네트워크, 천안과 세종시, 대전 권역의 다울사회적협동조합도 함께하고 있다.

　모비랩 협약사로는 위에 언급한 곳들 외에도 씨투엘, 미디어북톡, 블링어스, 반짝반짝사진방, 공존공간 등이 함께한다. 어반플레이, 축제학교, DIY연구소, 최게바라, 동네형들, 사단법인점프, 바이맘, 한고연, 안테나, 드림스폰, 도시광부 등이 모비랩 데모데이에서 프로그램 개발을 돕거나 영업을 지원하였다. 제주 코마를 비롯한 회사들, 서울의 문화기획자 모임 사이다, 창원의 청년문화기획자 창문 등이 모비랩 동료들이 참여하는 살롱을 열거나 퍼실리테이터가 되는 과정에 함께했다.

모비랩 프로그램을 보완하는 과정에서 땡큐플레이트, 가온, 박일준, 오미정, 윤영애, 박한석 님 등이 참여해 도움을 주었고, 옥민아, 전형민 님이 모비래퍼가 되는 교육과정에 함께했다.

여기서 발생된 이득이나 수혜는 모비랩 정신을 공유하는 기업가들 사이에 적절히 나누어지거나 공동작업을 하여 사업기회를 늘리는 데 재투입되는 순환구조를 갖추려고 애쓰고 있다.

특히 모비래퍼들은 창업보육에서 공동으로 벌어들인 교육과 강연료를 저마다 모으는 계를 통해 모비랩 펀드를 조성하였고 이 돈으로 현장의 기업가들에 대한 소액 엔젤투자와 융자 프로그램, 그리고 비즈니스 성과를 실험하는 모비랩 본드를 만들어 가는 중이다. 이를 위해 먼저 모비펀딩을 통해 걷은 돈으로 올해의 모자이크비즈니스맨을 선정하는 모비어워즈, 차세대 협업가를 뽑는 모비프라이즈, 협업 프로젝트를 발굴하는 모비해커톤, 투자와 지원을 할 만한 협업을 찾는 모비오디션 등을 추진하게 되었다. 또 기업의 사회공헌 프로그램과 힘을 합쳐 협업가에게 장학금을 주는 모비스칼라십, 연구비를 지급하는 모비펠로우십 등을 준비하고 있다.

모비어워즈, 모비프라이즈를 통해 협업을 지향하는 훌륭한 동료들이 발굴되었다. 한국사회혁신금융, 임팩트스테이션, 예술대학생네트워크, 만리아트메이커스, 히든북, 타래, 비비드컬처, 에어블랙, 블랭크 등이 참여하고 김지연, 이주원, 이주희, 양인정, 김대희 등 개인들이 참여하였다. 모비어워즈 상을 받은 드림스폰은 청년장학금 프로젝트를 진행하고, 한국공유경제진흥원은 소셜프로듀서 권태훈 님을 중심으로 외교부소관 (사)사람예술학교에서 미얀마에 교육센터를 설립하는 프로젝트에 성금을 후원했다. 모비프라이즈에는 서울전자고등학교 이주원 교사, 팜프라, 오롯컴퍼니 등이 선정되었다. 오진이 서울문화재단 전문위원. 조헌국 하나은행 본부장, 공동체창의지원네트워크, 김경화 씨 등이 후원했다. 안녕다방과 드림스폰은 강연자의 재능기부와 강연 참가비를 모아 청년 문화기획자, 대학생 스타트업을 돕는 안녕프로보노를 펼치고 있다.

경남대링크플러스사업단, 소상공인진흥공단, 제주사회적경제지원센터, 창원시, 제주시, 한국문화관광연구원 관광두레사업단, 한신대학교 대학일자리사업단, 송파사회적경제지원센터, 전남콘텐츠코리아랩, 한국생산성본부를 비롯한 공공기관이 모비랩을 활용하는 고객 파트너 역할을 했다.

지금 제주, 창원, 경북, 울산 등에서는 모비랩 협업 프로젝트를 할 문화기획자, 소셜 벤처, 청년기업가 등의 네트워크가 형성되었으며, 한국기업교육리딩소사이어티, 글로벌HR협동조합과는 각각 공동협약을 체결하여 모비랩 프로그램을 기업교육 서비스로 개발하는 분업을 추진하고 있다.

내가 소개한 모비래퍼들은 동료와 후배들을 위해 대화를 촉진하는 퍼실리테이터, 원탁을 진행하는 모더레이터 역할을 하는 동시에, 스스로 현장에서 회사를 꾸리느라 동분서주하는 현업의 존재들이다. 성공을 열망하고 꾸준히 성장하고 있지만, 성취와 실패의 온탕과 냉탕을 오가고 있는 현장의 회사 대표들이다. 작지만 도전적인 회사를 책임지는 자들, 창의적이기를 바라고 나쁜 업자나 장사꾼이라는 이야기를 절대 듣고 싶어 하지 않는 부류들이다.

이들은 모자이크 방식으로 사업을 시도하고 콜라보에 도전하고 있는 기업가들이기도 하다. 파트너십을 중시하고 원탁에서 책임을 지며, 대화를 통해 늘 현업의 동료들을 도우려 한다. 그럼으로써 따뜻하면서도 시원한 시장전략을 만들려고 스스로 노력한다. 이들이 모비맨의 전형이다. 나는 자신들이 후배들에게 주려는 모자이크의 가치를 스스로의 사업에서 증명하려는 이런 기업가들을 존중한다.

이 책을 읽을 이들에게

지금 기업을 이끌어 가는 사람들뿐 아니라 기업가를 꿈꾸는 사람들을 위해서 나는 썼다. 이 책은 누구를 위해 썼는가. 초소형 기업이든, 일인 기업이든, 기업을 만들 뜻을 가져 본 누구라도 읽을 수 있기를 바랐다.

일인 기업과 초소형 기업이 인구의 1/3을 차지하는 시대로 접어들 날이 멀지 않았다. 일인 회사, 일인 미디어, 일인 연구소를 만들고, 힘들게 꾸려 보고, 또 문을 닫아본 사람들이 늘어 간다. 작은 회사를 강소기업으로 성장시키는 경험을 한 기업가들 역시 늘고 있다.

도대체 기업을 어떻게 만드는지 많은 이들이 고민하는 시대다. 아무리 초심자라도, 앞날을 알 수 없는 기계적인 창업 절차나 회사 문을 여는 개업이 아니라, 당연히 잘 유지하고 오랫동안 살아남고 제대로 성실하게 돈을 버는 사업을 생각할 것이다. 공장 문을 열고 장사로 고생해 보고 사업을 한번이라도 겪어 본 사람이라면, 노력한 만큼 보상이 따르지 않는 것처럼 보이는 이 부조리해 보이는 시장 풍토에서 도대체 기업가란 무엇인가 한번쯤 반문해 보았을 것이다. 어떤 이는 좋은 기업가는 어떻게 만들어지는지도 궁금했을 것이다.

일인 기업은 늘어만 가고 모두에게 창업과 창직을 권장하는 시대에, 이 책은 누구라도 한번쯤 생각해 볼 것에 파고들었다. 모두가 기업가 정신을 갖고 살아야 하는 때, 이 책은 우리가 단순하게 알아 온 기업가 정신에 대해 말하려고 하지 않았다.

이 책은 무엇을 말하고자 했는가. 부족하기 이를 데 없는 현행의 창업보육 제도 속에서 잘못 배우고 익히는 초기 창업가들이 바르게 갖추어야 할 기본에 대해 말하고 싶었다. 현장의 기업가들이 잊기 쉬운 본질적인 것에 대해 이야기하고 싶었다. 기업가가 회사를 만들어 갈 때 지켜야 할 기본은 의외로 사각지대에 있었고, 우리들의 상식 속에서 맹점으로 남아 있었다고 역설하고 싶었다. 그것을 바로잡으면서, 특히 좋은 기업가라면 꼭 갖추어야 할 핵심사항이 무엇인지를 전하려 했다.

그동안 내가 현장에서 만난 한국의 창의적인 기업가, 청년기업들과 꼭 나누고 싶은 이야기를 적고 싶었다. 막 창업을 시작한 시점, 적자를 면치 못하면서 '죽음의 계곡(Death Valley)'이라고 부르는 힘든 시절, 고통 어린 2, 3년 차의 성장통을 앓는 기간, 문을 닫기 일보 직전의 처지에 놓인 귀중한 인재들이 어떤 태세를 갖추어야 할지를 말하고 싶었다. 이들이 생존하고, 활로를 찾아 성장하고, 시장을 확보하기 위해서 꼭 무엇을 해야 하는지 밝히고 싶었다. 기업 조직 안에서 당장의 먹고 살기 위해 벌이는 사업과 병행해 무엇을 제대로 준비해야만 하는지를 쓰고 싶었다.

이 책을 어떤 사람들이 읽기를 바랐는가. 좋은 기업가를 열망하는 사람들이다. 그들을 위해 이 책의 사용법을 밝히겠다.

1, 2, 6장은 하나로 묶어 읽으면 된다. 1장은 왜(Why) 모비랩을 만들었는지, 무엇을 이루기 위해(What for) 모비랩을 하는지를 밝혔다. 2장은 누구를 위해(Whom) 모비랩을 만들었는지를 다루었다. 어떤 연유로(How come) 그것을 만들게 되었는지 배경과 사연을 밝히고 모비랩을 끌고 가는 기업가들이 어떤 존재인지 밝혔다. 6장은 모비랩이 지향하는 존재는 무슨 일을 하는지(What), 또 모비랩이 길러 내는 기업가란 어떤 존재인지(Who) 정리했다.

책의 한가운데 있는 3, 4, 5장은 모비랩을 통해 '어떻게(How)' 기업가를 길러내는지 세 단계로 풀이했다. 기업가는 자신과 회사의 가치에 대해 정확히 통찰해야 한다는 것이 3장의 이야기다. 또, 기업가는 시장에서 상생할 수 있는 자들과 공동의 교환과 거래를 효과적으로 경영해야 한다. 4장이 그에 대한 이야기다. 기업가는 사회에 실질적으로 기여하고 그로 인해 보상받는 일에 대해 사업의 일환으로 제대로 준비해 두어야 한다. 5장이 전하는 이야기다. 이런 세 가지가 기업가로 탄탄해지는 비결이다.

이 책을 읽는 방법은 간단하다. 좋은 기업가가 되기 위해서는 어떤 것을 준비해야 하는가. 그것을 줄곧 생각하며 읽는 것이다.

회사로부터 바깥세상으로 열린 문을 열자마자 귀를 찢는 극심한 풍랑의 굉음을 들은 사람에게 이 책을 권한다. 높은 파도 위에서 죽음의 계곡 같이 아래로 빨려 드는 느낌을 받으며 사업에서 헤어 나오지 못할 시기에 처했다고 느끼는 사람에게 이 책을 권한다. 무엇을 떠올리고 무엇을 해야 하는가. 갑자기 조각배가 되어 버린 회사를 위해 무엇을 지키고 무엇을 키워야 하는가. 읽는 내내 그것을 생각해 보기 바란다.

2019년 4월

이영훈

목차

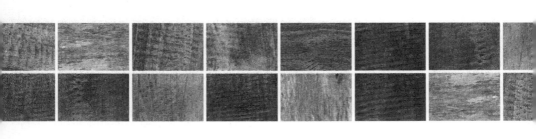

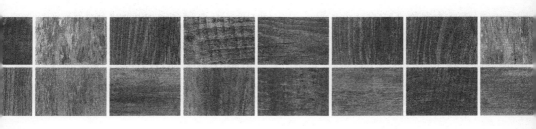

VI. 모자이크 서비스를 하는 비즈니스맨

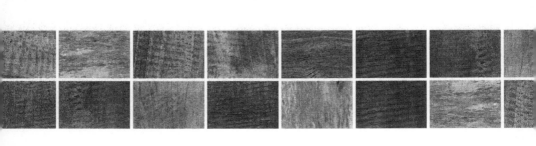

"어떤 사업을 만들어내는 기획자도, 자신이 개발하고 자신이 연출하고 자신이 제작했다고 말해서는 안 된다. 모든 계획은 공동작업이다. 마찬가지로 어떤 기업가가 몸소 사업을 일구었다 할 수는 있을지언정, 스스로 다 해냈다고 말해서는 안 된다. 자신을 뒷받침한 동료와 인재들의 배경을 말하지 않는 사람은 기업가 이전에 리더가 될 수 없다.

내가 겪은 실험과 성장의 경험 역시 콜라보와 파트너십을 빼고 말할 수 없다. 값을 치른 모든 실패와 성취의 체험은 협업의 대가다. 어찌 평가받고 어찌 증명하든, 협업하려는 서로의 노력 덕분에, 내 회사의 생존기회가 넓어졌고, 실패를 줄이는 보험을 들게 되었다.

용산거북이등껍질, 무모한평택MOU, 액션대공원, 청년새빛섬 … 나의 수첩에 적혀 있던 이 비밀스러운 말들은 모두 협업의 코드네임이다.

위대한 실패, 끝없는 진행, 작은 교훈, 놀라온 발견, 큰 성취 등 그 운명은 다 달랐다. 하지만 이 암호를 머리로 이해하고 가슴에 새기고 몸 움직여 실행한 사람들에게는 힘이 생겨 새로운 세계가 펼쳐졌다. 그런 존재들이 세월을 지나 협업가 정신을 표방하고 또 실천한다. 모자이크의 원탁에 앉아서 말이다."

- 강연 '협업가를 길러내는 협업-모비랩' 중에서

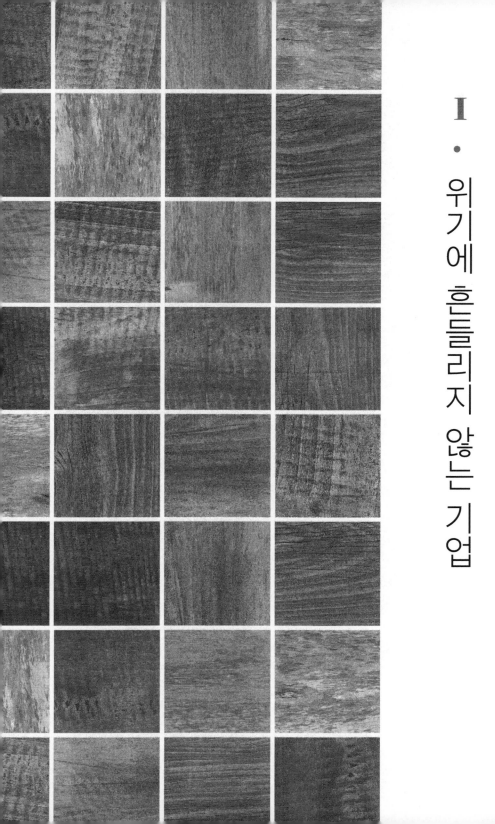

I.

위기에 흔들리지 않는 기업

실패를 염두에 두어야 하는 시대

기업가의 바람대로라면 기업은 성장하고 발전하는 것이 옳다. 하지만 그것만큼이나 기업의 소멸 역시 당연한 현실이다. 그렇다면 실패 기업에 대해서는 경험을 살려 바르게 재기할 수 있는 사회적 장치가 있어야 한다. 현재 국내에는 신규 창업으로 매년 150만 개의 기업이 움직인다. 매년 만들어지는 신규 법인 수는 11만 개를 넘고 있다. 기업 활동은 더욱 늘 것이다. 실패가 느는 것도 지당하다.

많은 사람들은 창업 자체에 관심이 많다. 그리고 성공한 기업에 대해 호감을 느낀다. 기업의 성공 방식에 호기심을 가지고 있다. 그러나 유의해야 할 것이 있다. 해가 뜨는 곳이 있으면 해가 지는 곳이 있고, 밝은 곳이 있다면 그렇지 않은 곳이 있다는 것이다.

국내의 심각한 현실

국세청 자료를 살펴보면 3년간 신규 사업자 60%는 폐업을 신고한다. 하지만 이것은 매출이 없어서 국세청이 직권 폐업을 내리기 전의 자료다. 영업을 하지 않은 상태의 잠정적 폐업까지 고려하면, 약 90% 이상의 창업한 기업이 폐업을 하고 있다고 추정할 수 있다.

이 사실로부터 무엇을 깨닫는가. 바로 어떤 기업인이든 간에 기업을 운영하기 전 실패를 염두에 두어야 한다는 사실이다. 기업의 성장과 발전을 기대하는 것처럼 실패 역시 상상할 수 있는 것이다. 사실 실패는 기업 생애의 한 부분이다. 실패는 기업 설계에서 가정해야 하는 것이고, 제대로 대비해야 하는 것이라고 나는 생각한다.

한국에서 여전히 기업가는 한번 큰 빚을 지고 망하면 거의 재기불능이 된다. 회생불가를 초래하기 쉬운 제도를 갖고 있어서다. 투자를 받든 융자를 받든 상호보증과 같은 연좌제를 담보로 하는 경우가 많았는데, 이는 기업가들이 큰 부채를 안을 경우 주변으로부터 외면당하는 의도하지 않는 결과를 불러왔었다. 재기를 돕지 않는 제도 안에서 기업가들은 더욱 위축된다.

기업가를 믿고 투자하는 풍토가 탄탄하지 않다. 투자를 받는 경우들도 있지만 만일 실패하면 한순간 기업가 개인의 빚이 된다. 사회로 돌아와 다시 경제활동을 할 주체가 되기 힘들다. 성공에 대한 기대로 이루어진 정당한 신뢰의 투자로 보지 않고 기업가 인생을 저당 잡힌 부채로 생각하기 때문에, 손쉽게 돈을 벌어 갚거나 한순간에 크게 한탕을 하는 등 요행을 바라게도 된다.

빚과 패배감

사업을 한다는 것은 돈을 버는 노력을 한다는 뜻이다. 그런데 인생의 업이나 소명이 아닌 일회성 승리투쟁으로 보는 것은 문제다. 사업은 지면 죽는 것으로 보고, 망하면 끝나는 단발적 게임처럼 여기는 풍토가 우세하다. 하지만 실제의 사업이란 우승자의 사치를 누리면서 회사를 출퇴근하는 것이 아니다. 부채와 적자 속에서, 폐업의 위기 속에서도, 회사가 마술처럼 돌아가게 만들고 도전을 멈추지 않고 움직이는 것이 바로 사업이다.

한국의 시장경제는 어떤가. 기업을 믿고 투자하는 것도 아니요, 사업이 실패하면 투자는 부채가 된다. 사회가 실패 책임을 기업가에게만 묻고 재기를 돕지 않기 때문에, 모든 사업가의 머리 속에는 잘못되어도 자신의 짐이요, 잘되어도 자신의 힘이라는 생각이 들어 있다. 사업이 성공해도 나라가 도와준 것이 없고 자신의 운과 실력 때문이라고 보니, 번 돈을 가치 있게 사회로 환원할 생각은 눈꼽만큼만 있다.

그렇게나 많은 기업이 실패를 경험하는 데도 회생과 재기, 그리고 재창업을 돕는 순환 고리가 약하다. 실패의 경험은 다른 기업가들의 창업에 훌륭한 지식이 된다. 실패를 겪은 기업가 자신에게도 다음 경영의 자산이 된다. 그렇다면 실패한 기업가의 회생은 이 나라의 경제를 위해 필요한 일 아닌가. 기업가를 믿지 않는 사회에서 어떤 인재가 창업을 꿈꾸고 어느 시민이 좋은 기업이 나오기를 기대하겠는가. 폐업자의 50%가 재창업할 수 있는 풍토였다면 1970년대 수출대국 이후 우리는 어떤 경제대국이 되었을까.

폐업과 재기

사업에 실패해도 재창업을 하는 데 문제가 없는 사회라면, 폐업해도 공정하게 마무리 짓도록 돕고 새 출발의 기회를 제대로 주는 풍토라면,

한국 경제는 훨씬 국제적인 경쟁력을 갖추었을 것이다. 재기를 시도할 수 있다면 과감한 모험을 하는 벤처들이 더 많아졌을 것이다. 실패를 염려하는 게 크게 문제가 되지 않는다면 경제는 살아났을 것이다. 하지만 현실은 우리가 원하는 모습이 아니다. 실패자들에게 상상할 수 없을 만큼 냉혹하다.

무엇보다 가혹한 현실은, 실패를 직접 겪어 보지 않는다면 어느 누구도 이 냉정한 현실을 이해하거나 가늠할 수 없다는 점이다. 창업해서 실패하고 나서 성공할 때까지 또 다시 창업을 할 수 있다면 좋겠지만, 그럴 수는 없다. 기우제를 지내 비가 오는 것이 아니다. 한 부족이 비가 오는 그 순간까지 쉬지 않고 기우제를 지내기 때문에, 기우제를 하면 비가 온다고 믿게 되는 것이다. 창업보육 과정을 해서 사업가가 많아지는 것이 아니다. 살아남을 때까지 사업을 해서 사업가들이 많아지는 것이다.

장사나 업체란 문 열고 망해도 보고, 돈 벌다가도 손해도 나는 일이다. 이런 것을 계속 겪고 체득해 나가는 것이 사업이다. 그런데, 될 때까지 사업하고 큰돈 벌 때까지 계속하면 좋겠지만 그럴 수가 없다. 적어도 국내에서는 가능한 상황이 아니다. 국내에서 다시 재창업을 할 수 있는 사람은 비교적 적은 수라는 것이다.

실패는, 성공에 대한 학습

아이러니한 또 하나의 현실이 있다. 실패한 이후 국내에서 성공하는 것이 쉽지 않은데, 대부분의 성공 기업인의 스토리를 들어 보면 실패를 극복한 경우가 대다수라는 것이다. 참으로 이상한 점이다.

상황은 이렇다. 실패하는 기업인들이 무수히 많은 것도 사실이고 그들 모두 절박하게 재기하고 싶어 한다. 그리고 그중 일부가 재창업을 시도하는 것도 사실이다. 물론, 신용상의 문제나 개인이 가지고 있는 부채 등 현실적인 문제를 피할 수 없다. 실패 경험자는 앞에 서서 대표이사를 하지 못하는 경우도 있고 우회적인 방법을 통해서 회사를 운영하기도 한다. 기록에 의하면 그런 경우가 약 40%나 차지하고 있다. 큰 실패를 겪든 작은 실패 여럿을 치르든, 실패의 경험은 사업가에게 필수적이면서도 자연스러워 보인다.

시행착오(Trial and Error)를 한글로 직역하면 '실험과 실패'다. 실패를 무릅쓰고 성과를 낼 때까지 여러 시도를 한다는 뜻이다. 여기에는 두 가지 의미가 있다. 시도의 태반은 실패라는 점이 그 하나다. 다른 하나는 실패의 반복이야말로 훌륭한 실험이니, 연속해서 재기의 도전을 하는 것이 남는 장사라는 점이다.

충분한 시행착오를 통해서 '성공에 대한 학습'을 할 수 있어야 옳다. 그것이 창업의 밑바탕이 될 수 있어야 한다. 나는 그것이 기업의 성장 과정 중 하나, 창업의 준비 가운데 하나라고 생각한다. 창업 과정에서 실패의 시나리오를 설계하도록 돕고, 창업 과정 못지않게 폐업 과정을 운영해야 한다. 기업가 양성은 성공 사례에 집착할 것이 아니라 실패학 프로그램을 가동해야 맞다. 하지만 사회는 그것을 허용하지 않고 있다. 만일, 아무도 우리를 도울 수 없다면, 이제 우리에게 필요한 것은 무엇일까?

창업 준비자가 얻어야 할 교훈

이미 실패를 했거나, 실패를 통해서 매우 가치 있는 것들을 배운 사람들의 상호 협조다. 재창업을 할 장래를 위해서, 이들 사이에 경험을 나누는 절차가 무엇보다 필요하다. 그것이 새롭게 창업하는 이들에게 직접적인 도움이 될 수도 있다. 성공사례 못지 않게 다양한 실패의 경험을 존중하고 선배의 경험을 인정하면서 배워야 한다.

한편으로, 창업하고 현장으로 나간 기업들 간의 커뮤니케이션을 통해 서로가 필요로 하는 것이 무엇인지 파악하고 '지금'의 어려움을 극복해 나가려는 상호 간의 적극적인 노력도 필요하다. 창업보육 기능을 비롯하여 기업을 진흥하는 기관은 이것을 해 내야 한다.

또 한편으로 기업가들이 정부의 도움 없이 주도적으로 이 부분을 실천해야 한다. 사회적으로 뒷받침되지 않는 것에 슬기롭게 대처해 나가려면 다소 정교한 방법들이 필요하다. '사업의 성공은 큰돈을 벌어 잉여자본를 축적하는 것이라고들 한다. 그런데 '성공적인 사업'이란 이와 다른 개념이다. 자본의 많고 적음에 달려 있는 것이 아니다. 협조할 수 있는 인적 자원, 좋은 경험으로 구성된 지식 자본, 주변의 신뢰와 같은 사회적 자산, 그리고 조직원들의 신념과 행동방식을 뜻 하는 문화 자본이 좋은 곳은 나중의 금전적인 성공을 보장하는 성취와 성장을 이루어 낸다.

새로운 시대를 슬기롭게 대처해 나가고 좋은 기업으로 성공하기 위해서 바로 이런 정보를 얻고 지혜를 구해야 한다. 이 책은 바로 그런 필요에 부응하기 위해서 만들어졌다. 각자 다른 이유로 이 책을 접했을 것이다. 그리고 뭔가 절실한 이유가 있었기에 이 책을 집어 들었을 것이다. 당신이 원하는 그 '뭔가'를 책에서 찾을 수 있기를 바란다.

창업보육 제도의 한계 그리고 고민

경기 침체가 장기화됨에 따라 많은 청년들이 그 대안으로 창업을 선택한다. 대학들 역시 창업 교육에 열을 올리고 있다. 정부가 청년창업을 확대하고 있다. 창업은 청년 스스로 일거리를 만들어 내는 것으로, 결국 청년 일자리를 창출하는 효과가 있기 때문이다.

청년 세대뿐 아니라 은퇴 세대의 창업보육 지원 역시 늘었다. 지원 수요로 볼 때 5년 내에 청년으로부터 장년과 중년의 창업으로 정책의 무게 추 역시 이동할 것이다. 창업뿐 아니라 신직업을 만들어 내어 도전하는 '창직' 등 다양한 정책들이 추진 중이다. 창업보육의 규모가 늘어간다.

기업 육성 방식에 나타나는 문제들

하지만 창업 실적을 양적으로 팽창하는 데 치우치고, 보육 내용도 효율적이지 못한 경우가 많다. 질적 차원에서 육성 과정을 내실화하는 고민이 필요한 시점이 지난 것으로 보인다.

창업 교육의 만족도 역시 매우 중요한 부분이다. 회사를 세울 준비를 할 시간에 행정 처리에 많은 시간을 낭비한다고들 말한다. 교육과정은 실제 회사 문을 열고 사업을 하는 현장을 반영하지 못하는 원론적인 것이 많다. '멘토들이 현실적인 창업에 도움이 안 된다', '다양한 부분에서 컨설팅 지원이 이뤄지길 바란다' 등의 반응이 나오고 있다. 예비 창업자 교육생들이 타성에 젖은 형식적인 양성 과정에 만족하지 못하고 있는 셈이다.

제도권 내에서의 창업가 양성 과정을 이용하지 않고 스스로 창업을 하려는 경향도 그래서 강해졌다. 많은 연구가 이루어지고 있지만 여전히 기업가들을 효과적으로 길러내지 못하는 한계가 숙제거리로 남아 있다.

기존의 양성 방법으로는 해소하지 못하는 이 실태를 개선할 방법은 있을까. 나는 단순한 교육 방식을 통해서는 쉽사리 해결될 수 없을 것이라고 판단했다. 필요한 것은 교육이 아니라 기업을 하는 사람들 서로가 서로를 격려하면서 학습하고 연구해 나가는 시간이었다.

그 시간에 자신이 돌파해야 할 문제와 해결책을 동료 기업가들끼리 제시하고, 서로의 노하우를 공유해야 한다. 현장에서 곧바로, 각자의 생존법을 찾기 위해 서로 이야기를 나누고 함께 노력하는 시간을 갖는 것이 중요하다고 생각했다.

모비랩을 만든 질문

누가 창업가들을 제대로 도울 것인가. 보육 제도가 아니라 현장에 답이 있다. 그렇다면, 현업의 동료들이 어찌 도울 수 있을까. 서로 무엇을 어떻게 도울 것인가. 그런 생각이 발전하여 만들어진 것이 바로 '모비랩'

이다. 모비랩(Mobiz-lab)은 '모자이크 비즈니스 랩'의 약자다. 공동작업으로 사회문제를 해결하면서 자신의 서비스 생존력도 높이고, 협동과 협업을 통해 비즈니스 기회를 창출하는 프로그램이다.

이는 협업과 분업을 해 나가는 일종의 모의실험이지만, 단지 시뮬레이션에서 끝나지 않고 실용적으로 사업에 반영된다. 공동의 샘플 서비스를 상상해 보거나, 현실에서 테스트 비즈니스를 만들자고 결의하는 등, 모비랩에 참여했던 기업가들 사이에 실질적인 영향력을 발휘한다. 사업가들이 공동으로 컴퍼니를 만들어 보는 것 같은 파일럿을 설계하면서 시야가 확장되기도 한다.

공동작업을 하는 과정에서 자신의 회사가 가치 있는 기업으로 성장하고 다른 회사들과 더불어 지속 가능한 기업으로서 생존하는 입체적인 고민도 하게 된다. 그러다 보면 내 회사만 고민하지 않고 콜라보를 생각하게 된다. 파트너십을 갖게 되면서 '한 기업이 발휘할 수 있는 힘이 크구나' 하고 느끼는 등 기업가들이 잠재력을 확인해 나간다. 진정한 인큐베이팅은 이런 존재로 자신을 돌아보도록 기업가 양성 과정을 진행하는 것 아닐까.

육성과 양성을 구분하자

육성은 키우는 것이다. 그런데 제대로 육성하기 위해서는, 직접 키우는 일보다 잘 자라도록 환경을 조성하는 일이 먼저다. 양성은 기르는 것이다. 교육을 해 주기보다 스스로 학습하는 과정을 통해, 양성은 서서히 이뤄진다. 사실 자라는 것이라기보다 '되는 것'이다. 그러한 사람들이 되어 가는 것을 '형성'이라고 말한다.

우리가 하는 작업은 육성이라기보다 양성에 가깝다. 양성의 핵심은 바람직한 생각과 행동이 여럿 사이에서 발생하는 것이다. 그리고 함께 할 수 있는 더 나은 습관과 공동의 관습으로 발현되는 것이다. 육성을 돕는 것을 보육이라고 하는데, 이는 환경을 조성하는 것이 기본이다. 양성 역시 스스로 성장하는 것을 돕는 것인데 그 결과로 인재들의 판이 형성된다.

이런 것을 돕는 절제된 과정은 컨설턴트나 멘토들이 가르치려 들지 않아야 하고 몸소 배우게 해야 한다. 그러자면 현장에 맞닿아 있어야 한다. 스스로 구하고 깨우치는 터득, 거듭 익히고 깨닫게 하는 습득, 몸소 배워 얻는 체득, 이 세 가지를 깨우쳐 얻는 시간을 필요로 한다.

중요한 것은 육성이나 양성에서 끝나지 않고 사업까지 이어지는 일이다. 그래서 한편으로는 코스 중에서 학습, 습작, 실습 세 단계를 거치도록 하고, 다른 한편으로는 바로 연습 없이 실천에 이어지도록 해야 한다. 그러므로 보육 과정은 바로 현장을 만나는 분위기를 조성해야 한다. 또한 스스로 성장하는 서로 간에 자주 모여서 업계와 인맥망, 공동작업의 판, 대화의 장 등이 형성되도록 의식적으로 자리를 마련해야 한다.

현업 선배들과 대화를 나누고 업계에서 동료들 간에 협업 이야기를 나누고, 이들 중 일부의 공동작업을 실체화해야 한다. 그리고 조금 더 자세하게 구체화해야 한다. 거듭되는 대화의 장에서 가상의 협동을 조금이라도 더 현실적으로 그리게 만들고, 세부적으로 짜 보는 기간을 주어야 옳다. 모비랩은 이런 것을 염두에 두고 만들어졌다.

모비랩의 특징

공동으로 사회적 문제해결을 추구하면서 협업을 통해 비즈니스 기회를 창출하는 것이 모비랩이다. 이렇게 만들어진 창업보육 과정은 기업가를 양성하는 프로그램으로 독특한 특징을 갖추게 되었다. 첫 번째 특징은 반드시 협업을 기반으로 한다는 것이다.

두 번째는 참여한 창업가들, 즉 멘티들 스스로 멘토가 되어 보는 과정이라는 점이다. 그들 서로가 멘토링 해 주는 것이다. 현장에서 비슷한 고민을 나눌 수 있는 존재들, 공감대를 갖고 동질감을 느끼는 동료들이 상호 간에 멘토가 되어 주는 피어 멘토(Peer Mentoring) 과정이다.

세 번째로, 현업의 선배가 후배를 기르는 관계를 강조한다. 선배는 멘토가 된다기보다는, 참여자인 후배 창업가들을 원탁에 앉게 하고 대화 진행자로서 분명히 절제된 역할을 한다.

네 번째로, 멘토들이 조언하고 충고하는 컨설팅을 하지 않는다. 그 대신에 원탁에 모인 참여자들이 대화를 통해 특정한 가치를 지닌 기업 행위를 하도록 촉진자 역할을 훈련한다. 이는 모비랩 특유의 진행 양식에 따라 체계적인 질문을 던지는 사회자 역할로서, 말을 들어주고 생각할 것을 물어 주는 방식의 진행을 한다. 그렇게 함으로써 참여한 기업가들 간에 현장에서 상생하기 위한 협동을 즉시 실행할 것을 촉구하도록 프로그램 전체가 구체화되어 있다.

기업의 미신을 넘어서

간섭을 좋아할 사람은 없다. 과거와는 다르게 개인의 가치와 개성이 중요시되는 시대이다 보니, 주변의 시선을 신경 쓰기보다는 각자 자신의 스타일과 가치관을 추구하는 데 관심이 많다. 고유의 스타일이 없으면 무미건조하다, 하지만, 자신의 가치와 개성에 매달리기 위해서는 반드시 세상의 이야기를 듣고 주위와 비교할 수 있어야 한다.

이것은 개인에게만 적용되는 것이 아니다. 기업에 있어서도 많은 대표자들은 자신만의 방법을 고집하기를 원하고 스스로가 가장 많은 것을 알고 있는 양 행동한다. 이것은 충분히 업무분장이 가능한 규모 있는 회사 조직보다, 초소형 회사라든지 개인이 만들어 낸 회사에서 더욱 심하다. 그러면 직원을 늘려 체계적인 조직을 갖출 때 진통을 겪기 쉽다.

사장님들의 고루한 생각

기업이 회사 주인의 것이라는 인식은 낡은 것이다. 대표를 맡은 사람의 스타일대로 한다는 것도 오늘날은 모자란 생각이 되었다. 물론 유능한 리더가 조직을 이끌어 성과를 보장하고 창의적인 기업가가 독창성을 드러내면서 자신만의 경영 스타일로 일을 만들어 가는 것은 분명 가치 있는 일이다. 그러나 신성불가침도 아니다.

한편으로 조직원들이 회사의 주인을 자처하고 연대책임을 지거나, 경영 주체로서 의식을 갖고 의사결정을 지어 나가고 권한만큼 책임을 지는 데 상응하는 경영을 시도하는 종업원 주주회사의 경우가 많아지고 있다. 조직원들이 원탁을 만들고 공동의 기업문화 안에서 멋진 호흡을 이루어 경영 성과를 높이고 브랜드 가치를 키우는 사례가 각광받는다. 현실적으로는 훨씬 어려운 경영 방식인데도 말이다. 이렇게 볼 때 회사는 자본을 댄 사주만의 것이며, 사장이 모든 것을 결정한다는 의식은 낡은 것이 되어 간다.

이보다 더 낡고 더 모자란 관념도 있다. 바로 기업들은 경쟁하는 것일 뿐, 협동은 예외적인 일이라는 생각이다. 너무 많은 기업들이 활약하는 앞으로의 세상에서 이 생각은 폐기될 가능성이 높다. 초소형 기업이 늘었고, 특히나 일인 기업들은 혼자 힘으로는 일하기 힘들어졌으며, 디지털 소통 기술과 소셜미디어, 온라인 플랫폼 등의 도움으로 업체들사이의 협력을 통해 공동 이득을 추구하는 일은 훨씬 쉬워졌다. 협동을 지향하도록 분위기가 바뀌고 있다.

역설도 있다. 오늘날은 사업가들 사이에 협동과 협력이 횡행하지만, 그릇된 방식으로 자행하거나 남발해서 문제다. 신뢰를 깨는 동업, 약속을 지키지 않는 협력, 피상적인 협약, 섬세하지 못한 협동 같은 것들로 얼굴을 붉히고, 상도덕을 못 지켜 시장교란이 일어난다.

파트너십을 다시 생각하다

아주 작은 기업들, 직원이 한둘에 불과한 일인 기업들일수록 협업을 부르짖는다. 그러나 아쉽게도 제대로 협업 방식을 배우지 못해 상대방들에게 누를 끼치거나 시장에 해를 끼치곤 한다. 질서를 정하지 못해 생기는 일이고, 그것을 정하는 계약을 한다 해도 자신에게 피해가 올 경우 약속을 저버리는 경우가 많다. 위대한 기업가들이라면 이런 것을 사소하게 여기지 않고 지키지 않을까.

콜라보는 중요한 경영 자산이 되었고, 제대로 파트너십을 경영하는 것은 앞으로 기업가의 핵심 역량이 될 것이다. 말로 협력하는 것은 쉽다. 그러나 너무나 많은 기업가들이 실천하지 못하는 것을 본다. 섬세하게 설계하여 상호 간의 약속을 정하고, 법적 계약 차원을 넘어 기업가의 명예와 품위로서 상호생존의 노력을 해 내지 못하는 것이다.

콜라보와 파트너십에 대해 소홀하다기기보다는 무지하다. 제대로 경영학을 익히지 못했거나, 인문학적 사유를 밑바탕으로 갖추지 못해서일까. 이 문제는 시장이 전쟁터이고 서로 죽이는 게임이며, 회사들은 혼자서 살아남는 것, 각자 알아서 생존하는 것이라는 편견을 별 반성 없이 받아들여서 생긴 것이다.

아이가 되어 질문해 보기

창의성 넘치는 순수한 아이라면, 왜 기업들 사이는 서로를 죽이는 전쟁만 있고 선의의 경쟁은 불가능할까 질문했을 것이다. 어느 경제학자가 기업가들이란 운동선수처럼 선의의 경쟁을 할 수는 있지만 근본적으로 상생은 불가능하다고 말한다면, 이 어린아이는 왜 그렇게만 생각하는지 반문했을 것이다. 어느 경영학도가 기업가들이란 서로 존중할수는 있지만 공존은 염두에 둘 수는 없다고 이야기한다면, 선의의 경쟁뿐 아니라 상생을 해 내는 사례는 나쁜 경영인지 물었을 것이다.

시장에 얽매이지 않고 사회 전체를 보자. 기업들의 협동이나 협업의사례는, 비록 시장 규모가 작을지는 모르지만, 그 숫자가 의외로 많다. 기업 간 상호불가침이라는 생각은 낡은 미신일뿐더러 회사의 생존과 기업의 성공을 가로막는 고정관념임을 깨닫게 된다. 중요한 것은, 좋은 협동이란 무엇인가, 어떻게 제대로 협업하는가 하는 것이 되겠다.

협업이나 협동은 다루기에 따라서 훌륭한 영업의 방법이 될 수 있다. 경영 관리 차원에서는 마케팅 효과를 얻을 수 있도록 설계할 수도 있다. 좋은 콜라보와 파트너십은 기업의 브랜드 가치를 높여 준다. 나는 미래의 기업가들이 그런 데에 도전해야 한다고 보았다. 그래서 모자이크 방식이라는 것을 제안하게 되었다.

어떤 프레임으로 볼 것인가

모비랩은 작은 기업들이 제대로 된 협업을 통해 활로를 모색할 수 있다는 데 주목했다. 협동으로 시야를 넓히면서 성장하는 데에 주안점을 두었다. 서로의 발전을 위해서, 전부는 아니라 할지라도, 기업의 자산을 공유하고 상호이득을 위해 협동할 수 있다. 함께 만들어 내려는 공동작업을 위해 서로가 갖고 있는 자원과 기회를 융합할 수 있다.

관점을 바꾸어 보면 협업은 비용이 드는 피곤한 일이 아니고, 경영인에게 시간이 아까운 불필요한 일도 아니다. 늘 동업은 실패하고 협업은 깨진다고 보는 시각도 있겠지만, 피곤한 감정노동을 동반한다거나 실패하기 쉬운 일만은 아니다. 오히려 비즈니스의 비용 절감에 유리한 수준까지 협동을 하는 것이 좋은 경영이다. 비즈니스 생존에 유리하기 때문에 영업 전략 중에 기업 간 협업을 구사할 수도 있다.

하나의 일을 어떤 문제의식으로 바라보는가 하는 생각의 틀을 '프레임'이라고 말한다. 모비랩은 어떤 문제 틀에서 기업의 지속과 생존을 바라보는가. 창업하는 사람들 사이에 대화를 나누고 협조를 구하도록 설계되지 않은 기업가 양성 과정과 창업보육 프로그램이 우리 사회의 숙제거리라고 생각했다. 더구나 기업들이 각자도생을 넘어서는 영업을 상상하지 않는 것, 그리고 협력망을 운용하는 실천을 하지 않는 것이 큰 문제라고 생각했다.

그래서 기업이 극단적으로 경쟁하는 것이라는 발상을 깨고, 협동하는 기업 역량을 기르는 것을 과제로 삼았다. 그러면 협약, 양해, 약속 등 계약 문화가 바뀌고 서로의 생존을 조금 더 보장하는 기업 풍토를 만들어 낼 수 있다고 판단했다. 그래서 모비랩 시스템에 착안했다.

그리고 기업가들이 저녁시간에 둘러앉아 대화를 나누는 원탁의 이미지에서 출발하였다. 그것이 바로 모자이크다.

대화와 원탁으로 보육이 가능할까

'모자이크'는 협조를 구하고 협력을 행하는 것을 이야기한다. 특히 기업들 간의 협동과 협업을 말한다. 이를 위해서 시장 상황에서 선의의 경쟁과 상호공존 가능성, 잠재적 경쟁자들 사이의 공유를 통한 상호혜택 중대 가능성을 이야기한다. 상생을 위한 협동으로 시장을 확장하고, 협업을 통해 공생할 수 있는 신시장 창출 등을 설계하는 대화를 나눈다. 그것은 생존의 방식 이야기다.

기업에게 있어서 가장 중요한 것은 생존이다. 많은 기업들이 그것을 알고 있지만 어떻게 생존해야 할지 몰라서 많은 고민을 하고 있다. 그리고 적지 않은 사람들이 자기들은 이 분야에 있어서 전문가라고 이야기를 하고 있다.

모자이크

기업의 지속적인 생존과 발전을 위해서 일하는 컨설턴트와 멘토들이 흔히 선택하는 방법이 여전히 일방적 지도를 통해 이뤄 내는 주입식 교육이다. 업계에 들어와 서로 생존해 나간 노하우를 당사자들 간에 나누고, 기업의 생존을 위한 구상이나 현장에서 벌어진 실전의 이야기를 서로 간에 곧바로 듣도록 돕는 것이 열쇠임을 절감하지 못하는 것이다.

왜 모자이크가 답이라고 말할 수 있을까. 자원과 기회를 공유하고 정보와 경험, 역량과 기술, 자산 등을 주고받는 협동을 약속처럼 지키면, 비용의 낭비를 막고 실패율을 줄일 수 있을뿐더러, 상부상조의 안전망을 보장받기 때문이다.

함께 솔루션을 만드는 융합을 한다면 더 큰 시장을 확보하게 되거나, 협업을 통해 의도적으로 새로운 시장을 만들어 낼 수 있기 때문이다. 이런 모자이크 방식으로 자기 회사의 서비스를 넘어선 공동 서비스를 개척한다면, 지속할 수 있는 공동의 비즈니스를 만들어만 낸다면, 회사의 비용을 감소시킬 뿐 아니라 과도한 경쟁으로 인한 사회적 비용도 줄일 수 있다. 효용이 있는 것이다.

콜라보에 주목하는 이유

창의적인 회사들의 생존율이 높아지면, 우리 사회에서 경제적 낭비를 막고 시장에서 생산성을 높일 수 있다. 모자이크를 통해 성공하는 회사가 늘기를 바란다면 꿈일까. 만일 시장에 경쟁 속에서 서로가 살아남는 상생의 시장을 만들어 낸다면, 기업의 생존과 성공의 확률이 높아질 수밖에 없다. 모자이크의 핵심은 여기에 있다.

콜라보를 왜 해야 하는가. 감정노동을 수반하는 피곤한 일 아닌가. 그리고 대부분 실패한다. 말로 파트너가 되긴 쉬워도, 동업하면 늘 망하는 것이 한국사회라고들 생각한다.

하지만 콜라보는 크게 돈을 버는 것이 아니라도 지불할 만한 비용이다. 기업이 돈을 절약하는 길이고, 경영비용의 낭비를 막는 일이다. 기업 간에 돈을 주고받지 않는 콜라보로도 돈 버는 기회를 얻을 수 있다. 제대로만 관리하면 콜라보는 비용이 아니라 투자가 된다. 적절한 파트너십을 통해 인맥이라는 무형 자산을 관리하고, 영업의 과제를 달성하는 데 이들을 건전하게 참여시키면서 협약에 의해 서로를 '동원'한다면 말이다.

이렇게 콜라보를 만들고 모자이크 상태에 도달하는 방법은 대화다. 어찌 보면 조직에서 늘 벌어지는 활동이 대화이고, 기업 행위에서 가장 기본적으로 사용하는 회의는 모두 대화로 이뤄져 있다. 다만 우리는 이것을 자원과 기회로 적절하게 활용하는 기술과 태도를 못 갖추고 있다.

사업은 일련의 대화다

사업을 한다는 것은 대화의 연속이다. 일에 대해 판단하고 길을 선택하고 앞을 결정하는 일련의 대화다. 대화는 말들로 이뤄진다. 사람들이 만들어 온 생각들이 한자리에서 말로 전개된다. 말하는 순간 그 자리에서 새로운 생각들이 만들어지기도 한다. 생각이 대화에 들어와 말들로 섞이고 새로운 생각, 더 나은 생각이 그 대화에서 나오는 것이다.

이렇게 대화의 자리에서 판단과 선택, 그리고 결정들이 이뤄진다. 제품을 만들고 상품으로 파는 기업 행위도 반복되는 대화의 연속이다. 만들고, 팔고, 매출을 처리하고, 다시 매입하고, 수익을 거두고 지출하고, 비용을 치르고 재투자하고, 이익을 배분하고 소득을 확보하고… 이런 것을 정하고 행해 나가는 논의들이다.

대화는 조직 행동이 잘 돌아가도록 정한 '게임 룰' 같은 것이다. 알다시피 대화는 소통하는 방법인 동시에, 일을 해 나가는 과정이다. 실행하는 것을 확인하는 기술이자, 조직 안에서 관계를 유지하는 수단이 되는 등 복합적인 기능을 한다.

기업은 일하는 곳이라 말하지만, 그 일들은 대화를 통해 이뤄진다. 제대로 된 상의와 논의를 통해 생산성이 높아지는 것은 당연하다. 흔히들 기업이란 돈 버는 곳이라고 생각하지만, 다른 조직, 다른 회사, 다른 사람들, 그리고 사회의 도움 없이는 쉽지 않다. 기업이 각자도생해야 한다고 보는 낡은 미신을 깨야 한다.

그래서 모비랩 프로그램은 기업가들이 조직 안에서 진행해야 할 대화의 기술을 활용하여, 기업가들 사이의 원탁에서도 협의와 합의, 동의와 결의를 이끌도록 시뮬레이션을 끌어 간다.

조직의 대화는 기술이 필요하다

나는 운이 좋아 '대화의 힘'을 체감해 봤다. 모든 일의 시작은 대화요, 모든 일의 끝도 대화다. 그렇다면 모든 기획의 시작도 대화요, 모든 기획의 마무리도 대화로 이뤄질 것이다. 경영은 어떤가. 또 기업은 어떤가. 모든 사업은 대화에서 출발하고 역시 대화에서 매듭이 지어지니, 기업은 대화를 잘 관리하고 제대로 활용해야 한다. 조직에서 벌어지는 대화의 기술은 기업 간 협동을 제대로 만들 때에도 쓰이고, 기업의 영업 효과를 높이는 데 도움이 된다.

조직에서 의논한다고 할 때는 논지를 분명히 드러내거나, 전제를 갖고 대화를 나누게 된다. 사람들이 관점을 드러내며 시각의 차이를 보이기도 한다. 집단적으로 일을 처리하기 위해서 의논을 해 나갈 때 넓은 의미의 '논의'라고 한다. 어떤 일을 선택하거나 해야 할 일에 대한 판단을 내리기 위해 하는 대화들이다. 대화하는 사람들은 논점과 근거를 갖고 의사를 밝히려고 애쓰게 된다.

깊은 논의에서는 분류하고 비교하는 등 분석이 뒤따르기도 한다. 무엇인가 결정해야 한다면 그동안 해 온 분석을 종합하거나, 서로 간에 다른 의견들을 나눈 후에 그에 대한 해석을 가하기도 한다. 이런 것이 다 논의다. 문제를 해결하기 위한 집단적인 행동에는 늘 논의가 들어간다. 이러한 논의에서는 합리적으로 실행의 기준을 정하기도 한다. 그것이 기초가 되어 일이 진행된다. 앞으로 할 조직의 행동을 약속하는 셈이다.

문제를 해결하는 대화의 힘

논의를 통해서 판단의 기초가 될 만한 논리들을 세우기도 한다. 전략과 절차가 성립되는 것이 대표적인 예다. 사람들 사이에 납득할 만한 상식으로 통하는 것에 기대어 결론을 내기도 한다. 하나의 논리를 세우지 않더라도, 논의 그 자체는 그 집단에 활력을 주거나 조직이 잘 굴러가도록 돕는 생산적인 기능을 한다. 과잉되거나 불필요하게 진행하지 않는다면 말이다.

물론 구성원들의 입장들이 다양하게 나올 수 있다. 관점들이 양보하지 않고 평행선을 달릴 수도 있다. 논의에서 세운 입장과 보는 관점들 중 반드시 하나를 결정하지 않은 경우도 있을 수 있다. 답을 열어놓거나 논의 후에 일부러 답을 내지 않는 경우도 생긴다.

고도의 대화 수준을 가진 조직에서는, 생산적 논쟁을 유발해서 내부 경쟁력을 강화하거나 생산성을 높이려는 조직 행동을 찾아내곤 한다. 소통이 늘고 결속이 증가하는 것 등의 부산물도 얻는다. 창의적인 문제해결의 일환으로 이뤄지는 대화에 의도적인 난상토의, 답 없는 토론, 찬반 논쟁과 경쟁적 설득 과정 등을 일부러 넣기도 한다.

하지만 훈련받지 않은 조직원들이나 소양이 부족한 경영인들에 의해 시간 낭비와도 같은 회의가 이어지기도 한다. 종착점을 알 수 없이 배가 산으로 가고 아무도 책임지지 않는 그릇된 회의가 늘어지는 경우도 허다하다. 각자의 역할, 회의 규칙, 회의의 의도와 도달하려는 과제 면에서 잘못된 방식을 취하는 비생산적인 회의들을 극복하는 것이 대화의 기술이다.

의사결정을 돕는 대화들

문제해결을 지향하는 실무적인 논의 외에도 의사결정을 지향하는 집행의 논의가 있다. 의견을 쏟아내고 한곳에 모으거나 다양한 의견들을 서로 나누는 목적의 회의, 다루어야 할 과제들이나 풀어야 할 숙제들을 정하는 숙의, 의견을 모아 하나의 지향점을 정해 나가는 논의, 그리고 중요한 결정을 이루는 회의가 있을 수 있다. 이런 논의를 할 때 단계별로 의견 수집, 의제 설정, 의견 수렴, 의사결정을 진행한다고 말한다.

또 많은 의사와 견해들을 들어 보는 논의뿐 아니라, 더 나은 입장과 관점을 정하기 위해 벌이는 논쟁도 존재한다. 쟁점을 정해 논지를 다투는 것을 '토론'이라고 하고, 다양한 논점을 열어 두고 서로 듣는 것을 '토의'라고 한다.

기업 조직에서 대화를 한다면, 기업가를 양성하는 과정에서는 제대로 대화를 운영하는 기업가의 역할과 대화의 방법을 훈련시켜야 한다. 사업이 대화로 이루어져 있다면, 창업보육 과정은 대화를 중심으로 이루어질 수 있다. 대화의 원탁만으로도 훌륭한 창업가 육성이 가능하다.

사업이 대화라면, 창업보육도 대화로 가능하다. 모비랩은 이러한 대화의 속성을 이해하고 기업가들 사이에서 대화의 방식으로 공동의 문제해결, 잠정적인 의사결정의 힘을 느낄 수 있도록 짰다.

자원과 기회의 대화, 모비랩

조직의 회의는 크게 문제해결 대화와 의사결정 대화가 주를 이룬다. 하지만 발상과 착안 대화를 쓰기도 하고, 가설과 검증 대화를 쓰기도 한다. 대화의 기법 중에는 다양한 이야기를 열어 놓는 섭렵의 대화, 하나로 이야기를 모으는 수렴의 대화 방식도 있다. 융합하는 대화, 분산을 이끄는 대화도 있다.

하지만 기업이 가장 많이 쓰는 것은, 문제해결 대화와 의사결정의 대화들이다. 이것을 잘 쓰는 것이 좋은 기업가다. 따라서 제대로 기업가를 양성하는 프로그램은 대화의 철학을 알려 주어야 한다. 회의의 기술과 방법이야말로 기업가가 리더로서 갖추어야 하는 지식이다.

좋은 창업보육 프로그램 역시 기업가들 사이의 대화로 만들어낼 수 있다. 모비랩은 기업가들 사이의 원탁과 적절한 방법을 구사하는 대화만으로 기업가들에게 필요한 양성 과정이 진행될 수 있을지 알아보기 위해 도전했다. 대화를 돕는 현업의 선배 기업가들이 만들어 낸 원탁의 질문을 진행하여, 기업가들 스스로 활로를 찾는 문제해결 대화를 하게 만든다. 또 공동작업을 하는 의사결정 대화를 하게 만든다.

하지만 모비랩 프로그램의 기반은 문제해결 대화나 의사결정 대화가 아니다. 기업가들 스스로 자신의 자원과 기회를 발견하고 이를 다른 기업가들과 나누어 보고 마침내 자원과 기회를 공동으로 모으는 협동과 협업에 있다. 그래서 이를 자원과 기회 대화라고 부른다. 모비랩 시스템만의 특징이다.

문제해결 대화, 의사결정 대화가 많지만, 자원과 기회를 발견하고 모아서 나누는 데 집중하는 대화는 없었다. 발상과 착안의 대화는 얼마든지 만들 수 있지만, 각자의 자산을 발견하고 서로 공유하고 함께 소득을 파악하는 대화는 없었다. 모자이크 방식이라고 부르는 이 대화를 통해 기업가들은 호혜성을 직관한다. 상호협조를 통해 사업의 시야를 확장하며, 기업가의 잠재력을 확대하도록 성찰하는 솔루션이 바로 모비랩이다.

모비랩, 기업가 양성의 꿈

2015년, 소셜 벤처를 육성하는 게 우리 사회에 필요하다는 생각을 했다. 소셜 임팩트 투자가, 소셜 벤처 육성가들을 찾아 만나고 조언을 받았다. 사회적 경제 전문가들이 의견을 듣고, 실제 사회적 기업으로 가는 좋은 후배들을 지켜 보았다. 그리고 그들을 육성하는 일에 투신하게 되었다.

생각의 발단

먼저 사회적 기업 육성 과정, 양성 과정이 진행되는 이야기를 듣고 자료들을 찾아보기도 했다. 경기대 사회적 경제 전문가 과정을 비롯해, 여러 곳에서 교수로 강의하고 육성 과정에 컨설턴트나 멘토로 참여했다. 창업 관련이나 청년 정책의 자문도 했다. 주변에는 늘 그런 자문이나 멘토링의 기회가 많았다.

그중에서도 나는 사회적 경제 전문가 과정을 깊이 집중해서 보게 되었다. 거기서 창업보육 과정들에 부족한 것을 발견해나갔다. 발전해야될 부분들을 찾아냈다. 가장 큰 문제는 각자도생을 유도하는 육성 방식이었다. 또 놀라우리만치 기업들의 협업과정을 강조하지 않고 있었다. 그래서 '새로운 프로그램을 만들어야겠다'라고 느꼈다. 그때가 2016년 8월이었다.

협업은 말로 되는 것이 아니다

무엇보다 1년 동안 많이 듣고 공부하자는 마음으로 다른 동료 교수나 육성가들의 강연, 방법을 꾸준히 관찰하고 강의를 들었다. 그리고 문제를 발견했다. 상투적인 협업 프로그램을 개선하려는 고민을 하면서 자극을 느꼈다.

본격적으로 모비랩을 만들기로 결심했다. 사회적 기업들 간에 협업이 중요하다는 사실을 그 현장의 사람들은 당연히 알고 있지만 창업보육 과정에 적용되지 않는다는 점을 발견한 것이 계기였다. 소셜 벤처를 기르는 사람들을 만나서는, 그 사실을 의식적으로 강조하지 않고 있어 놀랐다. 협업을 지향한다고 말하지만 사회적 기업들 사이에 기본적인 대화를 하는 공식적인 프로그램들을 제대로 넣지도 못하고 있다는 것이 당시의 내 판단이었다.

창업보육 프로그램에 교류와 협력의 시간은 요식행위처럼 들어가 있었다. 창업을 하는 멘티들 사이의 대화 기능을 소극적으로 보는 것이 분명해 보였다. 내가 볼 때 멘티들의 교류와 협력 시간이야말로 기업가들의 잠재력을 최대한으로 높일 수 있는 시점이었다.

인정과 지지가 부재하는 상황이 문제다

처음에는 신규 창업을 돕기로 했으나, 생각이 바뀌었다. 창업 후 3년 간 죽음의 계곡이라고 부르는 위기를 겪고 많은 기업들이 패배감을 겪거나 문을 닫는다는 것에 주목했다. 그래서 생존율을 높이고 실패율을 줄일 수 있는 창업 후 보육과정을 고민하다가, 성장기업을 위한 보수 과정이 필요하다고 생각했던 것이다.

사실상 이들에게 필요한 것은 지원 방식의 보육 프로그램이 아니었다. 현장에서 긴장과 갈등, 경쟁 속에 사는 기업가들에게 필요한 것은 일종의 격려였다. 그들과의 대화를 나누는 과정에서 느낀 점을 바탕으로, 모비랩의 콘셉트를 보살핌(Care)이 아닌 회복과 치유(Cure)로 잡게 된다. 상호 간의 인정과 존중을 강조하고 기운을 주는 가운데 기업가 자신이 힘을 얻을 수 있는 임파워먼트(Empowerment) 과정을 짰다.

결국 창업이 아니라 기업가 자체에 집중하게 되었다. 그리고 원탁 대화 안에서 집중적으로 임파워먼트가 일어나기 위해서는 상황을 잘 알고 공감할 수 있는 현업의 선배 기업가들을 만나게 해야겠다고 여겼다. 현장의 기업가 중에서 이야기를 잘 들어주고 좋은 질문을 던져 주는 매력적인 퍼실리테이터, 지지와 격려를 끌어낼 수 있는 모더레이터들을 철저히 길러 내자는 생각을 하게 된 것이다.

창업 때보다 죽음의 계곡 3년이 더 중요하다

죽음의 계곡에서 먹을 것이 없어 고생하고, 존폐의 기로에 선다면 무엇이 필요할까. 하루가 멀다 하고 실패할 것처럼 여겨지고, 적자와 빚으로 쪼들릴 때, 그들에게 필요한 응원을 가족과 친한 친구 외에 누가 할 수 있겠는가. 다른 기업가들 아닐까.

성장 중인 기업들은 특히 비슷한 경험을 하는 다른 기업가들과 고민을 나누고 충고를 구하는 동시에 조언을 하면서 성찰을 얻는다. 그러면서 직관적으로 기업가의 바른 길을 알게 된다. 위로뿐 아니라 사업의 방향을 정하는 의지가 될 것이다. 이런 건강한 의지를 제공하는 존재를 바로 멘토라 한다. 모비랩은 성장기업을 위해 이런 대화를 프로그램으로 만들어 낸 것이다.

경험에서 우러나온 지식을 넘어 지혜를 제공하고, 성장의 진통과 실패의 위기에서 무엇을 노력해야 할지 지향점을 제시하고 또 암시하는 것이 바른 멘토다. 이런 멘토들은 멘티들 스스로 선택해야 한다. 그들 스스로 필요한 멘토를 정해야만 존경할 만한 일생의 멘토가 될 가능성이 높다. 가장 좋은 멘토는 늘 옆에 있어 주는 존재, 함께 사업을 해 주는 자세를 견지하는 존재다. 그런 지지자를 얻기 이전에는, 비슷한 상황에서 비슷한 고민을 갖고 애쓰는 기업가들과의 대화, 특히 의식적으로 협업에 대해 이야기를 나누는 대화만 한 것이 없다.

기업이 제대로 성장하려면 무엇이 필요할까

나는 문화기획자로서 살았다. 하지만 현장의 프로듀서로만 머물지 않고 회사를 운영하는 비즈니스맨에 대한 도전을 15년 이상 해 왔다. 2003년부터 2013년까지는 훌륭한 동료들과 함께 회사를 운영했고, 여러 회사가 한 건물에 모여 콜라보를 하는 독특한 암묵적인 약속을 만들게 했다.

동료 기업가들 중에서도 내 일은 참 특이하게도 다른 동료가 좋은 기업가, 존경받는 리더가 되도록 만드는 것이었다. 동료들이 나에게 거는 기대는, 사업가로서가 아니라 좋은 파트너로서 늘 옆에 있어 주는 것이라는 것을 깨달았기 때문이다. 앞에 나서는 대신 뒤에서 돕는 서번트 리더십이 내게 가장 필요한 역할이라는 것도 알았다. 나는 행운을 얻어 늘 좋은 동료들과 함께 창업할 기회를 가졌다. 매력적인 인재들이 옆에 많이 모였기 때문이다.

이런 경험 덕분에, 청년 기업가들의 멘토가 될 것이 아니라 함께 회사를 만들어 줄 정도로 애정을 갖고 책임을 져 주는 공동설립자, 즉 코파운더로 살아갈 수 있는 자산을 갖게 되었다. 나도 모르게 코파운더로서, 파트너로서, 그리고 콜라보를 만드는 자, 즉 옆에 서는 자로 살게 되었다. 한편으로는 앞에 서지 않고 뒤에서 서포트하는 매니저로서 교육 회사와 컨설팅 회사, 마케팅 회사 등을 만들어 생존하도록 만들어 왔다.

나는 이제 문화기획사들을 동료들과 함께 만든 것처럼, 세상을 구하면서 돈을 버는 뜻있는 후배 소셜 벤처들을 기르는 일을 하기로 했다. 나의 경험들은 사실 아주 작은 기회들이었지만, 이것을 나는 소중하게 음미해 왔다. 그리고 그 결실 중 하나가 바로 모비랩이다.

기업을 육성하는 과정에서 얻는 질문

　사회적 기업과 소셜 벤처를 기르는 일반적인 프로그램들의 경우, 멘토는 참여한 멘티들의 서류를 보아 주는 요식행위에 머문다. 실제적으로 현장으로 이어 주는 일은 작은 비중을 차지한다. 그냥 알아서 하라는 것이 대부분이다. 그건 옳지 않다고 생각했다. 육성 과정이라면 가장 가치 있는 것을 알려 줘야 한다고 생각했다. 그리고 멘티가 되는 기업들이 해야 하는 것들 중 제일 가치 있는 것은 협업이라고 생각했다.

　그래서 멘티들 간에 협업하는 과정을 어떻게 만들까 고민했다. 구체적인 질문이 생겼다. 교육 과정에서 얻은 것이 현장에까지 연결되는가. 자신의 현장 고민을 이야기할 시간이 부족하다면 어찌 프로그램을 만들어 주어야 하는가.

　원탁에 모여 대화하면서 모자이크를 이루어 가는 비즈니스가 필요하다는 생각이 들었다. 교육 과정 중의 대화라기보다는 실제 비즈니스를 만들어 가는 원탁이라고 상정했다.

환대, 유대, 연대

　모비랩 프로그램은 2017년 경기대 정치전문대학원에서 사회적 기업가 육성 과정을 함께한 전진용, 김광수 등 두 교수의 영감과 통찰에 빚진 바가 크다. 그리고 안녕소사이어티의 파트너인 오희영 씨와 2015년부터 만들어온 살롱, 집단대화, 원탁, 개더링 등의 프로그램을 실행해 온 덕에 만들어 낸 산물이다.

2014년부터 많은 원탁을 만들어 보았고 공감과 공유의 힘을 보았다. 원탁 안에서 대화의 구성원들이 한 방향의 신념을 얻고 서로 간에 신뢰가 형성될 수 있다. 하지만 이 대화 다음은 무엇인가.

오희영 씨를 비롯한 30여 명이 모여 시작한 '동행숲'이라고 부르는 야생동물 서식지 보전 캠페인은 주 1회 이상 모이며 무수한 살롱을 반복했는데, 사람들은 어떻게 저녁시간의 대화만으로 커뮤니티가 유지되고 네트워킹이 활력을 얻는지 궁금해했다. 그 답은 환대, 유대, 그리고 연대에 있었다. 많은 사람들이 연대를 만들고 싶어 하지만 그 비결을 모른다. 환대 없는 유대란 없다. 그리고 유대 없는 연대란 없다. 연대를 하려면 지속적으로 유대를 만들어야 하고, 유대를 만들려면 서로가 환대를 해야 한다.

2015년에 시작한 '힙하게합'이라는 개더링은 다양한 분야의 청년 기업가, 현장의 기획자들이 모여 창의집단을 형성하고 자신들의 활로와 성장에 대한 작은 대화들을 연속적으로 이어나가게 했다. 하지만 이러한 소통만으로 될까. 실제로 이들 사이에 협동까지 전개되는 원탁을 만들 수 있을까.

그런 문제의식은 2016년 '제주살롱'을 시작하면서 커졌다. 그래서 공유살롱, 콜라보숍, 융합랩 등의 프로그램을 발전시켜나갔다. 뒤에서 보게 될 모자이크의 핵심인 협업 세션은 이런 경험을 바탕으로 공유, 협동, 융합의 코스를 구성할 수 있었다.

안녕소사이어티의 공동대표가 된 오희영 씨는 '안녕다방'을 만들고 다양한 살롱과 원탁대화를 시도하면서 프로그램을 개발할 기반을 갖추었다. 그곳에서는 신념을 가진 사람들 간에 밴드가 형성되고, 이들이 하나의 목적을 달성하고 목표를 정해 움직이기 위해 신뢰를 갖추는 본드를 형성하는 실험이 이뤄졌다.

하지만 이런 소통을 넘어 협동을 실행하는 대화는 별개의 문제였다. 그래서 현장의 기업가들이 모여 스스로를 기르고, 서로를 키워 주며 함께 자랄 수 있는 체계적인 모비랩 프로그램을 만들게 되었다. 창업보육의 문제만이 아니라, 실제 현장에서 만난 기획가와 기업가들이 원탁 대화를 통해 활로와 생존이라는 문제에 도전하는 고민을 발전시키다 보니 모비랩 프로그램을 하지 않을 수 없었던 것이다.

소통의 원탁에서 협동의 원탁으로

2017년 이후 안녕소사이어티는 집단 토의, 집단 교육, 집단 면접의 기법을 활용하여 모더레이터와 퍼실리테이터로서 몇몇 원탁 프로그램을 진행했다. 안녕다방이라는 공간에서 청년기업가, 문화기획자 등 창의집단이 모이는 살롱을 꾸준히 전개해 나가면서 인맥의 망을 형성하는 성과를 보고 있었다. 따라서 창업보육 과정에서도 원탁 방식을 적용하면 공유와 융합의 효과도 얻고, 상호 간의 네트워킹이나 커뮤니티를 형성하는 결과를 얻기 쉽다고 자연스럽게 생각하게 된 면이 있다.

모비랩을 개발하고 프로그램으로 설계할 때 중요한 역할을 한 사람은 오희영 공동대표다. 총 9시간짜리로 만들어진 뼈대에 패널 조사 방식으로 동료 기업가들, 특히 30대의 청년기업가들을 참여시켜 체험하고 의견을 듣고 프로그램을 보완하는 테스트를 거쳤다. 2018년에 진행된 이것을 우리는 모비랩 데모 데이라고 불렀다. 이것은 단순한 샘플링이나 파일럿이 아니었다.

퍼실리테이션에 훈련, 모더레이터로서의 학습, 연구 방식이 원탁 대화 방식으로 일어나도록 의도하여 진행했다. 이런 토론과 토의를 통해 모비래퍼라고 부르는 멘토 집단을 만들어 낼 때 자신의 시간을 아낌없이 사용한 기업가들이 모비랩 사업의 핵심 그룹을 이루었다. 나는 이처럼 모자이크 방식으로 프로그램을 설계하고 보완하여 자연스러운 원탁을 만들어내는 데 1년 이상의 시간을 나누어 주고 함께 하고 있는 동료들에게 큰 고마움을 느낀다.

어떤 솔루션을 제시할 것인가

대화에 기반을 둔 모비랩은 사실 인큐베이팅을 하는 것이 아니라 퍼실리테이션을 한다. 컨설팅이나 멘토링 대신에 현장의 선배 기업가가 질문을 던지고 대화를 이끌어주는 사회자로서 원탁의 대화를 진행하고 스스로의 발견, 서로의 성찰을 촉진해 준다. 함께 모자이크 방식으로 기업이 갖추어 갈 길에 대해 직관하게 함으로써 결과적으로 인큐베이터가 되어 주는 것이 모비랩이다.

결과적으로 인큐베이팅을 할 것이 아니라 랩을 짜자는 생각을 했다. 랩은 공동작업의 실험실이다. 상호학습하면서 공동연구를 진행하는 대화 방식의 절차들을 통해 기업가들이 현장 감각을 효과적으로 익히고, 스스로 사업에 대한 판단을 내리는 데 효율적으로 지원하게 된다는 것을 알았다.

교육이나 학습이 아니라 공동의 실험실을 만든다는 생각은 처음에는 동료 컨설턴트들 사이에 쉽게 받아들여지지 않았다. 하지만 창업 후 생존과 성장을 위한 활로를 모색하는 기업가들이 스스로 상호학습과 공동의 연구를 하는 과정을 실제 진행하고, 참여자들의 반응으로부터 효과를 확인하자 지켜보던 이들의 평가가 달라졌다는 느낌이 든다.

창업보육 전문가의 컨설팅이나 멘토링이 핵심적인 것이 아니다. 원탁에서 일어나는 살롱 대화만 반복해도, 의견의 공유와 구상적인 협동, 그리고 생각의 융합이 일어날 수 있다. 이런 효과를 볼 수 있도록 공유 살롱, 콜라보 워크숍과 융합랩을 짜 넣었다. 예상대로였다. 기업가들 역시 스스로 발견해 나가는 시간이 필요한 동시에 다른 기업가들과 이야기를 체계적으로, 단계적으로 나누는 기회가 절박했던 것이다.

한 세대 뒤를 내다보는 안목

사업이 본 궤도에 진입하는 일은 쉽사리 이뤄지진 않는다. 기업이 원하는 성공가도에 오르는 것은 말할 것도 없다. 죽음의 계곡을 넘고 적자를 면하기는 쉽지 않다. 계획대로 몇 년 안에 원하는 목표에 다다를 수 있다면 얼마나 좋겠는가. 하지만 실제 기업을 운영해 본 사람들은 모두 안다. 기업은 그렇게 쉽게 성장하거나 발전하지 않는다는 것을 말이다.

멀리 보고 길게 보고

쉽게 만들어진 결과물들은 깨지기도 쉽다. 수입이 올라가다가 떨어지기도 한다. 때로는 매출이 증가하는데 순익이 줄어든다. 기업을 운영한다는 것이 쉽지 않다. 그래서 잦은 변동들을 넘어 10년 후를 내다보는 안목이 필요하다. 장기적 차원의 건전한 목표 설정과 건강한 관리가 매우 중요하다.

기업은 자녀 양육과 비슷하다. 나쁜 음식을 많이 먹여 비대하게 몸을 불리는 것이 아니다. 양보다 질이다. 꾸준한 자기관리와도 비슷하다. 멀리 보고, 지속적으로 성장하도록 도움을 주어야 한다.

창업보육 서비스인 모비랩 역시 하나의 비즈니스다. 처음 모비랩을 만들 당시에 이 교육 비즈니스가 갑자기 커지리라고 생각하지 않았다. 10년 혹은 그 이상의 시간이 걸릴 수도 있다. 모비랩 서비스가 제대로 퍼지고 모비랩 정신이 정착해 사회적으로 임팩트를 줄 수 있으려면 생각보다 긴 시간과 노력이 필요할지도 모른다.

작은 사연

모비랩은 현재 안녕소사이어티가 있는 이안오피스 건물 1층에서 개발되었다. 그곳에 위치한 안녕다방이 모자이크 방식을 개발하는 원탁을 운영했고, 살롱에서 모비래퍼들이 토론을 해 나갔다.

그런데 이 건물은 2003년부터 나와 동료들이 총 8개의 회사와 단체들을 동고동락하면서 만들어 낸 사연을 간직하고 있다. 이 회사들은 문화기획, 문화컨설팅, 마케팅과 디자인 등의 업계에서 제대로 살아남았고, 마포, 광주, 부여, 오산 등에서 사업을 펼치는 자신들의 길을 걷고 있다.

나를 비롯한 몇 사람은 이런 회사들을 경영하는 회사 대표들 사이에서 함께 갈 수 있다는 신념을 만드는 '밴드'를 묶는 역할을 했다. 특히 나는 기업 간에 신뢰 관계를 갖는 '본드'를 만드는 데 집중했다. 그러기 위해서 나 역시 처음에는 하나의 회사에 대해서만 지분과 경영권을 가졌다. 여러 회사들 사이에 수평적인 관계를 만들기 위해서다. 어느 순간부터는 회사의 소유 권한이나 경영권, 지분도 갖지 않고, 형평을 지킬 수 있는 자리에서 역할을 해야 했다.

각 회사는 시장이 중복되어 경쟁하기도 하고, 때로는 협력하기도 하지만 공생해야 한다는 의식이 있다. 이 회사들이 하나의 계열사로 묶이는 문어발식 종합회사는 존재하지도 않는다. 각 회사들은 수평적인 관계에 놓여 있다. 서로의 구속력이 없이도 회사들 간에 서로 돕는다.

이러한 독특한 원탁의 규범을 가진 회사들 간에 협동조합을 만들라는 권고를 받기도 하지만, 회사들은 모자이크 방식으로 회사의 고유성을 지키면서 서로 도울 때 돕는다. 현재 이 회사들은 대부분 다른 건물로 이사를 갖지만 자가성장과 상생협동의 신념을 나누면서 기본적인 신뢰 속에서 동맹을 유지하고 있다.

2003년부터 경륜이 있고 실력으로 인정받는 8개 회사들이 우정을 유지하는 것을 신기하게 본 소셜 벤처 투자가와 사회적 경제 조직 육성가들은 회사들이 협동조합이나 사회적 협동조합 만들기를 권하기도 했다. 현재도 이 회사들은 필요 시 자원을 공유하고 상호 간에 협동하고 전체를 위해 융합을 택하는 등 유연한 모자이크 방식을 15년간 증명해 나가고 있다.

큰 도달점

다시 2017년부터 이 건물에 새롭게 판을 짰다. 문화기획 회사들만이 아니라 다양한 분야의 스타트업과 소셜 벤처들이다. 콜라보 비즈니스를 만드는 모비랩 협력사들이 입점하는 것이 현재의 목표라면 목표다. 가치 있는 일로 돈을 벌기 위해서다. 이 건물을 민간인이 만든, 작지만 강한 '창조와 혁신의 기업센터'가 되도록 하는 것이 모인 기업가들의 작은 목표다. 비즈니스를 하는 모비랩 회원사들의 중심기지 역할을 했으면 한다.

모비랩이 지향하는 시스템은 '눈에 보이지 않고 가볍게 움직이는 강소기업 진흥조직'이라는 콘셉트를 갖고 있다. 실제 그리 되면 좋겠다고 생각한다. 정부가 기업가 양성을 위탁할 수 있는 공신력 있는 센터가 된다면 금상첨화이겠다. 하지만 모비랩이라는 혁신적인 프로그램은 유형의 건물과 시설 없어도 돌아가는 무형의 창업보육 시스템이다.

모비랩 철학으로 보면, 단순한 육성 프로그램이 아니라 함께 성장해 나가는 회사들의 트러스트(Trust)가 되어야 한다. 멘토와 멘티들이 모자이크 정신을 가진 인맥들의 개더링(Gathering)으로 꾸준히 살아남고 민간에서 자생하는 연결망으로 번성하여 훌륭한 기업가들이 모이고 서로 돕는 소사이어티(Society)가 되어야 한다. 모자이크 정신을 가진 기업가들이 그런 가치를 구현하려는 후배들의 생존을 돕는 건강한 카르텔(Cartel)을 이루었으면 하고, 수준 높은 강소기업들 간에 모이는 클러스터(Cluster)가 되었으면 한다.

큰 하나보다 작고 많은 것을 지향한다

콜라보로 생존율을 높인다는 식으로 크리에이티브를 발휘하는 회사들이 모인 커뮤니티가 시간을 두고 지속적으로 확장되었으면 좋겠다. 그리고 오리지널리티를 인정받는 네트워크로 자리잡으면 좋겠다. 이렇게 발전하면, 기업 간 협업을 증진하고 사회를 돕는 기업가들로서 모자이크비즈니스맨이라는 명예가 만들어진다. 나아가 모비랩 자격증이 만들어질 것이라는 바람이 있다.

모자이크 펀드도 만들고 모비랩 본드를 형성하는 등 공동 자산에 대한 일련의 노력을 하면 좋겠다는 이야기를 모비래퍼들은 나누었고, 실제 모비펀딩이라는 이름으로 2018년부터 진행하고 있다. 사람들에게 모비랩을 소개하면서 조언을 구하면, 사회혁신을 지향하는 금융권이나 소셜 임팩트 투자 부문과 손잡으라는 충고를 얻는다. 장기적으로 계를 형성하여 자체 금고를 운영하고, 모자이크 정신을 가진 기업가를 발굴하는 엔젤 투자그룹이 되면 좋겠다는 권고도 받는다. 그러기 위해서는 모비랩에 참여한 기업가들부터 기금을 만들어 나가야 한다.

본사가 가맹점을 관리하고 지배하는 '프랜차이즈' 방식 대신, 공동으로 각자의 사업들을 개척하는 '신디케이트'가 되면 좋겠다. 할 수 있다면 모비랩 시스템으로 협동조합을 이루든, 모비랩 서비스로 조합적 비즈니스를 이루든, 모비랩 자체가 협동의 모델인 동시에 조합의 모델이 되었으면 좋겠다.

이런 관점은 초고도 경쟁의 약육강식과 승자독식의 독과점 대신, 다다익선의 기업 생존이 경제를 살리는 일이 되도록 하는 것이다. 나는 종종 시장에서 기업 생존의 홍익인간이 이뤄지는 것이라고 말한다. 큰 것 하나보다 작은 것들이 많아지고 이것들이 모이는 것을 지향하자는 것이다.

한 세대 뒤를 보자

모비랩은 하나의 모자이크 비즈니스가 아니라 다양한 모자이크 비즈니스들의 묶음을 지향한다. 동료들이 수많은 모비랩으로 살아남고, 이들 간의 모듬이 향약(마을의 약속)처럼 움직인다. 이것은 강력한 무형의 자산이다. 신념과 신뢰만으로도, 건물 하나 없이 모비랩은 아메바처럼 꾸물꾸물 움직인다.

작고 많은 비즈니스들이 각각 모자이크로 생존하고 이것들 사이를 잇는 큰 모자이크가 살아 있다. 여러 개의 콜라보들 사이에 파트너십이 있다. 그것이 모자이크 기업가들의 약속이다. 모비랩의 미래상은 센터가 아니라 허브다. 진정한 센터가 되고 싶으면 여러 센터를 만들어 주는 허브, 여러 센터들이 모여서 이루는 허브를 만들어야 한다.

모비랩이 기업가 정신의 허브가 되고, 시장과 사회에 선한 임팩트를 주는 기업가들의 리더십 센터처럼 되는 것보다 중요한 것이 있다. 궁극적으로 '되어야 할 것'은 영혼이 있는 비즈니스다. 모비랩은 그 어느 곳보다 좋은 창업보육 서비스가 되려 한다.

무엇보다 사회에 필요한 창업육성은 특히 성장기업을 위한 것이다. 또 기업보육이라기보다 기업가 양성 시스템을 먼저 만드는 것이 필요하다. 억지로 '창업보육기관' 같은 것이 되거나, 특히 비즈니스 모델이나 서비스 플랜을 짜는 식으로 서류를 만들게 하는 방식이 아니어야 한다. 기업가들이 만나고 대화를 나누면서 명예를 갖고 서로 돕는 관계를 형성하는 과정 그 자체가 되자.

훌륭한 모비랩 기업가들을 100명 이상 길러 낸다면 그것만으로도 시장과 사회에 효과적인 변화를 유발할 것이다. 한 세대가 지나갈 때 길러 낸 기업가들의 성과가 눈에 띄는 것이 될 것이고, 그것이 모비랩의 작은 성공이라고 생각한다.

스스로 벤처가 되어야 한다

나는 비즈니스맨이다. 모비랩을 실천하는 이유는, 모자이크 방식을 시도하면 더욱 사업이 잘될 것이라고 확신하기 때문이다. 모비랩을 통해 상생하는 시장과 선의의 경쟁을 추구한다면, 적어도 여기에 참여한 회사들이 더 많은 돈을 벌고 덜 망할 것임을 알기 때문이다. 모비랩을 실천하는 이유는 그것이 비즈니스맨인 나에게도 홀륭 영업 방식이고 멋지게 기업의 가치를 홍보하는 것이기 때문이다. 이런 생각은 모비래퍼들 사이에 퍼져 있다.

시작 당시 정부의 자금을 받아 모비랩을 펼치지 않았다. 우리는 독자적으로 만들어 낸 프로그램으로 민간에서 자생적인 육성 시스템을 만들어 냈다. 나는 벤처캐피털이 아니었고, 액셀러레이터나 투자자로서 출발한 것은 아니었기 때문에, 돈으로 사업체들을 인큐베이팅하는 접근의 대안을 택했다.

그런 일을 함께 하며 자금을 댈 파트너를 만나는 것은 모비랩이 자리 잡는 단계에서 언제든지 가능하다. 될 만한 기업에 자금을 투자하고 가치를 높이는 일은, 모비랩으로 정신 똑바로 박힌 기업가들을 만들어 낸 다음의 일이라는 점을 알았기 때문이다.

오히려 나는 보육 현장의 아쉬운 점을 고치는 데 주력했다. 내가 동료들과 뛰는 현업에서 발견한바, 청년 기업가들, 특히 창업 이후 죽음의 계곡을 건너고 있는 성장기업들의 결핍을 먼저 해소하는 데 주목했다. 정부의 창업보육이 청년 창업의 수량을 늘리려 하고 질적 관리를 못 하는 것처럼, 민간의 현장에서 기업가들이 생존하고 성장할 때 돈보다 더 중요한 것을 놓쳐 실패한다는 것이다.

물려줄 수 있는 보육 전통을 만들자

과거 나와 회사를 해 오며 비슷한 고민을 나눴던 동료와 직원들이 믿고 인정해 줄 수 있는 것을 만들어야만 된다는 자존심이 있었다. 그들이 직면한 시장의 현실을 보면, 숫자를 늘리는 창업보다 중요한 것은 개업 후의 흥업, 몇 년 후의 성업 단계에 대한 고민들이다. 어쩌면 한국 사회에는 제대로 실패를 주어 담아 명예롭게 실업하도록 돕는 혁신적인 프로세스, 다음에 회생할 수 있도록 폐업을 잘 하도록 지원하는 창의적인 프로그램이 더 필요한지도 모른다.

한편으로 내 후배들과 제자들에게도 부끄럽지 않은 창업 프로그램을 만들어야만 한다고 생각했다. 내 아이 세대로부터 존중받을 수 있는 수준의 청년 창업 프로그램을 만들기 위해서는 진정성을 갖고, 나와 내 직장 동료들이 겪었던 처절한 현장의 고민을 담아야 하고, 후배 기업가들의 애환을 직시하지 않을 수 없다. 창업 계획서 작성 중심의 보육 과정이 아니라, 대화를 중심으로 한 육성 과정, 특히 기업가 양성에 초점을 둔 과정이 핵심이라고 생각한다.

우리의 미래뿐 아니라 다음 세대를 위한 일이다. 후배들에게 좋은 기업가가 만들어지는 전통과 기업 풍토를 이 사회에 유산으로 물려줄 수 있어야 한다. 그러자면, 모비랩처럼 무모한 서비스를 만들어야 한다. 모비랩을 실천하는 우리는 '육성가'가 아니라 시장의 실험과 사업의 모험에 도전하는 '벤처'다. 벤처를 기를 뿐 아니라, 우리 스스로가 벤처가 되어야 한다는 생각이다.

Ⅱ

∙

누구를 위한 창업보육인가

모비랩, 누구를 위한 것인가

모비랩은 사실 창업보육보다 더 근본적인 문제에 도전한다. 바로 기업가 양성이다. 창업 후 현장에서 살아남는 승부를 보는 기업들의 현실은, 형식적으로 회사 문을 열고 난 후 내실을 키워나가는 데에서 막막함을 느끼는 것이라고 정의할 수 있다. 이들의 결핍은 정부의 창업 지원을 받는 상태를 벗어나 실제로 사업의 내용을 일구어 가는 것이다.

또 하나는 지치고 쓰러질 때 기업가다운 처신을 할 수 있는가 하는 것이다. 필요한 것은 멀리 보는 안목이다. 당장이 아니라 소명의식을 갖고 자신의 생존 동기를 강화해 줄 수 있는 수준 높은 기업가 정신이다. 결국 기업이란 무엇인가, 좋은 기업은 어떻게 행동해야 하는가, 그렇다면 기업가로서 무엇을 채비해 나가는가 하는 본질적인 부분을 정리하는 것이야말로, 모비랩을 통해 현장에 제공할 것이라고 보았다.

실패율, 생존율

모비랩은 창업 후 실패와 생존의 기로에서 투쟁하는 기업들을 성장 기업으로 보고, 이들을 돕기 위해 만들었다. 정부의 지원 제도에 의해 배출된 초소형 기업들은 오히려 창업 후에 보육이 필요할 수 있다고 보왔다. 죽음의 계곡이라고 부르는 창업 이후 성장통은 모든 신진 기업들이 겪는 일이다. 이들이 또 한번 도움닫기를 할 수 있는 프로그램이 필요하다고 보았다.

손익분기점이라고 부르는 지점(Break-even Point)을 넘지 못하거나, 수년이 지난 후에도 롤러코스터와 같이 수입과 매출이 널을 뛰고 자리를 잡지 못하는 경우가 적지 않다. 여러 해가 지나도 적자와 부채의 위기 속에서 승부를 보는 기업가들은 번아웃(Burn-out)을 겪는다. 이들은 단순한 투자가 아니라 자긍심과 자신감을 잃지 않도록 돕는 지지기반이 필요하며, 업계의 동료들로부터 사회적, 심리적 지원을 기다리게 된다.

사실 모비랩은 모든 성장기업이 들을 수 있는 프로그램을 만드는 것을 목적으로 삼았다. 그리고 청년 기업인을 비롯하여 작은 회사의 창업가들의 실패율을 줄이고, 생존율을 높이는 것을 목표를 정하고 모비랩을 만들었다. 중요한 것은 성공률을 높이는 것이 아니라 창업 후 실패율을 줄이는 것이라고 보았다. 정부 육성제도의 맹점이 여기 있다고 현장에서는 느끼기 때문이다. 중요한 것은 외형적이고 가시적인 성공이 아니라 생존율을 높이는 것이라고 보았다. 창업 후 몇 년에 걸쳐 살아남는 기업을 늘리는 것은, 폐업 후 재기율을 높이는 것만큼 한국의 창업 풍토에서 중요하게 보였다.

창업보육인가, 기업가 양성인가

모비랩의 기본 구성인 해업, 협업, 환업의 세 단계에 따라, 각각 현행의 창업보육 과정의 문제점을 구체적으로 해결하고, 기업가를 길러 내는 프로그램에 결핍된 부분을 해소하고자 했다.

먼저, 정부에서 진행하는 창업보육 과정은 기업가 자신을 성찰하고 자부심을 느끼도록 하는 리더십 교육부터 출발하지 않는다. 결과적으로 영혼 없는 비즈니스와 돈벌이 외에는 의미부여를 못 하고 만다. 논리적으로 돈벌이에 실패하면 나쁜 기업가로 낙인 찍히고, 사회적 불신을 받으면서 고통 받도록 만든다. 시장의 문제를 해결하기는커녕 산업 구조와 경제 상황의 잠재적인 악재를 늘리게 된다. 이러한 결핍을 절감하기 위해서는, 기업가 자신의 업부터 풀어 보는 해업 과정이 필수적이다.

다음으로, 민간과 공공 영역의 창업보육 과정 모두 상호 간 무한경쟁, 남을 죽이고 내가 이겨야 사는 승패적 시장경쟁을 당연시한다. 또 개개의 기업을 육성하는 일에만 주목하여 사회문제를 키우고 있다. 사실은 승승적 사고로 경합 혹은 연합할 수 있어야만 기업가로서 높은 수준의 영업을 하게 된다. 각자의 기업을 키우는 것 이상으로 여러 기업이 합심하고 협동할 마음을 갖도록 해 주어 나쁠 것이 없다.

한편으로, 현재의 창업 과정은 상투적인 기업 간 협동 시간을 마련하지만, 사실은 간담회 이상의 기능을 못 하여 기업들이 욕구불만을 느끼게 한다. 따라서 모비랩 협업 과정을 통해 아주 구체적인 단계로 이 시간을 늘려야 한다. 기업 간 협동과 협업을 분간하고, 분업과 협업을 나누어 체계적으로 함께 할 공동작업을 생각해 보도록 만들어 주어야 한다. 이는 서로 간의 상부상조로 시장생존을 높이는 방식을 촉진하는 것이다.

세 번째로, 현행의 사회적 경제 조직 지원, 사회적 기업 육성, 사회 혁신가 양성, 소셜 벤처 보육과 소셜 임팩트 투자 등을 두루 살펴보면, 흑백논리로 시야를 막는 현상을 볼 수 있다. 일반 기업과 사회문제를 해결하는 기업을 양분법으로 나누어 가르치는 경향이 커서, 건강한 기업 풍토를 좀먹고 있다. 일반 스타트업이나 벤처육성을 비롯하여 청년 창업, 그리고 현재 부상 중인 중장년 창업, 은퇴 후 재창업 과정 등이 모두 이상하리만치 이 양가논리를 신봉한다. 사실, 모든 기업들은 어떻게든 작게라도 사회문제를 해결하면서 돈 버는 사명을 갖는 것이 옳은 것이다. 사회적 기업만 그런 노력을 하는 것은 아니라는 점을 바탕에 두고 훈련과 학습과정을 운영해야 한다. 그래서 모비랩에서는 환업 과정을 통해 수익과 동시에 사회환원 행위와 가치순환 방법을 함께 설계하도록 돕는다.

이러한 해업과 협업, 환업 과정을 잘 따르면 결과적으로 기업의 마케팅에 도움이 되며 브랜드 가치를 높일 수 있다. 하지만 무엇보다 기업가 정신을 비롯하여 좋은 기업가로서 지켜야 할 것, 자기관리 차원에서 해야 할 것을 돌아볼 수 있다.

모비랩이 일련의 교육 비즈니스로, 창업보육이라기보다 기업가 양성을 돕는 서비스라면 기업가 정신을 어떤 식으로 점검하게 해주는가. 해업, 협업, 환업의 세 가지 업을 중심으로, 기업가가 갖추어야 할 것들을 고취해 준다.

4대 자원

기업에 물질적이고 금전적인 차원의 자본을 공급하는 일보다 더 중요한 것을 망각한다면 한국의 창업보육에 철학이 없었다고 보았다. 아무것도 가진 게 없는 기업가들은 무엇으로 사업을 시작해야 하는가.

돈이 없다면 사람과 시간, 그리고 경험에서 우러나오는 정보라는 것이 자명하다.

일을 설계하고 실행하는 기획의 기본 자원은 사람, 시간, 돈, 그리고 지식이다. 이것은 기업가들이 일을 벌일 때에도 그대로 적용될 것이다. 그래서 나는 돈보다는 시간과 정보, 사람이라는 자원을 잘 관리하는 기업가들의 기본자세부터 세우기로 했다.

기회와 자원은 어디 있는가. 가진 것이 없는 사업가는 어떻게 생존을 시작하는가. 결국 자신이 가진 것이 무엇인지 깨닫고 이를 자원으로 삼는 힘이 필요하다. 이러한 자원들이 모여 기회들을 창출하는 것이 사업의 시작이다.

모비랩의 대화는 기업가들이 모여, 자신이 갖추고 있는 기회와 자원을 발견하고, 남들에게 나눠 줄 수 있는 기회와 자원을 발견하여 이를 거래하도록 한다. 여기에 집중하는 단순하고도 독보적인 질문들로 구성되어 있다.

5대 자본

이제 이러한 자원과 기회를 활용해서 축적해 나가야 할 '자본'의 개념으로 바라보자. 나는 기업가들이 금융자본 외 이 네 가지 무형자본을 중시하지 않으면 안 된다고 여긴다. 바로 인적 자본, 이로부터 형성되는 지식 자본, 신뢰와 자부심으로 사람들이 결속되어 만드는 힘인 사회적 자본, 그리고 이로부터 전통과 규칙이 쌓이고, 창조적인 관행을 형성하는바, 문화자본까지. 이렇게 네 가지다. 큰 기업은 말할 것도 없고 작은 기업, 창업한 지 얼마 안 되는 회사들도 예외 없다.

그런데 보통 기업가들은 지식 자본과 인적 자본을 두 가지를 여전히 등한시한다고 본다. 사람을 중시하고 사람들이 만들어내는 경험 정보와 체험 지식을 중용하는 것은 창업 이후 성장하는 단계에서 반드시 갖추어야 할 뼈대다. 올바른 틀이 없다면 정신적이고 정서적인 밑천을 만들지 못하고 낡은 회사가 만들어질 것이다. 모비랩은 회사를 왜 하고 무엇을 사업가가 중요시하여야 하는지 돌아보게 만든다.

무엇보다 기업가들은 세 번째 자본, 즉 조직원들의 자부심과 결속, 그리고 소비자와의 사이에 만들어진 신뢰와 신념들로 구성된 사회적 자본을 창출하는 노력을 할 수 있도록 배워야 한다고 생각했다. 그것이 있어야만 기업 간에 상생을 위한 협동 단계, 그리고 협업을 통한 공생 단계로 영업을 확장하는 도전을 할 수 있게 된다.

그리고 가장 고도의 자본으로서 네 번째 자본을 형성할 수 있어야 한다. 사회적 자본에 해당하는 신념과 신뢰를 조직의 관습, 소비자 소통에서의 전통으로 숙성시켜 많은 사람들이 따를 수 있는 기업 가치를 만들어내는 것, 그 기업의 고유한 문화 자본을 형성하는 것이 이상적이라고 보았다. 업의 개념을 정하고 훌륭한 동기와 전망에 모든 조직원들이 일치된 생각을 갖고, 시장을 개선하는 기여와 사회를 개선하는 공헌을 할 수 있는 기업의 상을 정하여 추구하는 것은 종업원과 협력업체들 사이에 자긍심을 가질 만한 문화를 만드는 기초가 된다.

자원과 자본의 관점에서 기업들을 돕자

위의 네 가지 무형 자본에 덧붙여, 기업들이 사회문제를 해결하려는 과정에서 소비자로부터 인정받고 '가치자본'을 확보할 수가 있다. 그 경우 사회는 공익을 제공하는 이 기업들에게 지원하여 공익을 더욱 증대하는 '인내자본'을 투자할 수 있다.

기업의 생존뿐 아니라 사회적 기여를 위해서도 '무형'의 자산을 다루는 실력이 필요하다. 훌륭한 기업가는 그 사회의 경제와 시대 전체를 직관해야 한다. 그러기 위해서라도 금융 자본 외의 이런 4대 자본을 느끼고 또 알아야 한다. 만일 기업가에게 이런 것이 중요하다면, 창업보육 과정도 이것을 강조해야 한다.

모비랩은 창업보육이 아니라 기업가를 양성한다는 데 초점을 맞추었다. 현장의 문제에 집중하다 보니, 핵심은 창업이 아니라 사업의 생존이고, 그래서 기업의 육성을 위해서 기업가를 돕는 데 주목했다.

현업의 경영인이라면 당연히 비즈니스 모델과 투자받을 수 있는 서비스 플랜을 짜기보다는 더 기본적으로 자신이 가진 자원을 운용하는 방법을 제대로 깨우쳐야 한다. 정말 가진 것 없이 돈을 벌지 못하는 고통의 강을 넘어 생존하기 위해서는, 눈에 보이지 않는 자본들이 돌아가는 눈을 얻게 되길 바란다.

모비랩을 이루는 원칙들

모비랩은 가르치거나 배우는 것을 넘어 원탁에 앉은 기업가들 스스로 발견하도록 서로 돕는다. 이를 위해 몇 가지 독보적인 원칙들을 지키면서 운영되는 프로그램으로 짰다.

첫 번째, 수많은 컨설팅이나 멘토링보다 필요한 것은 스스로 깨닫게 해 주는 코치의 존재였다. 질문을 던지거나 많이 들어주는 사람이 필요하다고 느꼈다. 질문하고 경청해 주는 코치가 필요한 것이다. 인정과 칭찬, 격려가 필요하다고 느꼈다. 멘토와 컨설턴트들이 제대로 훈련받아야 한다고 나는 생각했다.

두 번째, 육성 과정에서 보면 디자인 싱킹이나 리빙랩 같은, 해외에서 들어온 다양한 교육 기법에 대한 이야기가 많다. 우리나라의 토종의 문제의식으로부터 출발한 고민이 없다. 한국의 보육 과정에 문제를 짚어내는 한국식 프로그램으로서의 모비랩을 만드는 것이, 그래서 중요했다. 창업보육 과정에 외국에서 수입한 브랜드 프로그램을 직접적으로 집어넣는 것은 필패라고 생각했다. 그래서 한국의 문제의식으로 모비랩을 만들었고 '협업'을 핵심으로 삼는 식으로 개념과 의도를 분명히 하였다.

세 번째, 창업을 하는 단계의 사람보다 더 관심과 관리가 필요한 것은 3년간 살아남아서 죽음의 계곡이라고 부르는 손익분기점을 넘지 못한 상태에 있었던 기업가들이었다. 나는 그들의 성장을 부스팅(Boosting)하는 것이 더 중요하다고 생각했다. 그래서 모비랩은 현장의 기업가들이 같이 만들어야 한다고 생각했다. 고통의 경험에서 나온 실제의 도움들을 줄 수 있기 때문이다. 그러면 어떻게 그런 과정을 만들 수 있을까. 그들끼리 대화를 하며 도움을 주고받는 상호 멘토링을 하게 하자고 생각했다.

네 번째, 멘토가 교수나 이론가가 아니라 현장에서 사업을 하는 현업 선배이어야 한다. 선배와 후배와의 만남으로 풀거나 짝 동료(Buddy) 관계로 푸는 것이다. 현장에 있는 사람들을 통해서 배우고, 현장에 있는 사람에게 도움을 받는 것이다. 현장에 질문도 있고 답도 있다. 가장 존중받아야 할 사람들은 현장에서 일하는 사업가이다. 창업 보육가나 교수라고 불리우는 컨설턴트, 이론을 떠드는 멘토들은 이들을 돕는 역할이다.

사회적 효용을 설계하자

모비랩이 제시하는 효용은 분명하다. 기업가들이 창업 후 생존할 수 있도록 돕는 교육 비즈니스로서 일관된 문제의식을 갖고 있으며, 기업가들이 스스로를 돌아보는 학습 서비스로서 효력을 발휘하고 있다. 그런데 모비랩은 창업가들과 신생기업들의 생존과 성장을 돕는 것에 멈추지 않고, 나아가 기업가들이 활약하고 있는 산업현장에서 시장풍토와 경제의 체질을 바꾸어가는 사회적 효용을 지향한다.

모비랩 프로그램은 참여자들이나 창업보육기관, 인재양성기관에 제시하는 효용도 있다. 창업한 회사의 비즈니스 모델을 고쳐주고 서비스 플랜을 만들어내는 데 주안점을 두는 것이 아니라, 근본적으로 하나하나 길러내는 기업가들이 어떻게 시장에서 행동해야 하는지에 초점을 맞춘다. 명예로운 기업가 정신을 관념적인 방식이 아닌 현장의 실행과 사업의 채비 차원에서 확립하게 도와주는 것이다.

이런 기업 행동들은 사회적으로 효과를 내고 기업 관행을 바꾸는 데 영향을 미치는 전망을 지향할 수밖에 없다. 비록 길러 낸 기업가들이 공동의 변화를 만들어 내고 세상을 바꾸는 데까지 한 세대 이상의 시

간이 걸린다 하더라도, 모비랩은 사회적으로 효용이 큰 방향으로 설계
했다.

왜 모자이크가 답인가

치르치르와 미치르가 세상으로 뛰어나가 찾아다닌 보물 같은 작은 새는 사실 처음부터 집에 있었다. "가장 가치가 있는 것은 늘 자신의 주변에 있다"는 것이 『파랑새』 동화의 핵심 메시지다. 인적 자원을 고민하는 사람이라면 주변 사람부터 소중하게 여겨야 한다.

파랑새

나는 언제나 가장 훌륭한 인재가 멀지 않은 곳, 내 주변 가까이에 있다는 생각을 전제로 삼아 일을 해 왔다. 내가 좋은 물에서 살면 살수록, 내 주변들의 물이 좋아지는 것은 진리다. 좋은 물에는 계속 좋은 사람들이 모인다. 만일 나 자신이 제대로 잘 살았고 인복이 있다면 훌륭한 인재들이 모여 있을 것이라는 인식을, 그리고 내 주변에 미래의 성공 인물들이 잠재해 있을 것이라는 인식을 하게 된다.

그렇다면 생각해 보라. 내 주변을 몸소 키우면 키울수록, '일하는 판'이 좋아지고, '사는 물'이 좋아질 것이다. 이미 훌륭하게 자라난 사람들, 성공가도를 달리거나 제대로 성취한 인물들과 만나는 일도 중요하지만, 그에 못지않게 내 주변에서 인재를 성장시키는 것도 중요하다. 나와 주변이 모자란다면 모자란 구석을 스스로 메워야 한다고 여겼다.

사실 이것은 물을 좋게 만드는 것이라기보다, 시간을 두고 판 하나를 짜 나가는 작업이다. 가성비가 떨어지는 이 일을 하는 것이 나중에 큰 투자가 된다는 것이 나의 인재관이다.

인재가 모인 판 만들어 내기가 핵심이다

모비랩 창업보육 과정을 준비할 때 멘토로서 이미 충분한 역량을 갖춘 사람들보다는, 열의가 있는 사람들과 먼저 시작했다. 일을 할 때 좋은 사람들을 찾아 부르는 것이 핵심이라고 생각했다. 처음에 큰 인재 풀을 짜고, 그 안에서 팀을 만들었다. 일을 벌여 나갈 엔진을 만든 것이다.

그런데 '좋은 인재'를 어떻게 정의할까. 인재를 찾는 것은 칼로 두부를 자르듯 딱 갈라지지 않는다. 검증된 실력도 중요하지만, 열정 넘치는 사람들이 더 큰 역할을 했다는 것이 내 경험이다. 그래서 가장 중요한 선택 기준은 함께할 때 시너지가 날 수 있는 내면의 동기를 가진 사람들이었다.

모비랩을 출발하면서 처음에 내가 한 일은 이 일에 적합한 유능한 사람을 새롭게 소개받아 만나는 것이 아니었다. 내 주변의 인재망, 다시 말하면 이미 접촉하고 교분을 쌓아 온 사람들로 구성된 여러 인맥 안에서, 모비랩에 관심을 갖고 조언을 해 줄 의향을 갖고 편안하게 올 수 있는 사람부터 불렀다.

그렇게 하는 동안 모비랩을 만드는 나와 파트너들은 행복해졌다. 이미 알고 있는 사람을 조금 더 깊게 만나 서로의 지지를 확인하는 기쁨을 누렸고, 서로 알면 좋을 사람들을 소개해 주는 즐거움을 누렸다. 팀을 짜는 과정에서 모비랩을 응원하고 충고를 아끼지 않을 그룹이 넓게 형성되는 느낌이었다. 사람들을 모아 콜라보를 만들어 가는 일을 제대로 진행하려면, 기법보다는 사람에 대한 철학이 중요하다는 생각이 든다.

신념과 신뢰를 만드는 원탁의 힘

한두 사람이 일하거나 직원을 두어 일 시키는 방법을 쓰지 않고, 원탁을 짰다. 원탁 대화 속에서 기업가들이 모여 모비랩을 끌고 갈 리더들이 되어 갔다. 여러 기업들의 이해관계가 묶일 수 있는 모비랩을 그렇게 시작했다.

먼저 신념을 가진 기업가들로 모비랩을 준비하는 원탁을 구성하고 기본 프로그램과 앞으로 구상을 밝혀 논의를 해 나갔다. 모자이크에 대한 신념, 모자이크 비즈니스를 만드는 것이 얼마나 중요한가에 대한 신념을 밝혔다. 반복적인 대화를 통해 몇 달간 신뢰를 형성해 나갔고 함께 모비랩을 이끌어 나가는 동의를 구했다.

공감한 동료들이 나왔고 그들은 모비랩의 자부심과 결속감을 자연스럽게 만들어 냈다. 마침내 모비랩 프로그램을 함께 운영하는 결의를 했다. 나는 13명의 모비래퍼들을 길러 내는 원탁을 만들겠다고 했고, 정식 원탁이 출발했다.

자발적인 참여를 끌어내어 가는 초기의 시도는 참으로 다행이었다. 핵심은 두 종류의 믿음이다. 나아갈 길에 대한 믿음과, 서로에 대한 믿음. 도달해야 할 무엇인가에 대한 믿음은 신념(Belief), 함께 나아갈 서로에 대한 믿음은 신뢰(Trust)다. 모자이크에 대한 신념을 갖게 된 구성원들로 서로 간에 신뢰의 망을 형성할 수 있었던 것이다. 이때 비로소 원탁은 본격적인 모자이크를 만들어 낼 준비가 되었다.

교류의 장, 협력의 장

이처럼 원탁을 짜는 것도 중요하지만, 원탁을 만들어 놓는 후의 대화야말로 중요하다. 나는 처음에 관계를 형성하는 것을 교류(Communication)의 장이라고 했다. 일을 하는 과정으로 들어가는 것은 협력(Cooperation)의 장이라고 불렀다. 서로의 뜻과 꿈을 알고 함께 나눠 보는 것이 교류의 장이라면, 함께 꾀를 내고 일을 함께 나누는 것이 협력의 장이다.

생각과 말을 함께 나누는 교류의 장, 일과 행동을 나누는 협력의 장을 이처럼 의식적으로 단계화하여 보아야만, '구상'의 대화를 넘어 '실행'의 대화가 굴러갈 수 있다. 다시 말해, 교류의 장을 거치면 계획을 구상하는 대화를 만들어 갈 수 있다. 하지만 협력의 장이 되어야, 사업을 실행하는 대화로 발전할 수 있다.

구상의 대화, 실행의 대화

모비랩은 초기에 개발자이자 발의자인 내가 시연을 진행하면서 봉사

했다. 모비랩 모델에 대한 정보를 공유하면서 내가 만든 프로그램의 모자란 부분을 보충했고, 내가 진행하는 퍼실리테이션 시연의 미흡한 부분, 불충분한 역량에 대해 평가해 보완하였다. 함께 할 행동을 만들기 위해 솔선수범하면서 상호학습 기간을 가졌다.

나의 부족함을 드러내면서 오히려 나에 대한 믿음(Confidence)이 생겼을 것이다. 나부터 익히고 배운 바를 발표하여 모자란 점을 깨우쳐 나가고 내가 준 지식 외에 함께 지혜를 만들어 가는 공동연구로 접어들었다. 이것이 원칙이고 기준이라는 점을 알게 되면서 모비랩의 경영과 모비랩을 만들어 가는 원탁에 대한 참여자들의 믿음(Credit)이 자리 잡아 갔다.

이때부터 정기적으로 만나 모두가 모자이크 방식의 창업보육을 익히며 자신감과 소속감을 갖게 되었다. 서로의 의견을 나누는 구상의 대화 단계를 지나, 공동의 업무를 나누는 실행의 대화 단계로 진도가 나간 것이다. 우리들 사이에 모자이크가 진행되는 순간이다.

소통의 원탁, 협동의 원탁

교류의 장과 협력의 장은 각각 소통의 원탁, 협동의 원탁이라고 부른다. 소통의 원탁이 만들어졌다 해도, 그다음에 더 실질적인 협동의 원탁은 어떻게 이어지는가. 소통의 원탁은 기본적으로 한쪽으로 힘이 편중되지 않고 모두에게 열린 대화를 추구한다. 하지만 그 후에 진행되는 협동의 원탁은 지향성을 취해야 하며, 함께 할 실무를 정하는 쪽으로 대화를 닫아 가야 한다.

교류에서 협력으로, 다시 말하면 소통에서 협동으로 가는 단계에서 신념과 신뢰가 이루어져야 한다. '모자이크 방식' 같은 철학을 제시하는 사람의 활약이 클 수밖에 없다. 모두에게 일치되는 신념이 형성되고, 참여자들 사이에서 신뢰가 형성되면 이제 현장의 실무를 처리하는 모자이크 대화가 가능해진다. 실제 콜라보와 파트너십을 만들어 가면서 기업가들 상호 간의 영업을 증진하는 대화를 진행하게 되는 것이다.

밴드와 본드

모비랩에서 진행하는 원탁 대화는 구성원들 사이에 밴드를 형성한 후에 제대로 일할 수 있는 본드가 되어 가는 절차로 들어서도록 돕는다. 훌륭한 신념을 나누어 가진 구성원들이 소통을 시작하는 상태를 나는 '밴드(Band)'라고 불렀다. 그리고 거기서 형성된 서로의 신뢰로 협동을 시작하는 상태를 '본드(Bond)'라고 불렀다. 간단히 말하면 신념을 공유할 때 밴드가 만들어지고, 상호 간에 신뢰를 할 때 본드가 만들어진다.

대부분의 사람들은 밴드조차 형성하지 못해, 모였다가 해체되는 용두사미를 겪곤 한다. 그러므로 밴드를 만들어 가는 것은 아주 소중한 일이다. 인연을 만들어 가는 일이기 때문이다. 그런데 내 경험상 사람들은 밴드를 간신히 만들고 일이 다 잘될 것으로 믿는다. 하지만 본드를 이루는 단계까지 가지 않으면 일들은 잘 진척되지 않고 쉽게 깨지곤 한다.

한 원탁에 몇 차례 앉았다고 밴드가 되는 것이 아니다. 물론 사람들이 신념에 동의하는 상태에 이른 것도 다행이다. 소통의 원탁에서 같은 신념을 갖도록 마음의 문을 열고 서로 나누는 것도 쉬운 일은 아니기 때문이다. 정체성을 갖고 서로를 한 집단으로 동일시할 수 있는 사람들이 만들어진다는 것이 얼마나 귀한 일인가 말이다.

밴드는 하나의 가치나 신념을 지향하게 만드는 절차다. 그것도 쉽지 않지만 그다음 절차인 본드야말로 굉장히 힘든 일이다. 그것은 상호 간의 신뢰를 만들어 가는 일이다. 그것이 만들어진다면 원탁에 앉은 집단(Group)은 목표가 분명한 하나의 조(Team)가 된다. 같은 문제의식과 같은 과제를 갖고 실제 작업을 하게 된다. 협동의 원탁이 돌아가게 되는 것이다. 이때가 되어서야 사람들은 원탁이 하나의 바퀴처럼 굴러간다고 느낀다.

모비랩은 원탁의 기술이다

신념을 가진 사람들이 신뢰를 형성해 가고, 그것이 회사 없이도 원탁 안에서 모비랩과 같은 사업으로 전개되는 기술과 방법을 궁금해하는 사람들이 많다. 그런 이들은 어떻게 이런 상태를 계속 만들 수 있는지를 묻는다. 또 조직 없는 조직, 시스템이 없어 보이는 시스템이 어찌 가능한지 묻는다. 나는 여러 번의 경험을 통해 신념과 신뢰가 설계해야 하는 경영의 자산임을 발견했다. 원탁을 만드는 무모한 일을 해 내다 보니, 밴드와 본드의 단계가 있다는 것을 찾게 된 것이다.

묻는 사람들에게 내가 하는 말은 간단하다. 원탁 안에서의 열정과 원탁의 앞날에 대한 기대는 언제든 휘발될 수 있다. 그러니 늘 소중히 관리하지 않으면 안 된다는 것이다. 언제든 의도를 달성하지 못한 채 실패할 수 있는 것이 네트워킹이고, 언제든 서로 상처를 입고 해산할 수 있는 것이 커뮤니티다.

그러니 현재 이루어 낸 감성적 결합의 상태, 정신적으로 가치를 나누고 있다고 느끼는 상태를 자원과 기회라고 보고 감사해야 한다. 더 잘 만들려고 노력해야 하고, 조금씩 흔들려도 상심하기보다는 진심을 다해야 한다. 사람들 일은 앞날을 알 수 없고 사람의 힘으로만 어찌할 수 없으니, 최선을 다한 후에는 하늘에 맡기는 것이다. 진인사 대천명이다.

원탁 위의 대화, 원탁 안의 대화

모비랩 과정은 대화의 진행과 원탁의 운영이라는 솔루션을 제시한다. 솔루션이란 특정한 문제에 대한 해결책을 말한다. 한국사회에서 기업가 양성의 수준을 높이고, 창업보육을 통해 기업가들의 생존율을 높이고, 또 좋은 기업을 만들어 내기 위해서 모비랩이 제시하는 솔루션이 대화와 원탁이다. 그것은 밴드와 본드를 만들어 나가는 모자이크 방식이다.

우리는 원탁 위의 대화와 원탁 안의 대화 두 단계를 밟는다. 원탁 위에서 서로 다른 이들이 그룹을 이루는 대화로 시작한다. 그 원탁 안에서 하나의 팀이 되어 간다. 그때 소통 단계를 넘어 협동을 이야기하는 단계로 간다. 상징적인 교류를 넘어 실질적인 협력으로 움직인다. 구상의 원탁이 아니라 실행의 원탁이 진행되는 것이다.

○ 진정, 비즈니스란 무엇인가

모자이크 비즈니스 랩에서 만들어지는 비즈니스는 영리적 비즈니스뿐 아니라 공공 비즈니스를 포함하는 것으로, 광의다. 제품을 만들고 상품으로 파는 사업이라는 점에서 기업가들이 꾸려 가는 비즈니스는 좀 더 분명하게 서비스라고 할 수 있다.

서비스를 모자이크 한다

모자이크 비즈니스는 모자이크 서비스라 할 수도 있다. 서비스는 어떤 이를 위해 봉사하든 간에, 이용자를 위한 용역의 발생을 뜻한다. 용역, 제품, 상품, 무형의 지식, 정보 등 무엇이든 될 수 있으며, 상업적 서비스든 공익 서비스든 사회적 서비스든 모두를 포함한다.

모자이크 비즈니스는 영리 사업과 공익 비즈니스, 커뮤니티 비즈니스 등을 가리지 않는다. 비즈니스라는 말을 넓혀서 쓸 수 있는 것처럼, 서비스라는 말도 그렇다. 모든 기업가는 서비스를 만든다. 서비스는 넓은 의미에서 프로그램과 콘텐츠, 기술로 만든 제품, 상품, 고객 응대 서비스, 프로젝트 등 기업이 만들어 파는 모든 것을 포함한다.

서비스라는 단어에는 봉사라는 의미도 있다. 노동력을 제공하거나 지적인 것을 제공하는 것도 여기 포함된다. 사실 서비스라는 말은 굉장한 것이다. 돈 버는 비즈니스 말고도 우리가 의미 있게 하는 일은 다 서비스다. 어떤 사람에게는 서비스가 상품으로 뜻이 좁혀져 있다.

아무튼 기업가들은 사람들에게 서비스를 만들어 제공하는 존재들이다. 서비스라는 말을 확장해서 쓴다면, 사람들이 이용하는 서비스를 모으고 힘을 합쳐 모자이크 방식으로 재창조할 수 있다. 기업가들을 놓고 볼 때. 모자이크 비즈니스 랩보다는 모자이크 서비스 랩이 더 실제적인 표현일 수 있다. 모비랩 안에서 기업가는 모자이크로 서비스를 구성해 간다. 서비스를 모자이크 한다.

모든 것은 모자이크로 더 잘 만들 수 있다

모든 노동은 모자이크로 더 나은 효과를 볼 수 있다. 그것이 협동이다. 모든 사업은 모자이크 방식으로 다양한 효력을 만들 수 있다. 동맹, 조합, 제휴, 각종의 협약 등을 생각해 보라. 협업도 분업도 그래서 발전한다. 예산 없이 만들어 가는 자발적인 활동도, 저예산으로 진행해야 하는 자생 활동도, 제대로 된 모자이크를 하면 더 효율적일 수 있다. 공익적인 활동은 모자이크를 짜면 더 큰 사회적 효용을 얻는다. 잘만 운용한다면 일단, 모자이크는 좋은 것이다.

모비랩의 원탁 대화는 집단지능을 발휘해 문제를 해결하거나, 집단창의력을 발휘하여 참신한 발상과 착안을 해 내거나, 각자의 개성을 표현하면서 공동으로 새로운 것을 만들려는 경우라면 어디든지 쓸 수 있다.

또 모자이크 방식으로 진행한다면 모자이크 비즈니스 외에도 모자이크 서비스, 모자이크 아트, 모자이크 라이프, 모자이크 액티비티 등 얼마든지 다양한 시도가 가능하다. 넓은 의미로 쓰는 비즈니스 안에는 아트, 디자인, 서비스, 마케팅, 브랜딩 무엇이든 들어갈 수 있다. 예술가, 크리에이터, 메이커, 디자이너, 시민단체, 주민조직 등 모든 창의적인 일을 공동으로 모색하는 사람들에게 모비랩은 적용 가능하다.

예술, 인생 관리 등을 다 포함하자면 모자이크 비즈니스보다 모자이크 서비스라는 말이 더 맞는 어감일지 모른다. 이를테면 아티스트 사이의 살롱을 통해서 서로의 전망을 찾아 공유하는 모아랩(모자이크 아트 랩)이라든지, 원탁에 앉아 소셜다이닝을 하면서 개인들의 라이프 플랜을 함께 찾고 교감하거나, 서로 라이프스타일을 되돌아볼 수 있게 도와주는 모라랩(모자이크 라이프 랩) 등도 가능할 것이다.

그럼에도 모비랩은 기업가들을 위해 만들어졌다고 할 수 있다. 사회혁신가든, 문화기획자든, 예술가든, 디자이너든, 프리랜서든, 일인 미디어든, 인플루언서로 사는 개인이든 자신의 위치를 기업가로 놓은 후 참여하는 것이 모비랩 프로그램이다.

모자이크 비즈니스는 기업가를 기르는 데 초점을 두었다. 나는 사회적 기업과 사회적 경제 조직을 육성하는 과정들을 관찰하면서, 사회적 경제 조직들처럼 시민운동가 성향의 사람들을 기업가로 만드는 것이 아니라, 현재 기업가들이 사회적 정신을 갖게 하는 게 더 중요하다고 보았다. 그래서 모비랩이라는 도구를 사용해서 협동과 융합, 그리고 협업을 촉진하게 된 것이다. 기업들이 모여 이루는 모자이크야말로 시장 경쟁과 함께 사회적 가치를 구현하는 방법이기 때문이다.

모비랩 정신으로 만들어지는 사회

한편으로, 공유경제나 사회적 경제 영역은 전통적인 시장 관념을 넘어서는 시민사회의 속성을 복합적으로 갖고 있다. 공동체와 연대, 교류와 협력, 협동과 협업 같은 말들이 자연스러운 영역이다. 모자이크 방식으로 파트너십과 콜라보를 촉진하는 모비랩 프로그램은 사회적 경제 영역에서 지지를 얻는 경향이 있고, 공유경제의 사고방식을 가진 기업가들이 쉽게 이해하고 호응한다. 이런 영역을 발전시키는 데 기여할 수 있다.

모비랩은 NPO들이 활약하는 공공 영역, NGO들이 활약하는 시민사회 영역에서도 도움이 된다. 모비랩 과정을 통해, 시장도 사회도 새로운 변화에 직면하게 할 수 있다. 우리는 지구가 끝장나지 않길 바란다. 나라가 망하면 사업이 소용없다는 것을 우리는 알고 있다. 그리고 작은 것들이 힘을 합쳐 독과점을 물리치고, 작고 강한 것들이 힘을 합치는 건강한 독과점을 만들고 싶어 한다. 모자이크 방식은 지구를 살리고, 시민사회에서 공동작업을 만들고, 건강한 시장을 만드는 상부상조와 공조에 쓰임새가 있다.

모비랩은 사회적 기업가와 기업가를 굳이 나누지 않는다. 당연히 모든 기업가는 소셜 미션을 가져야 한다고 본다. 의도적으로 그렇게 하지 않더라도 유능한 기업가는 아무리 작아도 사회를 개선하는 소중한 소셜 임팩트를 낸다고 본다.

모비랩이 말하는 기업가 정신

비즈니스란 서비스를 제조하고 판매하는 것이다. 그런데 회사가 하는 일은 서비스를 만들거나 파는 데서 그치지 않는다. 지속가능하게 경영할 수 있어야 비즈니스라고 한다. 회사를 뜻하는 펌(Firm)은, 제품을 만들든 상품을 팔든, 확고하게 자리잡고 그 관심이 지속되는 고잉 컨선(Going Concern)을 만드는 것을 뜻한다.

회사를 뜻하는 컴퍼니(Company)는 본래의 뜻이 사회와 연결되어 있다. 동반하는 존재들과 함께 공존의 이익을 누려 자신들의 생존이 지속되도록 하는 것이 컴퍼니의 본성이다. 업주나 사장 혼자 하는 일이 아닌 공동작업을 의미한다. 시장에서 생산과 유통, 소비에 이르든, 시장경제의 수요와 공급에 따라서 보든, 파트너십과 콜라보를 피할 수 없다. 산업 복합체에서 한 회사가 하는 일이 아니므로, 회사 간의 영업은 필수적이다.

한편으로 기업가는 물건을 만들고 파는 데에서 멈추지 않고, 시장에서의 생존을 넘어 시장의 창조적 파괴를 추구한다. 사회적 존재 이유를 확장하는 비즈니스를 전개하거나 정신적 가치를 가진 서비스로 인정받고자 하는 것이다

그중에서도 모비랩이 지향하는 기업가는, 말 그대로 모자이크 사고와 모자이크 행동을 드러낸다. 협업과 분업을 포함해, 협동과 융합의 의지를 갖고 일하는 존재다. 협동의 가치를 몸으로 아는 존재라, 공공선을 드러내어 놓고 추구하지 않더라도 선의를 갖고 사회와 고객을 대한다. 그런 기업가의 행동은 타인을 도와주는 것, 인내하고 관용하는 것, 차이를 존중하고 공존하는 것, 다양한 관점을 인정하는 것, 승승

효과를 내고 시너지를 발휘하는 것으로 드러낸다. 협동하는 기업가의 모습, 협업가 정신은, 모비랩이 제시하는 기업가 상의 핵심이다.

기업가 정신을 가진 사람은, 모자이크가 비용이 드는 것이 아니라 투자라고 생각한다. 그래서 콜라보 비즈니스, 파트너십 서비스를 만들려고 애쓴다. 거기서 그치지 않는다. 기업가 간에 공동으로 시장을 확장하고 공존하면서 생존율을 높이는 상생과 공생뿐 아니라, 각자가 내는 소셜 임팩트도 힘을 합치면 힘이 달라진다는 점을 잘 안다. 모자이크 비즈니스맨은 시민조직, 개인들, 이질적인 분야의 종사자들과 모여 사회문제를 해결하거나 시민사회의 결핍을 해소하려고 실험을 행하는 콜렉티브 임팩트(Collective Impact)에 강하다.

협업을 즐기는 그는, 과제의식을 가진 사람들끼리 모여 공동의 해법을 찾는 식으로 공공 영역에서 생활 속의 사회 실험을 하는 데 관심이 많다. 사회를 개선하는 시민 주도의 생활 실험을 의미하는 리빙 랩(Living Lab)을 하는 것과, 자신들이 모여 모자이크 비즈니스를 만드는 것과는 본질적으로 다르지 않다고 생각할 것이다. 그들에게는 힘을 합쳐 협업가의 성과를 낼 수 있다면, 시장경제든 시민사회든 그 영역이 중요하지는 않을 것이다. 그들은 하이브리드처럼 생각하고 움직인다. 경계를 넘어 유연하게 사고하고 크로스오버로 활약하는 혼종적 존재로서 행동한다.

융합이 중요시되는 시대

1차 산업혁명이 증기로 기차와 공장을 움직이는 기계의 힘으로 시작

되었고, 2차 산업혁명이 표준화된 컨베이어 벨트의 경영과 이를 뒷받침하는 전기의 힘에서 촉발되었다면, 3차 산업혁명은 전자산업, 그리고 특히 컴퓨터의 발전과 함께했다. 지금 부상하는 4차 산업혁명은 연결이다. 월드 와이드 넷 이후 소셜 네트워크 서비스에 이르는 정보통신의 힘을 최대한 끌어낸 결과다.

지금은 융합의 시대다. 다보스포럼의 클라우스 슈밥이 말한 4차 산업혁명이나 그 직전에 나온 3차 산업혁명을 생각해 보자. 다른 영역에 놓였던 산업부터 융합을 한다. 공유경제 시대를 천명한 미래학자 제레미 리프킨은 지금이 3차 산업혁명 시대라고 했다. 경제적 차원에서 자원과 기회를 공유하고 소유를 없애는 시대, 노동이 종말을 고하지만 개인의 생산 능력이 높아지는 시대가 된다고 보았다. 전반적으로 효용이 큰 사회가 될 것이라고 보았다.

디지털 기술 등 산업 역시 개인의 창의성을 증폭하는 쪽으로 쓸 수 있게 된다. 동시에 커뮤니티와 네트워킹을 통해 생산과 유통을 하는 쪽으로 기울 것이다. 창의적인 개인들이 생존하는 방법으로 지역 공동체와 시민 연대가 발전할 것이다. 공존, 차이의 존중과 관용, 문화 다양성이 증대되는 사회가 된다.

3차 산업혁명이 생태적 연결을 지향하는 에콜로지(Ecology) 시대를 그린다면, 클라우스 슈밥이 말하는 4차 산업혁명 시대는 홀리즘(Holism)을 말한다. 하나의 생명처럼 연결되어 전체성이 강조되는 시대다. 지구의 모든 것이 연결되어 있다. 전체는 단순히 부분의 총합을 넘어선 새로운 하나다.

생태적이고 전체적인 세계는 하나의 유기체와 같다. 인권뿐 아니라 동물권이 이야기되고, 인간 중심 사상에서 생명 중심주의로 전환한다.

가이아 이론(Gaia Theory)처럼 지구를 환경과 생물로 구성된 하나의 유기체, 즉 스스로 조절되는 하나의 생명체로 소개하는 관념이 다시 부각되고 있다. 지구 전체를 지키는 데 너, 나가 없다는 이야기가 올라오는 대신, 그 생명체의 중심은 바로 나, 그것을 구성하는 수많은 나라는 사상도 인정받고 있다.

4차 산업혁명 시대는 모든 것이 융합되는 시대다. 그 전에는 따로 쪼개 집중적으로 키우는 것들이 필요했지만 이제 그런 분산된 것들이 뒤섞여 새로운 경제적 효용, 사회적 효용을 드러낸다. 모든 것이 융합되는 디지털 환경만이 아니다. 그런데 융합이 강화될수록, 더욱 인간적인 것을 찾고, 정신적인 것을 찾게 된다. 한편으로 기계적인 수준을 넘어 하나의 유기체로 조화를 이루는 사회적인 것, 생태적인 것에 대해서도 고민이 증가한다.

하나로 조화를 이루고, 내가 그 조화를 이루는 중심에 있다고 생각하며 차이의 공존과 포용을 통해 하나의 유기체처럼 소통하고 모여 일하게 만드는 것이 모자이크 방식이다. 모비랩에서 말하는 것도 그렇다. 나는 전체의 일부라는 생태주의적 사고에 덧붙여, 사회를 정부에 맡기지 않고 바로 내가 살린다는 시민 주도 사고가 커 간다. 모비랩 리더십이 당연히 중요해진다.

어떻게 랩을 하는가

모자이크 비즈니스라는 말은 새롭게 들리겠지만, 지난 몇 년간 창업 보육에서 이 관점은 조금씩 설득력을 얻었고 꼭 필요한 것, 당연한 것이 되어왔다. 몇 년이 지나지 않아 기업가들 사이에서 모자이크라든지, 동행, 원탁 같은 것들은 보편적인 담론 안에서 다룰 것으로 본다.

기업가 정신을 놓고 볼 때 너무나 바람직하지만 현실에서 지키기 어려운 것들이 있다. 나는 이러한 시각이 바람직한 것이라면 그 접근들을 한번이라도 더 퍼뜨리고, 우리 먼저라도 그런 방법을 시험하고 실천해야 한다고 보았다. 이런 가치를 담은 것을 공감하는 이들과 서둘러 공동으로 개발하고, 프로그램을 만들어 양성에 돌입해야만 했었다. 그래서 함께 실험하면서 같이 만들어 가는 랩이 필요해지는 것이다.

왜 보육과정이 아니라 '랩'인가

사람은 스스로 성장하는 존재다. 그런데 상호 학습하고 공동 연구할 수 있도록 만들면 그 성장을 촉진할 수 있다. 학습 공동체나 지식 동아리를 잘 짜 준다면, 집단지능을 발휘하면서 강력한 변화를 만들어 낼 수 있다. 모비랩의 양성 과정이 서클이나 클럽의 모습을 띠게 된 것은 그래서다. 서로 가진 정보와 역량을 알리고 나누어 쓸 수 있도록 공유의 원탁을 짜 준다면, 그 힘은 더할 것이다.

그래서 대화가 필요한 것이다. 대화를 촉진하기 위해서 보육과정이 아닌 랩을 만들었다. 랩 안에서 참여하는 기업가들은 여러 형태의 만남과 모임을 갖는다. 살롱과 개더링 등 탄력 있게 자율적으로 운영할 수 있는 개방적인 원탁을 짠다. 그것을 고치거나 새롭게 짜는 융통성을 발휘할 수 있다.

형식에 얽매이지 않고 유연하게 운영한다. 자신의 활로와 사업계획을 공동으로 설계하고, 공동으로 개발을 해 나갈 수 있다면 어떤 형태든 그리 중요하지 않다. 멘토보다는 상의와 토의를 할 동료들이 필요하다. 콜라보할 파트너들이 필요한 것이다. 그것이 랩의 기능이다.

원탁의 대화라는 기본 수단을 쓰면 저마다 카페와 커뮤니티를 만들어 낸다. 네트워킹할 기회를 제공하면, 전체가 상생, 공생이라는 공동의 목적을 가진 기업가의 그룹을 짜고 그 안에서 공동작업을 할 팀을 짠다. 커다른 풀과 여러 개의 팀 안에서 실효성 있는 집단행동을 만들어 낸다. 그것이 대화 방식의 랩, 여러 개의 원탁들이 모여 있는 모습을 한 랩이다.

랩은 생각을 공유하는 장치다

원탁의 랩을 만드는 것은 인적 자본이 중요하기 때문이다. 공동 실험실에서 생각을 충돌시키고 융합하면 하나의 지식을 모으면서 많은 인재들이 성장할 수 있다.

경험이 다양한 인적 자원들을 모아 공동으로 개발하고 설계하는 과정을 통해 기업가 양성 프로그램을 만드는 것은, 지식 자본을 만드는 효과를 높이기 위해서다. 지식 창조의 생산성을 높이는 길은 공동 실험실 안에서 각자의 경험 지식과 체험 정보 등을 모으고 나누면서 집단 창의성, 혹은 조직지능을 함께 만들어 낼 수 있게 터 줄 때 나오기 때문이다.

실험실 혹은 연구실을 뜻하는 랩은 공동으로 학습하고 지식을 만들어 가는 자연스러운 분위기를 준다. 랩은 소쿠리나 광주리, 둥지, 동아리, 둥우리 등을 뜻할 수도 있다. 기획력과 창의력을 기르는 농장, 아이디어 공장이나 지식을 교환하는 시장을 가리킬 수도 있다. 열려 있는 생각의 장터라든지, 무엇이든 할 수 있는 여백과 같은 공터 같은 곳이 될 수 있다. 또 유용한 정보와 지식을 담는 곳간, 시행착오의 자료와 실패의 지혜를 공동으로 모으는 헛간 같은 개념이 될 수도 있다.

랩은 행동을 공유하는 장치

요점은 연구자가 별도로 있고, 교육시키는 사람이 따로 있는 위계의 조직이 아니라, 모두가 연구자이고 학습자인 개방과 수평의 공간이라는 점이다. 여기서 참여하는 모든 기업가들은 자신이 고민해 온 분야의 전문가인 동시에 많은 것을 학습할 수 있고 모든 분야에서 지식을 발견해 낼 수 있는 전인적 존재다.

사실 시장이 있는 곳에서 무엇을 배우고 익히든 상품을 만들어내어 파는 기업가들은 속성상, 보편적 지식을 갖고 일하는 제너럴리스트(Generalist)인 동시에 그 분야의 특수한 지식을 갖춘 스페셜리스트(Specialist) 아닌가. 모든 기업가는 전문지식이 없어도 일반적으로 회사를 경영하는 총책을 맡고, 한편으로는 연구와 학습을 통해 자신이 제조하고 판매하는 산업과 시장에 대해 특수한 지식을 쌓아 나가게 되어 있다.

기업가는 각자가 개척하는 시장이라는 분화된 영역에서 수익을 거둘 수 있도록 해결책을 제시하는 전문성을 갖되, 필요하다면 모든 것을 익히고 파악해야 하는 전인주의자여야 한다. 그런데 기업가가 다른 기업가와 만나 공동실험실을 구성하는 것은 바로 다른 기업의 전문지식을 나눌 수 있기 때문이다. 물론 나의 특수지식이 자원과 기회가 되도록 다른 기업가와 나누어야 한다.

기업가들이 랩에서 만나는 이유는 분명하다. 모자이크를 하기 위해서다. 각자의 지식을 나누는 것이 아니라, 함께해서 더 많은 이득을 얻고 혜택을 키울 수 있는 행동을 찾기 위해서다. 랩은 생각을 공유하는 장치를 넘어, 효율적이고도 효과적으로 일을 해 내는 경제적인 행동을 공유하는 장치다.

집단창의력으로 조직지능에 도전하자

모비랩의 모형은 다양한 지식을 섭렵하고 그것이 하나의 문제를 해결하기 위해 수렴될 수 있는 '통섭(Consilience)'에 있다. 초영역적(Trans-sector) 성격을 가진 융복합 실험실이다. 다학제간(Inter-disciplinary) 연구실이다. 공학지식과 인문학, 기술과 예술, 과학과 경영인이 결합하는

MIT랩이 진행되는 것을 보면 예술을 가장 잘 다루는 것이 공과대학이 될 수 있다는 것을 알게 된다.

이 역설은 기업가의 세계에도 적용된다. 비즈니스맨인데 우리는 사회 문제를 NGO보다 잘 다룰 수 있다. 누구를 만나고 어떤 모임을 하는가에 따라서 자신이 도달할 수 없는 시장을 개척하는 서비스를 만들어 팔 수 있다.

모비랩에서는 모자이크를 만드는 절차에서 함께 하는 기업과 공동작업을 하면서 내가 모르는 기술과 제품, 시장과 상품화에 대해 이해하고 바로 사업에 적용하는 문제해결에 도전할 수 있다. 사실 이 원탁 안에서 참여한 그 누구도 알지 못했던 기술과 제품, 시장과 상품화 방법을 발견하게 될 수 있다.

융합랩은 집단적으로 충돌하는 우연성, 즉흥성도 나타나지만, 무질서 안에서 질서를 찾을 수 있다. 이러한 체계성을 연구하면 융합적인 창조와 혁신들을 설계할 수 있다고 보는 것이다. 모비랩은 이런 포맷을 바탕에 깔고 있다. 그래서 융합랩의 앞 단계로 콜라보 워크숍을 벌인다. 프로그램이 진행되는 동안 공동작업으로 이끌어지는 대화 속에서 집단창의력이 발전하게 된다.

물론 콜라보 워크숍을 진행하기 위해서 기업가들은 공유살롱에 참여하게 된다. 서로의 정보와 각자의 역량, 기술과 자료 등을 공동의 자산으로 내어 놓는 시간을 통해 너나할 것 없이 집단지능을 어떻게 만들면 좋은지 간파하게 된다. 공유살롱으로 출발하는 것은 기업가들은 모자이크 방식으로 조직지능을 만들 수 있다고 느끼고 공동의 힘을 직관하기 위해서다.

생각의 융합은 말의 융합이다

사람들은 원래 말하면서 생각을 정리한다. 생각해서 말하지 않는다. 대화의 상황을 만들면 이런 것들이 촉진된다. 좋은 생각을 많이 만들기 위해 서로 모인 곳에서 말하게 한다. 말하면서 스스로 생각이 정돈되기 때문이다. 말하면서 내 생각뿐 아니라 함께 하는 생각도 발전한다. 말하면서 상호영향을 받는다. 그러므로 생각의 융합을 하게 하려면 말을 충돌시켜야 한다. 그러려면 사람들이 만나야 한다.

사람은 온전히 혼자 생각할 수 없다. 사고의 감옥에 갇혀 있다면 고정관념이 증가할 것이다. 새 정보를 입히지 못하니 선입견에 갇힌다. 반대할 사람이 없다면 새 가설을 못 만들고 편견에 묶여 다른 쪽을 못 본다.

우리는 누구에게나 도움을 받아서 창의적 모방을 해야 한다. 겉모습을 모사하고 복제하는 것이 아니다. 아리스토텔레스가 말한바 '모방을 통해서만 그것을 극복하는 창조를 반드시 하게 되어 있다. 우리는 누군가의 생각과 말에 영향을 받지 않을 수 없다. 조사하고 학습하고 영향을 증폭한다면 창의성의 선택지, 해결책의 기획력이 늘어날 것이다.

생각의 융합 대신 사람들의 융합으로 초점을 맞추자

모비랩이 말하고자 하는 것이 이것이다. 생각을 사유하는 것이 아니라 적극적으로 공유하는 것이다. 생각은 공기나 바람과 같아서, 소유하는 것이 아니라 지금 이 순간 사용하는 것이다. 내 것, 남의 것을 가리지 않고 만일 적극적으로 활용하게 한다면, 얼마나 많은 비용이 감소될 것인가.

그래서 생각을 나눠 주고 나눠 받아야 한다. 타인에게 내 생각을 자원으로 주는 것이 좋은 비즈니스 기회가 될 수도 있다. 누구라도 내 생각을 타인이 쓰도록 잘 운영하고 타인의 생각을 잘 이용하기 위해서는 원탁과 대화라는 수단을 쓸 수밖에 없다.

그런데 만일 생각과 생각을 융합하는 단계를 넘어 행동과 행동을 융합하고 싶다면? 정보와 자원을 공유하는 것을 넘어 실제로 협동을 유발하고 싶다면? 그래서 모비랩에서는 생각을 나누는 원탁 다음으로 행동을 나누는 원탁을 한다. 기업가와 기획자, 활동가 등이 원탁에서 생각과 행동을 그대로 접촉시키고 충돌시키도록 한다.

생각의 융합은 말의 융합이다. 그러자면 사람들이 융합해야 한다. 다른 곳에서 융합의 정의를 사고들 간의 융합으로 보는 동안, 현장에서 사업을 창출하는 데 필요한 실용적인 해답을 찾아야 하는 모비랩은 사람들의 융합에 집중했다. 생각을 융합하는 것이 아니라 사람들을 충돌시켜야 한다. 융합은 바로 일어난다.

창의적이고 다양한 존재들이 이질적인 생각뿐 아니라 자신의 회사에 벌여 온 행동을 뒤섞는다. 이미 실천과 실행, 실험을 해 온 사람들 사이의 행동이 충돌하고 융합하는 힘은 대단하다. 바로 공동의 결과물을 생산하고 즉시 유통하고 서로 소비하려는 경향이 있다. 기업가들이 모이는 모비랩에서는 훨씬 더 직접적인 문제해결을 추구하고 공동의 창의적인 의사결정이 가능하다. 더군다나 이들은 의식적으로 협업가 정신을 추구하는 존재들로서 원탁에 앉지 않는가.

모비랩의 철학

모비랩은 일종의 사업이고 하나의 상품이다. 그러니 기업으로서 고객만족을 추구해야 한다. 교육 서비스로서 모비랩이 고객에게 주는 선물은 무엇인가. 자신을 위한 셀프 멘토링, 동료들과 주고받는 상호 멘토링, 공동의 멘토링을 진심으로 도와준다는 점이다.

또, 사람은 자가성장하고, 상생협동을 통해서만 더 잘될 수 있다는 데에 대한 확신을 얻게 하는 것이 모비랩을 뒷받침하는 철학이다. 자가성장하고 협력공생할 수 있는 기운을 얻게 하는 것이 모비랩이라는 기업가 양성 비즈니스가 제공하는 특별한 가치다.

모비랩은 협동 기반의 상호 멘토링 과정이다. 참여한 기업가들 사이에서 개인 대 개인으로 진행되는 P2P 멘토링(Person-to-Person Mentoring), 동료집단이 서로 돕는 피어 멘토링(Peer Mentoring) 과정이다. 우리들 현업의 기업가들은 모두 멘토가 된다. 모비랩이 지향하는 기업가 정신 중 핵심은 협업가의 정신이다. 스스로 해업하도록 돕는 대화를 나누고 환업하도록 멘토링을 하지만 무엇보다 기업들 사이의 협업 대화를 나누는 것이 핵심 중의 핵심이다.

모비랩은 컨설턴트나 전문 분야와 종목별 멘토가 따로 와서 육성하지 않는다. 현장에서 고통받고, 도전하고, 책임감을 가지고 사업의 활로를 개척해 나가는 현업의 선배 기업가들이 멘토로 도와준다. 인간은 타인에게 영향을 주고 또 영향을 받는 존재이다. 그래서 모비랩에서는 누구나 멘토가 될 수 있다. 모비랩에서 우리 모두는 멘토다.

융합을 돕는 상호 멘토링

모비래퍼들은 참여하는 기업가들을 어떻게 돕는가. 멘토는 멘티로 온 사람들과 대화를 나누면서 피어 멘토링을 하게 만든다. 즉, 멘티로 온 사람들이 자기처럼 고민을 하는 다른 멘티들에게 도움을 주도록 대화를 진행한다. 고민을 놓고 상생협동을 추구하고 협업공생을 구상하도록 만드는 대화를 통해, 원탁의 구성원들이 자가성장을 하게 만드는 원리다.

교류의 장 다음에 협력의 장으로 단계를 밟아 가는 것은 자가성장을 바탕으로 상생협동과 협업공생을 추구하는 것이다. 다시 말하면 소통의 원탁에서 협동의 원탁으로 나아가는 것은 상생과 공생의 실질적인 이야기를 나눈다는 것을 뜻한다. 구상의 대화에서 실행의 대화로 넘어가면 조금 더 현장과 사업에 필요한 실질적인 협동과 협업의 이야기, 당사자 간 거래와 교환을 바탕으로 전체의 이득과 수혜를 모색하는 이야기를 나누게 된다.

협업 세션에서, 공유 코스를 바탕으로 구상을 소통하고 교류를 하면, 협동 코스를 바탕으로 융합 코스를 진행하여 함께 실행할 것을 찾는다. 분업 세션에서는 업무분장과 역할분담을 통해 실행을 더욱 구체화, 세부화하는데, 바로 이것이다.

모비래퍼들은 멘토로서 멘티들 간의 상호 멘토링이 되도록 대화를 진행하고 각자의 발견을 촉진한다. 정확히는 멘토가 되는 것이 아니라 원탁을 이끌어 가는 퍼실리테이터나 대화를 조정해 주는 모더레이터가 되는 것이다. 모비랩은 모비래퍼를 기르기 위해 퍼실리테이터와 모더레이터를 나눠서 정교한 과정으로 훈련시키고 있다.

모비래퍼들의 워크숍인 모비숍에서는 참여한 모비래퍼들 사이에서 자체적인 대화 진행과 원탁 촉진에 대한 상호훈련이 주를 이룬다. 다른 한편으로 계속 개발되는 프로그램들의 설계를 놓고 연구토의가 진행된다.

모비랩을 만드는 사람들, 모비래퍼

　내가 퍼실리테이터 역할을 처음 알고 겪은 것은 2001년 창의력 향상 과정, 기획력 향상 과정을 배울 때였다. 창의력 향상 과정에서는 미국계 군사전략 배경을 가진 연구자의 아이디어 모집법과 선택법을, 기획력 향상 과정에서는 일본계 공학과 경영학을 바탕으로 한 전략기획과 절차체계를 짜는 것을 훈련했다.

퍼실리테이터

　이를 바탕으로 발상법, 착안법 프로그램을 개발했고, 에이스벤추라라는 교육 집단을 만들었을 때 집단토의 방식의 집단교육 과정을 만들었다. 컨설팅 회사인 기분 좋은 큐엑스를 만든 후에는 정성조사를 위해 포커스그룹인터뷰(FGI), 포커스그룹디베이트(FGD)라고 부르는 집단면접, 집단토의 프로그램을 비롯해, 마케팅 조사와 패널 조사 면접 기법을 써야 했다,

　이렇게 익히고 쓴 것은, 내가 몸담은 주식회사 큐엑스의 문화리더십센터에서 2007년 당시 집단창의력 프로그램을 만들 필요성을 느낄 때 조금 더 발전했다. 당시는 감성지능, 관계지능, 사회지능, 문화지능, 집단

지능, 조직지능 등의 문제가 제기되던 시절이었다. 모두 다 집단적으로 문제를 발견하고 집단적으로 해답을 찾는 경로를 이끌어 주는 프로세스를 체계적으로 운영하는 것이 핵심이다.

퍼실리테이터의 역할은 여럿으로 나뉜다. 회의법으로, 집단토의나 집단토론를 이끌 수도 있다. 미하이 칙센트미하이, 에드워드 드 보노 등 창의성 전문가들의 이론과 기법에 기댄 발상법을 이끌거나, 개방적인 착상법에서 발전한 토의방식, 적극적인 사고나 상상력 촉진을 돕는 교육 워크숍 등을 진행할 수도 있다. 여러 가지 발상 착안 대화 과정 외에도, 디자인 싱킹 같은 문제해결 대화 과정, 리빙라이브러리나 오픈하우스 같은 시민참여형 발표 공유 대화 과정, 타운홀 미팅과 같은 의사결정 대화 과정, 리빙랩 같은 가설검증 대화 과정 등이 있다는 것이 내 생각이다. 모비랩은 자원과 기회를 발견하는 위의 것들과 다른 독창적인 접근을 해 나간다. 자원기회 대화 과정이라고 부른다.

퍼실리테이터 중에는 전략과 절차의 키트에 따라서 아이디어를 뽑는 아이디에이션(Ideation)과 이를 현실화, 구체화, 세부화하는 리얼라이제이션(Realization) 과정을 진행하는 경우가 많다. 발상과 착안법 및 전략적 기획의 툴에 따르는 컨설턴트의 진단처방 기법, 인적자원 발굴 및 조직개발 분야에서 쓰는 문제해결 기법, 시민사회에서 원탁토론을 할 때 쓰는 의사결정 기법 등 퍼실리테이터의 활동 영역은 넓다. 이들은 설정과 결정을 돕거나 협의와 합의를 도와주는 촉진역(役)이다.

한편 면접조사의 모더레이터는 비구조화 설문지를 사용한다. 구조화된 면접에 따라서 질문을 던지는 경우가 대부분이다. 질문만 던지는 것이 아니라 특정한 집단지능을 발휘하여 답을 내도록 유도하는 강도에 따라 모더레이터도 여러 종류가 있다. 질문만 던지고 여러 의견들을 공유하는 진행역(役)도 모더레이터라고 하고, 여러 의견들 사이에서 어느 정도 지향성을 갖도록 매듭을 짓거나 동의를 도출하도록 돕는 경우도 있다. 이때 모더레이터는 특히 조정역(役)이라고 한다.

모더레이터

퍼실리테이터의 역할 중에는 기업의 작업장에 들어가 실제 사업 현장의 고민을 풀어서 공동으로 답을 내도록 도와주는 역할이 있다. 기업 임원들이 아니라 직원들이 문제를 해결하는 과정으로 기업 현장을 잘 아는 사람이 경험에서 우러나온 지혜를 함께 제공하는 멘토 역할을 겸하는 경우가 많다. 한편으로 모더레이터는 토의와 토론을 돕는다. 협의와 합의 같은 것을 실제로 이끌어 내는 경우도 있다. 마을과 지역사회, 시민사회에서 사람들이 모여 중요한 결정을 하거나 개선사항을 도출할 때도 모더레이터를 쓴다.

모더레이터라는 말은 퍼실리테이터보다 훨씬 넓은 개념을 담고 있다. 의견들을 조정하고 조율한다는 뜻이다. 모더레이터의 역할이 집단 대화 및 조 대화를 끌어가는 것이라는 점에서 퍼실리테이터와 비슷할 수도 있다. 대화 주제에 깊이 들어가서 조정까지 해 주는 것이다. 모더레이터의 역할 중에는 심지어 협상을 돕는 딜러 같은 역할도 있다. 대화를 끌고 가는 원탁 모더레이터는 의견수집, 의제설정, 의견수렴, 의사결정의 네 가지 기본단계에 따라 토의를 진행한다. 특히 원탁토의와 패널토의 등으로 주제를 심화, 확대 등 고도화하는 역할을 기대한다.

포럼과 콜로키엄의 사회, 심포지엄과 세미나의 진행사회 등 다중의견을 공유하고 일정 부분 합의나 동의를 이끌어 내어 의미를 부여하는 진행도 있다. 발상법과 착안법을 구사해 집단적으로 아이디어를 도출하거나 아이템을 발굴하는 집단사고법의 모더레이터 외에도, 조직문화 안에서 고민을 풀어 내는 멘토링을 겸하는 원탁회의 방식이 있다. 그 외에 그룹코칭과 팀코칭 등 집단적 형태로 조직적인 대화식 소통을 끌어 가는 진행도 가능하다. 전략적으로 문제를 발견하고 풀 수 있고, 공동으로 해답을 내도록 대화를 도와주는 컨설턴트들도 모더레이터 역할을 겸하는 경우가 있다. 이런 역할을 모두 넓게 포함하여 모더레이터라고 말한다. 기업 현장, 특히 지식경영과 조직문화, 인재개발, 전략기획 분야에서 퍼실리테이터와 혼용해서 쓰기도 한다.

때로는 모더레이터를 조정역으로 보아 퍼실리테이터보다 강력한 지도력을 갖는 존재로 보기도 한다. 사전적 의미로 보면 모더레이터가 훨씬 더 방향성을 가지고 대화를 끌고 나가는 존재이다. 퍼실리테이터는 조금 더 중립적인 기능적 역할을 수행한다. 하지만 진행역으로서의 모더레이터는 중립적이어야 하고 비개입, 불개입을 추구하는 반면, 퍼실리테이터는 조금 더 직접적인 개입을 하는 존재로 정의를 내리는 경우도 있다.

앞에서 보았듯, 모비랩은 인큐베이팅 대신 퍼실리테이팅을 한다. 컨설턴트가 아니라 모더레이터가 대화를 돕는다. 그리고 이들은 자신의 지혜와 지식을 제공하는 멘토링을 하지 않고, 멘티들 사이에서 원탁대화를 도와준다.

모비랩의 인큐베이팅

모비랩은 인큐베이팅이라고 부르는 창업보육 혹은 기업가 인재양성 프로세스다. 하지만 인큐베이팅에서 자주 사용하는 컨설팅 서비스와 멘토링 프로그램을 극히 제한해 쓴다. 그보다는 퍼실리테이터와 모더레이터가 대화의 장에 앉히고 돕는다. 이러한 원탁을 기본 조건으로 설계했다.

하지만 이상적인 모비랩 과정을 운영하는 사람은 엄밀히 말하면 일반적인 퍼실리테이터와 모더레이터와 같지도 않다. 일반적인 멘토링도 아니다. 현업의 경험을 바탕으로 사업의 지혜를 나눠주는 모비랩 멘토들이 활약하기도 하지만, 참여자들을 원탁에 앉혀 퍼실리테이터와 모더레이터로 역할을 하는 모비래퍼들은 엄밀히 말하면 코칭 대화에 가까운 소양을 갖고, 바람직하게는 코칭 질문들을 훈련해야 한다.

뒤에서 보겠지만 모비랩의 이상적인 형태는 코칭, 즉 경청하고 질문을 던진 후 참여한 기업가들 스스로 답을 찾아 나가도록 돕는 역할이라고 하겠다. 한마디로, 모비랩에서 원탁을 진행하며 함께 하는 사람들의 이야기를 듣고 질문을 던지고 이런 이야기를 공유하면서 스스로 찾아내는 답에 의미를 부여해 주는 존재가 모비래퍼의 이상적인 수준이다. 이에 도달한 존재를 모비코치라고 할 수 있다.

영감과 통찰

내가 자주 하는 말이 있다. "영감은 밖에서 오는 것이고, 통찰은 스스로 하는 것이다". 현장에서 비슷하게 겪은 사람들이 대화를 나눠 주게 되면 누구라도 거기서 영감을 얻고 스스로 통찰을 해 나가는 것이 원탁 대화의 힘이다. 그 접근법을 모비랩의 방법론으로 그대로 쓰자는 생각을 했다. 그래서 상호 멘토링을 하게 되었다.

기법은 체계적이고 반복적인 대화이다. 이것을 우리는 라운드라고 부른다. 멘티들 간의 대화 시간이 충분히 길어야 한다. 길면서 조직화 되어야 한다. 라운드를 기본으로 코스와 세션까지 한 바퀴를 도는 라운드 대화를 쌓아 나가는 설계를 했다. 그처럼 체계화된 원탁의 축적이 바로 모비랩이다. 그렇게 하면 원탁 대화를 진행하는 퍼실리테이터나 모더레이터가 필요한 것이지 컨설팅과 멘토링을 위주로 하는 인큐베이터의 역할은 필요가 없어진다. 사람들은 '셀프 인큐베이터'가 된다. 모비래퍼들은 각각의 존재들을 위해서 대화 촉진만 해 주면 되는 것이다.

대화 촉진 과정이 퍼실리테이션이고, 결론의 조정이 모더레이션이다. 쉽게 말해 이들은 '진행 사회자'다. 이런 정의를 내린 것은 말들이 너무 어려워서이다. 모더레이터, 퍼실리테이터 등 관련 업계에서 쓰는 기성의 단어들에는 나름의 정형화된 의미가 있는 것이 사실이지만, 모비랩 안에서의 특유의 개념과 의미는 이런 식으로 정해져 나갔다.

모비랩에서는 대화의 방향을 이끌어 주면서 대화 개입의 비중을 높여 영향력이 큰 '중량(Heavy)' 진행사회는 퍼실리테이션이고, 중립적으로 대화의 절차를 따라 진도를 나가면서 시간통제의 권위를 발휘하는 '경량(Light)'의 진행사회는 모더레이션이라고 한다. 이렇게 구분하면서 모비래퍼들이 훈련해야 할 진행 기술은 정교해졌다.

모비랩에서는 모두가 멘토다

모비랩은 본질적으로 교육 프로그램이다. 더 정확히는 기업가들이 자신을 되돌아볼 수 있도록 구성된 학습 서비스다. 동시에 함께 상생할 수 있도록 돕는 협동의 비즈니스 그 자체다. 모비랩이 독특하다고 말할 수 있는 이유는 교육 비즈니스임에도 불구하고, 앞에서 이야기하는 멘토-멘티 포지션을 과감히 깨 버린 시스템이기 때문이다.

멘토 따로, 멘티 따로?

모비랩에는 처한 상황을 파악해 정리하고 기업가가 갈 길을 조정해 주는 컨설턴트 역할을 넣지 않았고, 자신의 경륜을 갖고 지혜롭게 조언을 하는 멘토 역할도 없다. 단지 현업에 있는 선배 기업가들이 특정한 방향으로 갈 수 있도록 사회를 보듯 대화를 촉진해 주는 퍼실리테이터, 시간대별로 원탁을 진행하면서 이야기를 들어주고 질문을 적절히 던져 스스로 답을 찾게 하는 모더레이터 역할이 있을 뿐이다.

그 대신 프로그램에 참여하는 모든 사람들이 멘토이며 멘티다. 스스로를 멘토링을 하고 서로에게 멘토가 되어 준다. 그런 차원에서 보자면 모비랩 비즈니스는 기존의 통념을 과감히 깬 혁신적인 구조를 가지고 있다.

모두가 멘토라는 의미는?

모비랩은 '모두가 멘토가 될 수 있다'가 아니라 '모두가 이미 멘토다'라고 강조한다. 교육받아야 멘토가 되는 것이 아니라, 현장에서 공통의 경험을 하고 동질적인 문제를 돌파하고 있는 사람들은 서로 간에 도움을 줄 수 있다. 자기 스스로 던진 반성과 비판이 비슷한 경험을 해 온 동료에게 멘토의 성찰을 제공하는 것이다. 훈련된 멘토가 있지 않아도 원탁 대화를 잘 이끌면 참여자들이 멘토링 효과를 얻게 된다. 교육시키고 훈련시키는 사람이 따로 있지 않은 것처럼, 멘토를 멀리서 찾지 않고 서로의 대화 안에서 찾는 것이 모비랩의 차별점이다.

모두가 멘토라고 말하는 것은 모비랩 안에서는 누구라도 서로에 대해 멘티일 수도 있다는 뜻이다. 이런 이야기를 누구나 했을 법하지만, 교육 프로그램에 제대로 적용하는 것은 다른 문제다. 그것을 원탁 대화 안에서 관철했기 때문에 모비랩의 이 문구는 강력하다. 현장에서 뛰면서 협업으로 이야기하기 때문에, P2P 멘토링 효과를 극대화하는 모비랩 과정은 다른 육성가들, 현장의 사업가들. 창업하는 기업들의 공감을 샀다.

이러한 모비랩 과정에는 청년기부터 현장에서 동료들로부터 배우며 바로 사업을 해 온 나 자신의 자가성장 경험이 녹아 있다. 그리고 늘 상생협동의 방식으로 파트너들과 회사를 만들어 나가고, 회사들 사이의 콜라보를 만들어 협업공생을 추구해 온 경험이 들어가 있다.

모비랩은 협동의 가치를 놓고 공동작업을 만들어 내고, 즉시 현장 비즈니스가 일어나기를 지향한다. 선배와 후배들 사이에서 힘을 합친 서비스를 바로 구상하고 그 실행 가능성을 묻는 대화를 나눈다. 그래서 참여자들은 모비랩은 양성 과정이라기보다 공동의 사업이고 현장의 실행 그 자체라고 느끼게 된다.

코칭 대화의 특징을 갖춘 양성 과정

기존의 육성 프로그램 가운데서도 집단토의 형식의 워크숍을 하거나, 부분적으로 집단토론 방식을 취하는 것이 있다. 하지만 기업 간 상생과 공생을 추구하면서 협동과 협업을 독려해, 집요하게 공유, 협동, 융합을 지향하는 접근법은 없다. 처음부터 끝까지 원탁대화를 하는 식으로 설계되어 있거나, 원탁에서 트레이닝 코스처럼 집중적으로 결과물을 도출해 내는 프로그램 역시 없는 것으로 알고 있다.

모비랩만의 독특하고도 특별한 특징은, 참여한 사람들 모두가 스스로 해답을 찾거나 결정하는 식으로 무언가를 얻어 간다는 것이다. 단순히 성공할 수 있도록 돕는 것이 아니라 의욕을 영혼에 불어넣어 주는 것이 모비랩의 매력이다. 참여자가 몸소 행동할 바를 찾아내고, 스스로 해답을 찾아 말하게 하고, 원탁대화의 진행자는 이들의 이야기를 경청하면서 질문만 던지는 코칭 대화를 적용했다.

원탁에 앉아 공유와 협동과 융합을 추구하는 것 외에도 모비랩 프로그램은, 자신의 내면에 숨어 있던 동기를 살피고 자신이 하고 있는 일의 가치를 명확히 새기는 특별한 과정을 포함하고 있다. 아울러 자신이 가지고 있는 일에 가치를 부여하고 사회적인 임팩트를 만들어 내도록 자신의 사업 설계를 돕고, 자신이 회사를 통해 이루려는 가치를 사회 속에 깊이 반영하도록 만드는 일련의 과정들이 담겨 있다.

결핍의 경영

기업가는 결핍을 경영해야 한다. 사회에든 고객에게든 절박한 요구, 대량의 수요가 존재한다. 고객에게는 시급하게 해소해야 할 욕구, 강력한 욕망이 있을 수 있다. 시장을 바꾸는 기업가가 결국 불만족에 집중하듯, 사회를 바꾸는 기업가는 결핍에 집중한다. 충족하거나 해소해 주어야 할 사회적 당위성이 있는 것을 처리하면 세상도 좋아지지만 돈이 따른다. 사회문제도 풀고 시장도 열린다.

모비랩은 '결핍을 경영한다'는 관점에서 만들었다. 창업 후 생존하기 힘든 시장 풍토, 사업이 망하면 실패로부터 회생하도록 돕지 않는 산업 구조, 각자생존하고 상대방을 죽이는 것을 기준으로 삼는 기업 풍토, 그리고 이런 것들에 대한 철학적 고민이 부족한 기업 육성 프로그램의 전통 등을 나는 한국사회의 중요한 결핍으로 보았다.

이런 사회적 결핍을 해소한다는 관점에서 만든 창업 보육과정이 모비랩이다. 동시에 모비랩은 기업가 양성 과정의 대안으로도 쓰일 수 있는 프로그램이다. 결핍을 인식하는 것을 넘어, 민간에서 자생적으로 정부 공공기관 육성 과정의 문제를 해결할 행동을 한다면 무엇이 가능할까. 이러한 것이 '결핍의 경영'이다. 그리하여 기업들이 수행할 모자이크 방식을 프로그램으로 개발하는 선택을 했던 것이다.

앞에서 보았듯, 모비랩은 '인큐베이팅'이라기보다 '퍼실리테이션'에 가깝다. 모비랩을 운영하는 사람은 기업을 인큐베이팅하는 컨설턴트 입장에 서지 않으며, 참여한 기업가들의 대화를 도와주는 모더레이터 역할을 한다. 모비랩은 '꼰대와 노땅들이 잔소리를 하는 멘토질'을 하지 말자는 후배들의 의견을 경청하고 고민하여 만든 결과물이다. 컨설턴트가 일방적으로 진단과 처방을 하는 과정에서 훈계처럼 받아들여질 수 있는 기존 방식을 또 하나의 사회적 결핍으로 보아, 철저히 배제했던 것이다.

모비랩은 어떤 결핍을 해소하는가

기존의 창업보육 과정에 참여한 컨설턴트와 멘토들에게 부족한 것은 태도와 소양뿐 아니라 경륜과 전문지식이었다. 창업분야별 지식이 아니라, 창업해야 할 멘티들을 대하는 대화의 기술에 있어서 제대로 훈련받은 사람들이 부족했다.

정확히 지식을 전달하는 튜터가 되어 주어야 할 시간과, 멘토로서 경험에서 쌓은 지혜를 주어야 할 시간을 구분하는 것, 카운슬러가 되어 고민을 면담해 주는 시간과 트레이너가 되어 기술적으로 절차에 따라 훈련을 담당하는 시간을 구분하는 것, 이런 개념들을 제대로 분간하고 대면 면접의 현장에서 능숙하게 구분된 행동으로 옮길 수 있는 사람이 드물다. 한국의 창업보육 현장에서 컨설턴트와 멘토들에게 부족한 부분이었다.

모비랩은 이런 실태를 관찰하면서 짠 대안적 육성 과정의 결정판이다. 경험을 많이 갖고 자신의 지식과 지혜를 이야기해주는 '멘토'보다, 많은 이야기를 들어주고, 질문만 던지면서 스스로 답을 찾도록 돕는 '코치'가 더 필요하다고 느껴 온 나로서는 모비랩이 원탁의 구성원 이야기를 경청하고 질문을 던져 대화를 공유하게 만드는 프로그램이 되도록 할 수밖에 없었다. 나의 소신이 만들어 낸 인재 양성 과정의 종합본이다.

모비랩에는 오랜 기간 쌓아 온 소신을 관철하려고 애써 온 흔적이 묻어 있다. 내가 옳다고 생각하는 철학이 변화하여 적용되면서 큰 줄기가 유지되고 있는데, 그것이 바로 '나(Me)'이다. 모든 변화는 나로부터 비롯된다고 믿는다. 다만 내가 보는 나(I)가 아니라 다른 사람들이 보고 기대하는 나(Me)를 제대로 보아야 한다.

내가 그렇듯 사람들은 몸소 행하면서 스스로 성장한다. 그리고 그것이 건강한 것이다. 또 하나의 자아인 타인(U)을 존중하고 그들의 이야기를 귀담아 들어야 한다. 그것은 나(I)를 구부려 너(U)를 만드는 것이라고 말하곤 했었다. 회사를 운영하면서 직원과 동료들에게도 그것을 적용했고 성장의 기쁨을 얻게 했다. 동료와 같은 좋은 스승과 선배의 풍토에서 자랐기에, 나 역시 그런 조직 풍토를 조성할 수 있었던 것이다.

또다른 줄기는 '우리(We)'다. 나는 일관되게 콜라보와 파트너십 안에서 살아왔다. 모든 일은 우리가 만드는 대화에서 비롯되고 번창한다. 회사를 창업하고 생존투쟁을 하면서 살아남는 동안, 혼자 하지 않고 오랜 기간 같이 갈 동료들과 함께했다. 그것이 성과들을 냈다. 그런 생각을 관철하는 또 하나의 작품으로, 여러 동료들과 함께 모비랩을 하게 된 것은 어찌 보면 당연한 귀결이다.

기업은 수많은 당신들 개인(You)을 우리들이라는 하나(Us)로 만들어

가는 과정이다. 작은 나(I)를 큰 나(One)으로 만들어 가는 과정이다. 그 과정에서 당신 개인이 잘 크고 우리들도 잘 클 수 있다. 모비랩이 추구하는 바다.

모두가 멘토가 되는 과정이 문 열다

동료들에게 처음 제안할 때 퍼실리테이터, 모더레이터라는 개념은 안 쓰려고 했다. 그때는 우리 모두를 '모비멘토'라고 불렀었다. 모비랩이 시작할 당시, 처음의 소개는 다음과 같았다.

"모비랩은 모두가 멘토인 과정입니다."

모비랩은 멘티와 멘토가 따로 있지 않고, 현장에 있는 선배 멘토가 후배들 이야기를 들어주면서 함께 성장해 나가는 프로그램이다. 나아가 참여한 후배 기업가들의 문제를 풀어 주는 과정에서 그들 후배 기업가들을 내일의 동료 멘토로 성장시키는 과정이다.

우리의 철학은 '우리 누구나 스스로 성장한다'는 것과 '상생을 위해 협동할 때 힘을 발휘한다'는 것, 그리고 '협업을 통해 공생할 수 있다고 믿자'는 것이다. 그러므로 우리는 자구적으로 생존하는 사업가인 동시에, 늘 동료들을 이어 주고 서로 길러 주는, 돕는 멘토로 봉사할 수 있는 것이다. 15년 전 여러 회사들을 동료와 만들어 나갈 때부터 자가성장과 더불어 상생협동, 협업공생을 철학으로 삼아 온 덕분에 나는, 후배들이 멘티인 동시에 멘토로 성장하는 높은 효과의 프로그램을 만들어 낼 수 있었던 것 같다.

"우리는 누구나 멘토가 될 수 있다". 이유는 이렇다. 모든 인간은 자가 성장의 욕구를 갖고 자수성일가를 꿈꾸는 존재다. 한편으로 인간이란 늘 영향을 받고 영향을 주는 존재이다. 그런 존재들은 학교에서 교육받는 것보다는 삶의 현장에서 학습한다. 스스로 환경 안에서 여러 사람들과 어울리는 과정에서 체험을 통해 습득한다. 이런 이들은 일상 중에서 만난 사람들을 멘토로서 만나고 경우에 따라서는 멘토가 되어주는 일이 필수적이다. 모비랩은 자가성장하는 사람들이 생활 속에서 멘토를 찾아 대화를 나누는 이 원리를 극대화한 것이다.

상호 간 멘토링의 현장 효과

이처럼 모비랩은 '우리는 모두 멘토'라는 철학이 녹아 있는 시스템이다. 모비랩과 관련된 나의 결론은 하나다. 즉시 실행하고 현장의 일을 하자는 것이다. 모비랩은 학교가 아니라 현장이다. 교육받고 학습하는 것이 아니라 현장에서 바로 실행하자는 것이다. 그러기 위해 기업가들 사이에 현장의 사업을 놓고 대화하고, 그 자리에서 공동으로 사업을 실현하는 도전들을 해야 했다.

기업가를 돕는 모비래퍼는 현장의 선배들로, 현업을 가진 동료들이다. 실험실을 뜻하는 랩에서 돈벌이를 가지고 이야기를 나누고 실제 사업을 만들어 내는 실행을 꾸준히 한다. 그러는 가운데 시간을 내어 모비래퍼로서 더 많은 기업가들을 끌어들이고 더 많은 모자이크 비즈니스맨들을 길러 내는 것이다.

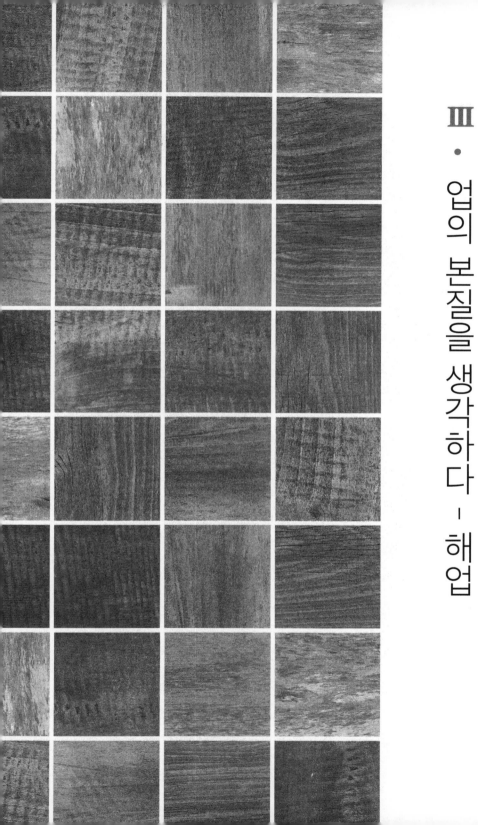

Ⅲ
·
업의 본질을 생각하다 ― 해업

나는 왜 지금의 일을 하게 되었는가?

모비랩은 자신의 내면을 보고 본질적인 검토를 하는 것에서 시작한다. 바로 '왜 나는 이 사업을 시작하게 되었는가?' 하는 문제이다.

모비랩의 구성

모비랩의 기본 모형은 해업, 협업, 환업의 세 세션으로 이루어져 있다. 맨 앞에 오프닝, 맨 뒤에 클로징 세션을 붙여 다섯 세션을 진행하게 된다. 첫 세션은 오프닝 세션이다. 이 세션에서 진행하는 것이 '자기 소개'와 '회사 소개'이다. 이때 참여자들은 이 자리에 왜 오게 되었는지, 모비랩에 왜 참여하게 되었는지를 말한다.

그러다 보면 여기까지 오게 된 고민과 계기들이 조금씩 나온다. 그렇게 참여자들은 해업 과정에서 자신의 본질적인 부분들을 점검하기 전에, 자신이 프로그램에 참여하는 이유에 대해서 한번쯤 '스톱'하고 제대로 생각하게 된다.

본질을 생각하는 것은 모비랩에 있어서 굉장히 중요한 부분이다. 기업가로서, 또 기업으로서 '기본을 다지는 것'이 모비랩이기 때문이다. 마지막 세션인 클로징 세션에서는 다시 한 번 여기에 온 이유를 돌아보게 한다. 돌아가서 어떤 행동을 할 것인지 스스로 정리해 보고, 그 결심을 전체 앞에서 이야기한다.

이런 마무리 과정은 모든 리더십 과정에서 정해져 있다. 클로징에서 중요한 것은 프로그램을 마친 후, 앞으로의 행동과 실천 결심이다. 하지만 본질로 돌아가는 것이 더 중요한 일이다. 기본적으로 지켜야 할 기업가 정신이 무엇인지, 그리고 더 본질적으로 좋은 기업은 어떤 일을 해야 하는지, 정리해 보는 것이 중요하다. 그리고 모자이크 방식으로 동료들을 만나 돕는 모비래퍼가 될 것인지를 스스로 생각해 보게 만든다.

회사가 아니라 회사를 만든 나를 본다

오프닝과 클로징을 제외하면 가장 먼저 열리는 세션은 '해업'이다. 오프닝 부분에서 생각했었던 본질적인 부분은 해업에 바로 연결된다. 해업이란, 업을 푸는 일이다. 해체하고 풀어내는 것이다. 즉 본질적인 부분들을 검토하고, 그것을 편하고 쉽게 말할 수 있도록, 진솔하고 단순하게 생각하는 것을 의미한다.

나의 삶에서 지금의 일은 어떤 가치를 가지고 있는지, 그리고 내 인생의 좌표가 과연 무엇인지, 개인의 좌표가 내가 지금 하고 있는 사업과 어떤 관련이 있는지…. 이런 점들을 생각하게 된다. 또한 이렇듯 훌륭한 동기와 의욕을 가지고 있다면 분명히 훌륭한 사명을 가지고 회사를 움직일 수 있을 것이고, 세상 속에서 나 자신의 위치와 해야 할 일들을 생각해 낼 수 있을 것이라는 점을 성찰해 본다.

그에 따라, 해업 세션에서는 자신이 사업을 하게 된 계기, 그 사업을 하기로 마음을 갖게 된 이유를 묻는다. 사업의 동기를 찾아, 먼저 정리해 보는 것이다.

해업은 우리가 하는 비즈니스가 인생에서 어떤 위치에 있는가를 확인하는 것이다. 회사가 생존하려면 기업가가 어떤 것을 정립하겠는가? 내가 어떤 동기로 이 일을 했으며, 이것을 어떤 사업 전망과 기업가의 사명, 기업의 가치로 발전시키느냐가 중요하다.

그래서 바로 회사의 전망과 사명을 듣지 않는다. 회사를 하게 된 개인이 어떤 동기로 일하고 그 사회에 어떤 영향력, 즉 소셜 임팩트를 낼 것인가를 먼저 묻는다. 자신이 사업을 해 낸 후 어떤 보상을 자신에게 선물할 것인지도 생각해 보게 만든다.

사업을 통해 얻는 베니핏을 어떻게 고객들과 나눌 것인지도 생각하게 한다. 무엇을 만들고 팔 것인지, 어떤 사업으로 프로핏을 획득할 것인지는 나중 문제이다. 고객에게 어떤 마음을 줄 것인가가 중요하다. 고객에게 만들어 파는 서비스에서 물질적인 것과 함께 제시하는 정신적인 만족, 정서적으로 제공해 주는 선물이 바로 기업의 가치이다.

자신의 업을 풀어라

이 부분에서 원탁의 구성원들이 인생에서 내 일, 그리고 일생 안에서 나의 업의 개념을 생각하게 했다. 이것은 사업을 하는 내가 지금의 좌표를 정하는 것, 즉 자신의 브랜드 포지셔닝(Brand Positioning)과도 같다. 이를테면 내가 온라인 플랫폼 비즈니스를 할 것인가, 디지털 콘텐츠 제공 회사를 할 것인가를 정하는 것이 아니다. 내 인생에서 그러한 플랫폼 서비스를 하거나, 콘텐츠 프로바이딩 사업을 한다는 것은 어떤 중요한 의미가 있는가를 밝히는 것이다. 그것이 분명하면 앞으로 그렇게 살겠다는 좌표가 된다. 이것은 앞으로 어떤 방향으로 나를 드러내겠다는 디렉셔닝 아이디어(Directioning Idea)가 된다.

만일 이 기업가가 현대인의 고독과 정신적 불안에 문제의식을 느낀 개인 경험을 바탕으로 개인의 고독을 달래는 질 좋은 디지털 콘텐츠들을 뿌리는 것이 자신의 업이라는 관념을 제시하였다고 보자. 이 기업가는 이번 기업을 세우고 해 나갈 비즈니스를 말하는 것이 아니라, 인생에서 자신이 해결할 문제의식을 이번 기업 활동에 투영하는 것이 된다.

한편으로 마케터나 경영인이 쓰는 비즈니스 콘셉트를 생각해보게 만든다. 이런 전문가들은 사업을 할 때 바로 사업 내용을 말하지 않고 '그 업의 개념'부터 파악하도록 훈련받는다. 그런데 많은 기업가들이 정작 자신에 대해서는 '업'의 정의를 내리지 않고 일하는 경우가 많다.

업의 개념을 세운다는 것은 내 인생에서 나의 비즈니스가 무엇을 해결하는 '솔루션'인가를 찾는 것이다. 업의 개념을 말한다는 것은 자신이 만들어 내어 파는 서비스에 담긴 내 인생의 문제해결을 말하는 것과 같다. 위의 기업가 경우는 개인의 고독을 해결하는 솔루션으로 온라인에서 소셜 비즈니스를 만들고, 이를 위해 수준이 낮지 않은 디지털 서비스를 제공하는 과제에 도전하는 것이 된다.

이는 자신이 왜 이 일을 하는지, 무엇에 도달하고자 하는지 자신의 일을 풀어서 단순하고 명쾌하게 설명해 보는 것이다. 이런 것이야말로 자신의 업을 푸는 것이다. '업'은 평생의 일이다. 업의 개념을 찾아 밝힌다는 것은 그저 사업이나 일이 아니라, 사람들의 마음을 모을 정도의 일, 세상에서 마음을 울릴 사업을 찾는다는 뜻이다. 사업은 회사 문을 열고 일을 해 돈을 버는 것이라지만, 제대로 세운 기업은 사람들의 마음을 모아 사람들과 함께 할 업을 일으킨다고 보면 된다.

풀어야 맺을 수 있다

사실, 기업 보육 프로그램의 고객은 창업하려는 기업들이다. 그들이 느끼는 결핍 중에 하나가 컨설턴트가 비즈니스 모델을 잡도록 도와주기는 하지만, 실제로 어떻게 사업을 하게 되었는가, 정말 이 사업이 내 인생에서 어떤 소중한 의미를 갖는가에 대해 충분히 깊이 있는 성찰을 할 시간을 주지 않는 점이다. 사실 내가 어느 서비스를 만들고 팔아서 살아남겠다는 것보다 중요한 것은 왜 이 서비스를 만들고 팔아야겠다는 강력한 열망을 가지게 되었는가 하는 점이다. 이 비즈니스가 내 인생에서 얼마나 중요한 일인가에 대한 고찰 말이다.

인생의 업을 풀듯 내가 하려는 사업의 의미를 풀어 내는 과정이 필요하다. 사실 창업을 하고 성장을 위해 싸우고 있는 기업의 대표들 역시 이것을 할 기회가 없었다고들 말한다. 이를 되돌아보거나 새롭게 잡을 기회를 갖기를 원하는 것은 비단 새로 창업한 기업체의 대표들만이 아니다.

이것이 바로 해업 과정이다. 해업이란 말에는 해결이라는 단어 중의 '해'가 들어 있다. 이는 풀어 낸다는 말이다. 나중에 모비랩의 추가적인 단계인 결업 과정을 하기도 하는데, 이때는 '결' 자가 의미하듯 자신이 해야 할 사업에 대해 구체적인 결심을 하는 매듭짓기를 하게 된다.

굿에는 흐름이 있다. 모인 사람들을 몰아 기운을 끌고 갈 때 '내고',

'달고', '맺고', '풀고'의 네 순서로 진행한다. 그런데 마지막에 자신을 찾아 맺힌 것을 푸는 굿과 반대로, 기업가의 길을 찾아갈 때는 처음에 쉽게 풀어 보고, 마지막에 분명하게 다시 맺는다. 모비랩 과정은 해업으로 시작하여 결업 세션으로 마무리 짓는다. 결업은 풀었던 것을 다시 묶고 맺는 마무리 과정이다. 사업은 풀어서 전개한 이후에 묶어야 한다. 그러자면 처음에는 자신의 마음속 깊은 곳까지 들어가 끄집어 내어 완전히 풀어 펼쳐 보아야 한다.

자신에 대해 질문을 던지라

자신의 모자람을 언급하라는 것이 아니라, 스스로에 대해 진솔할 필요가 있다. 자신에게 질문을 던진다는 것은 마음속에 수만 가지 답들이 떠오르는 번민이 시작되는 시점을 뜻한다. 해업은 원탁에서 그것을 촉진시키는 것이다. 번민 없이 해탈이 어떻게 있겠는가. 해업은 이 사업이 나에게 어떤 의미인지 찾고, 자신이 택한 서비스에 대해 인지하는 것이다. 자신이 추구하는 비즈니스의 의미를 바로 찾지 못해 방황하더라도 한번쯤 뒤흔들어 풍부한 고민을 해 보는 것이다

이렇게 던진 질문은 어떤 사업을 하려는가, 그리고 왜 이 사업을 시작하였는가를 찾는 데서 끝나지 않는 경우가 많다. 결국 나에게 사업이란 무엇인가를 묻게 된다. 그러다 보면 '도대체 기업이란 무엇인가' 하고 생각하게 된다. 그리고 질문은 이어진다. 좋은 기업이란 존재하는 것일까. 또 좋은 기업가가 된다는 것은 어떤 것일까. 돈을 많이 버는 성공 외에도 좋은 기업가가 되기 위해 채비해야 하는 것이 있는 것일까.

이 일에, 또 내가 만들어 파는 것에, 그리고 그것을 사는 분들에게 어떤 마음을 나누어 줄 것인가. 이 일에서 사람들과 함께 무엇을 얻고 또 무엇을 함께 나눌 것인가. 이 일을 통해 돈과 다른 자원, 그리고 기회들을 얻은 후에는 무엇을 세상에 나누어 줄 것인가. 모비랩의 첫 세션인 해업은 바로 이러한 질문을 스스로 맞닥뜨리게 만드는 것이다.

동기가 정립되어야 전망이 보인다

해업은 단지 과거의 자기 모습을 통해 투영된 것을 현실에서 표현해 나가는 게 아니다. 그것은 좁은 개념에 불과하다. 해업은 미래를 그리는 것이다. 욕망을 투사해서, 나 자신이 사업으로 돈을 벌어야 할 본질적인 이유를 찾는 것이다. 나아가 돈을 벌면서 사회를 바꾸어 가는 '권능'을 자신에게 부여해 주는 것이다.

그러면서 고객과 종업원, 그리고 내 회사에 대해서 이야기를 해 보는 것이다. 그러기 위해 필요한 것이 내 개인의 동기를 정립해 보는 일이다. 모비랩 시스템은 처음부터 끝날 때까지 훌륭한 동기를 정립하는 방향으로 움직이게 만든다. 모비랩의 처음 부분인 해업은 특히 사업을 힘차게 해 나가는 동기에 직면하도록 돕는다.

해업의 방향성

해업의 기본 질문은 지금의 나와 미래의 나에 대해 묻는 것이다. 그리고 지금의 나보다 미래로 날아간 나를 그리게 하는 것이 중요하다. 회사를 만들어 가는 나뿐 아니라 회사에 대한 질문도 같다. 지금의 회사 모습을 본 후 과감하게 미래에 회사가 얻기를 소망하는 것이 무엇인지 밝혀 본다. 현재의 브랜드 포지셔닝에 갇히지 않도록 할 때, 먼저 그 회사가 지향하는 디렉셔닝 아이디어를 제약 없이 밝힐 수 있도록 할 때 비로소 자신과의 이야기가 시작된다.

본질적 검토를 한다고 과거로만 파고들어선 안 된다. 해업은 과거를 통해서 만들어지는 것이 아니다. '과거와 미래 사이' 그 간격 속에서 제대로 자신을 보는 것이다. 실제 해업 과정 안에서는 '타임머신을 타고 가서 이 일로 성공한 당신이 지금 이 결행을 시작한 당신에게 무엇이라고 격려할 것인가?' 같은 식의 질문을 던진다.

우리는 자신의 일에 대해 평상시에도 자문한다. 흔들릴 때마다 스스로를 격려한다. 그리고 '너 망설였지. 근데 인생의 답이 있나. 정답이 있는 것이 아니잖아. 답이 하나만 있는 것도 아니고'라고 말할 것이다. 그리고 '선택을 후회하지 마. 너 그거 하길 잘했어. 그래, 그냥 계속 가' 하며 격려할 것이다. 해업 세션은 우리가 스스로에게 하는 지지와 격려를 도입한 것이다. 그런데 원탁에 둘러앉아 해업 과정을 진행하면 우리 자신에 대한 지지와 격려의 강도가 달라진다. 다른 참여자들에게 밝히고 응원과 조언을 받으면서 동기는 훨씬 튼튼해진다.

해업 과정은 미래를 암시하고 잠재력을 높이는 동시에, 자신의 현재를 분석하고 해석하는 직관을 발휘하게 만든다. 해업에서 자신의 속을 풀어 내는 작업은 일종의 '조사'다. 자신을 돌아보는 것은 자신의 역량과 자기 회사의 영향력을, 일종의 자원과 기회로서 파악하는 것이다. 그래서 '전략'을 짜는 조사다. 자신을 돌아봐야 회사를 정확히 볼 수 있다. 자신을 알아야 시장을 돌아볼 수 있다. 그래서 푸는 작업을 한다. 그게 시장으로 나가는 데 있어서 꼭 정립해야 하는 솔루션, 즉 내 서비스가 고객과 사회에 주는 솔루션이다. 철저히 비즈니스 관점에서 보면 왜 기업가들이 해업을 해야 하는지 분명해진다.

이를 돕는 것이 모자이크가 상징하는 원탁이다. 그리고 원탁에 앉아 나누는 대화를 도와주는 모비래퍼라는 존재다. 원탁은 한 사람씩 돌아가면서 답변하고 이야기를 서로 나눌 수 있도록 하는 질문들로 진행된다. 마치 건축물처럼 턴(Turn), 라운드(Round), 코스(Course), 세션(Sesion)을 구성했다.

질문과 함께 생각을 글로 정리하는 자문의 시간을 짧게 갖고, 답변을 말로 공유하는 것이며, 동료들이 스스로의 생각을 발전시키도록, 또 나를 도와줄 조언을 할 수 있도록 내 이야기를 경청하게 만든다.

모듈과 스케줄

모비랩의 대화 모델은 모듈과 스케줄로 구성되어 있다. 턴, 라운드, 코스, 세션은 모비랩 모델을 구성하는 가장 기본적인 요소인 모듈이다. 한편 창업보육 프로그램 혹은 기업가 육성 과정으로 진행되는 모비랩 시스템에서 해업, 협업, 환업 등의 개념은 전체를 진행하는 스케줄을 구성한다.

스케줄은 시간적 차원을 구성하는데 해업, 협업, 환업 3단계를 기본으로 세 세션으로 구성된 프로세스다. 하지만 6, 7단계로 늘려 해업, 협업, 분업, 환업, 협환업과 환환업, 결업 등으로 확장되기도 한다. 모듈은 대화가 운영되는 원탁의 이미지에 따른 것으로, 공간적 차원에서 진행되는 프로그램이다. 이는 턴, 라운드, 코스, 세션 등으로서, 작은 요소부터 큰 요소까지 층계화하여 연결된 장치로 대화를 진행할 때 쓴다.

턴, 라운드, 코스, 세션

대화가 중요한 모비랩에서는, 대화의 최하위 단위소로 체계를 구축했다. 그것을 '턴'이라고 규정했다. 말하는 순서다. A가 질문을 던지고, B가 대답을 한다. 다시 B가 질문을 던지고, A가 답을 한다. 이렇게 순차적으로 이야기를 한다면, 이 발언기회, 다른 사람들이 경청할 수 있는 기회를 턴으로 부른다. 이것을 '당신이 이야기할 차례(It's your turn)'라고 표현할 수 있겠다.

한 원탁에 앉아 있는 사람들은 순번을 정하든 무작위 순서로 하든 한 사람씩 말을 한다. 원탁에 앉으면 한번에 다 같이 떠들 수 있을 때는 구호를 외칠 때밖에 없다. 나머지는 돌아가면서 이야기를 한다. 동시에 말하면 듣기 힘들기 때문에 최하 단위는 한 사람이 말하는 순간이다. 이것이 대화의 기본 요소다. 라운드, 코스, 세션 등은 이것들이 모인, 점층적으로 커 가는 단위들이다.

라운드는 한 바퀴 도는 것이다. 원탁에서 모두 이야기를 하든 일부 참여자들이 말하든, 한 바퀴를 돌려면 질문 하나가 주어져야 한다. 그에 대해 참여자들이 진술한다. 참여자가 질문을 던질 수 있지만, 기본적으로 진행사회자인 모더레이터나 대화촉진자인 퍼실리테이터가 질문을 던지며 이끌어 간다. 라운드는 모더레이터나 퍼실리테이터가 원탁을 진행하는 데 있어서 기본 단위가 된다. 원탁의 모든 참여자들이 다 이야기를 하지 않더라도, 질문 하나에 대한 진술들이 다 끝나고 다른 질문을 던지면, 라운드 하나가 넘어가는 것이다.

여러 개의 라운드가 모여 코스를 구성한다. 코스들이 다시 여럿 모여 해업, 협업, 환업 등 기업가 정신을 촉진하는 주제를 구체적으로 담은 하나의 세션을 구성한다. 다시 말하면 세션은 그 주제의 대화를 끌고 가는 한 시즌(Season)을 구성한다. 세션 안에 구성된 소주제들로 코스가 나뉘는데, 이것을 마칠 때마다 참여자들은 한 라운드씩 느낀 점을 말하거나 생각을 글로 정리해 보는 등 자기점검을 한다. 대주제 안에서 짚고 넘어갈 것으로서 주제를 하나씩 도는 코너(Corner)를 구성한다고 보면 된다.

원탁의 질문자

모비랩은 질문을 기본으로 쌓아 나가는 방식을 취한다. 기계적으로 하나의 질문을 단위로 구성해 진행한다. 위계를 두고 쌓아 올린 것이므로, 정해진 훈련 방식으로 질문을 던지는 법과 질문의 의미, 질문에 대해 답변하는 때 반응하는 방법 등 세 가지를 익혀야 한다.

이처럼 모더레이터나 퍼실리테이터가 턴을 통제하고 라운드를 운영하는 것은 질문에 대한 답변에 조응하고 다음 턴이나 라운드로 넘어가는 훈련에 따른다. 그렇지만 몸에 쌓인 경험을 바탕으로 직관에 따라 진행하도록 프로그램을 반복함으로써 더 높은 단계의 훈련을 거쳐야 한다. '다음에 시계 방향으로 이야기해 주세요', '시간이 없으니 몇 분만 뽑아서 이야기하겠습니다' 등, 모비래퍼들은 참여자 입장을 이해하고 공감하는 중에, 그때의 판단에 따라 진행 방식을 선택하도록 훈련되어 있다.

근본적으로 모든 사람은 멘토다. 누구나 멘토로서 통찰과 암시를 주는 잠재력을 가진 존재이다. 우리는 모두 성찰과 암시를 제공할 수 있는 존재이다. 모비랩은 이에 따라서 참여자들 사이에 상호 멘토링이 일어나게 만들었다. 모비래퍼는 참여자의 상호 멘토링을 돕는 역할이다. 서로 영감을 주고 스스로 통찰하도록 돕는 대화를 끌어가는 것이다. 그러므로 턴과 라운드에 따라 원탁의 구성원들이 계속 발표하고 돌아가면서 그 내용을 다른 참여자들과 공유하도록 하는 것이다.

모비래퍼의 기술

세 세션과 각 코스에 따라서 여러 발언과 의견을 공유시키는 수준으로, 깊지 않게 개입하는 모더레이터 방식으로 진행할 수도 있다. 공동으로 결정하거나 집단적인 답을 도출하는 방향으로, 조금 더 적극적으로 유도하는 퍼실리테이터 방식으로 진행할 수도 있다.

앞에서 보았듯 모더레이터, 퍼실리테이터라는 말은 여러 의미로 복잡하게 쓰인다. 그래서 모비랩을 구상하면서 두 개념을 새롭게 규정했다. 모비랩에서 모더레이터는 패널토의, 마케팅 조사처럼 구조화된 질문을 따라 끌어 주는 역할을 하며, 퍼실리테이터는 협업 프로젝트 안에 들어가서 아이디어를 자극하는 수준까지 도와주는 존재다. 협업 세션은 공동작업으로 비즈니스를 뽑아내는 부분이 있는데 이때 적극적으로 개입할 수도 있다. 우리는 모비랩 안에서의 퍼실리테이터, 모더레이터를 모두 모비래퍼라고 부르기로 했다.

처음 모비랩을 만들 때 모더레이터는 거리를 두고 객관적으로 진행하는 쿨(Cool)한 사회자, 퍼실리테이터는 동의를 이끌어 조정하거나 지향점을 향해 끌고 가는 촉진자로서 대화에 대한 결합도가 높은 핫(Hot)한 역할로 썼었다. 모더레이터에 중립적인 진행사회를 본다는 의미와 함께, 의견을 조정하고 동의나 결론을 유도하는 조절자의 뜻이 있다. 퍼실리테이터는 기능적으로 도와주는 존재를 의미하기도 하지만, 작업장에서 답이 나와 일을 제대로 할 수 있도록 결정을 촉진해 준다는 뜻도 있다.

이를테면 스타트업들이 모여서 디지털 플랫폼을 만든다고 한다면, 모비래퍼들이 기술적 문제를 같이 고민해 주면서 원탁을 돌릴 수 있다. 하지만 그들이 해답을 내도록 질문을 공유하면서 구상 모집, 구상 선택, 현실적인 차원의 구성안 모집, 구성안 선택 등 단계만 이끌 수도 있다. 결국 개입도에 따라 개념을 정의하고 각각 진행역과 촉진역으로 놓았다.

기본적으로 모비래퍼는 중립적인 위치에 서서 서로 간의 대화를 도와주기만 하고 모니터링해야 한다. 자신을 객관화시켜야 하고 기능적인 역할만 하는 것을 기준점으로 삼아야 한다. 하지만 프로그램을 운영하기에 따라, 모비래퍼들이 그 개입에 대해 판단을 내릴 수 있다. 개입은 진행역, 사회역, 촉진역, 조정역 등 네 가지로 나눠진다. 일정을 진행만 할 것인가, 구조적인 질문을 던지면서 단계별로 진행할 것인가, 해답을 내도록 툴키트를 써서 체계적인 개입을 촉진할 것인가, 이견을 조율하고 수위를 조절하면서 결론과 동의에 이르는 조정을 할 것인가, 그때마다 참여자 특성에 따라 모비래퍼들이 그 수준을 판단할 수밖에 없다.

기업가의 동기를 확장하라

해업의 첫 번째 코스에서는 생애에서 현재 자신이 하고 있는 일의 위치를 이야기한다. 원탁의 참여자들은 과연 지금 하고 있는 일은 나의 인생에 있어서 어떤 의미이며, 어떤 기능을 해 왔는지를 이야기 나눈다.

그것은 동기 탐색의 질문으로 시작한다. 그 질문은 다시 동기, 영향, 보상으로 구성되어 있다. 이것을 모비랩에서는 MII라고 부른다. 모티브(Motivation), 임팩트(Impact), 인센티브(Incentive)의 약자다.

동기와 계기에 대한 본질적 물음

모비랩 참여자들은 자신이 하고 있는 일의 동기부여에 해당하는 모티브, 사회적 영향력이라고 부르는 임팩트, 그리고 10년 후 받았으면 하는 보상을 뜻하는 인센티브에 대해서 이야기에 몰입하는 경향이 있다.

모티브를 밝히는 라운드에서 지금의 일을 하게 된 주위 환경 등 외적인 계기나 자연스럽게 발생한 내적인 동기가 무엇인지를 이야기한다. 이때 타인의 발표에 대해서도 높은 주목을 한다. 서로를 비교하면서 기업가들의 생각이 발전하기 시작한다. 집중력을 발휘해 자신을 재동기화하거나 동기강화를 일으키기도 한다.

두 번째 라운드인 임팩트 부분에서는, 나의 사업이 잘되었을 때 그것이 어떤 영향을 사회에 주면 좋겠는지를 떠올리게 만든다. 상상의 힘은 에너지를 준다. 이 질문은 기업의 존재가치를 여러 면에서 생각할 수 있게 한다. 사업으로 생존하면서 대견하게 내가 해 내고 있는 일들이 사회에 어떤 영향을 줄 수 있을 것임을 떠올리는 것은 매우 의미 있고 필수적인 부분이다. 세상을 바꾸는 임팩트를 생각한 후 자신의 모티브를 다시 생각하게 하면, 이 일을 해야만 하는 이유를 강화하고, 새로운 동기를 부여할 수도 있다.

세 번째는 인센티브를 나누는 라운드이다. 지금 하고 있는 일로 가까운 장래, 즉 3년이나 5년 후에 어떤 보상을 받았으면 좋을까. 그리고 10년 후에 사업이 아주 잘되도록 만든 나 자신에게 어떤 보상을 선물하면 좋을까. 이런 것을 상상해 본다. 그러면 이 일을 얼마나 지속적으로 하기를 열망하는지 돌아보게 된다. 나 자신이 이 사업을 위해 긍정적인 결과를 확신하면서 흔쾌히 보상을 받는 그 순간을 위해 정말 적극적으로 움직일 만하다고 느끼게 된다. 훌륭한 가치를 지닌 사업을 잘 해 내고 받게 될 보상을 꿈꾸면서 자발적인 노력을 하게 되는 것은 건강하다. 자신에게 선사하려고 하는 인센티브를 놓고 자신의 원래 모티브를 비교해 바라보면, 몇 년 후의 좋은 결과를 그리면서 새로운 결심으로 동기를 강화하거나 재동기화할 수 있게 된다.

기업의 미래는 기업가 자신의 좌표에 달려 있다

모비랩은 주로 기업의 성장과 발전에 역점을 두고 만들어진 프로그램이다. 그런데 생각해야 할 점은 기업을 만들고 움직이는 것은 '개인'이라는 것이다. 기업가가 가장 중요하지만 그 역시 개인이다. 기업가가 자신의 갈 길을 제대로 정하지 않으면 기업은 제 길을 못 간다. 따라서 기업가로서 개인의 미래를 회사의 미래와 함께 생각하는 과정이 꼭 필요하다.

회사는 서로 별개의 존재인 개인으로 이루어져 있다. 좋은 기업은 개인과 개인이 만나서 만드는 예술작품이다. 기업은 그곳에 모인 개인을 뛰어넘는 실체이다. 기업 조직이 개인들의 합을 뛰어넘는 하나의 생명체가 되도록 만드는 것은 무엇일까. 바로 기업이 동일체로서 추구하는 가치와 매일 일관되게 해 내는 과제다. 다시 말하면 기업이 추구하는 목적과 그에 따라 도달하려는 목표 때문에 기업은 개인들을 뛰어넘는 별개의 독립적인, 그리고 온전한 하나의 생명체가 되는 것이다.

기업의 존재 목적을 분명히 알고 목표 달성에 집중적으로 애쓰는 개인이 바로 기업가다. 그러니, 기업가의 동기와 좌표를 정하지 않고서는 기업의 존재 이유와 목표를 정하기 힘든 것이다. 따라서 해업 세션에서는 개인과 기업을 대비시키고, 개인을 바라볼 때 개인의 인생과 비교해 기업가로서 개인의 업을 대비시키는 점증적 단계로 나아가야 한다. 그렇게 하여 기업가 각자가 풍부한 성찰의 시간을 가질 수 있도록 해 주어야 한다.

그래서 해업 세션의 한 코스에는 기업가로서 한 개인이 달성하려는 미래와 회사가 가야 하는 미래에 대해서 비교해 보는 라운드가 포함되어 있다. 참여자들은 돌아가면서 개인 소감을을 발표하고 서로가 가진 의견들을 비교하면서 진지하게 자기에게 본질적인 것을 되돌아본다.

내면을 길어 올리다

기업가의 동기를 묻는 질문은 기본 동기, 영향력 설정, 그리고 미래의 보상으로 이뤄져 있다. 이중 현재 일을 하게 된 계기와 동기를 생각하는 것은, 기업가로서 가진 생각들을 내면에서부터 길어 내고, 또 자기가 지금껏 해 왔던 일들에 대해서 떠올리면서 미래를 생각하게 하는, 긍정적인 기능을 한다. 또한 자기가 마음먹었던 일의 방향성이나 근본적인 차원에서 기업의 존재 가치에 대해서 떠올리게 하는, 매우 가치 있는 기능을 한다.

다음으로 나의 일이 잘되어 사회에 주게 될 임팩트에 대해서 생각하는 것은 기업의 미래에 대해서 풍부하게 생각해 보는 기능을 한다. 회사가 해 내는 사업의 가치와 기업의 목적에 대해 냉철하게 생각해 보는 계기가 된다. 또한, 그런 방법으로 사회적 임팩트를 떠올리는 것은 기업이 잘될 것이라는 긍정적인 생각을 마음 가운데 품게 해서 자신이 만들어 갈 회사에 대해 자부심을 가질 수 있다.

일이 잘되면 자신이 얻게 될 인센티브에 대해서 생각하는 것은 일을 더 열심히 하고 의미 있게 하도록 만드는 추진력이 된다. 그뿐만 아니라 자신의 미래에 대해서 생각함으로써 더 나은 활력과 생기를 부여한다. 자신이 하고 있는 일을 달성하도록 촉구하고 자극을 부여하는 작업이다.

한국브리태니커 회사를 설립했던 한창기 사장은 미국의 브리태니커 사전을 부자들에게 판매하는 마케팅 기법으로 돈을 벌었다. 국어를 사랑하는 재야학자 같았고 문화유산의 독학 전문가였던 그는 1980년대에 혁명적이고 이단적인 잡지 《뿌리깊은나무》를 만들어 성공했다. 한

글꼴과 쓰임을 독창적으로 만들고, 국한문 혼용의 세로쓰기가 일본식 잔재로 남아 있던 당시 국내 최초로 한글 전용의 가로쓰기를 혁명적으로 시도했다. 군사정권에서 폐간 위기를 겪자 다시 《샘이깊은물》을 창간하는 위험을 무릅썼다.

그가 사업가가 된 동기는 한국 문화에 대한 사랑에 있었다. 그가 가질 수 있는 보상은 품격 있는 잡지에 파격을 입힌 콘텐츠 비즈니스를 통해 큰돈을 버는 것이 아니라, 아름다운 국어의 뿌리와 문화의 샘이 자리 잡는 것이었다. 때로는 돈을 낙엽처럼 불태울 수 있어야 한다고 그는 말했다.

파스퇴르 유업을 만든 최명재 회장은, 큰돈을 번 후 영재 교육과 민족 교육을 병행하여 지도자를 양성하는, 지구상에 없는 학교를 만들고자 했다. 그는 '번 돈은 사회가 잠깐 동안 내게 맡긴 돈'이라는 신념을 갖고 있었고, 평소 지도자 교육에 대한 문제의식을 느껴 기어이 민족사관학교를 열었다. 자신은 장사꾼이고 제대로 된 지도자를 기르면 남는 장사라고 보았다.

파스퇴르 유업이 IMF 위기에서 부도를 맞고 한국야쿠르트에 넘어갔지만 민족사관학교 이사장으로 계속 창조적 소수를 길러내는 자립형 사립학교의 고집을 꺾지 않았다. 현재 일본이나 동남아에서 사립학교 설립의 모델로 보러 오는 세계적인 고등학교다.

오늘날 다행인 것은 많은 청년 기업가들이 돈을 벌 사업을 하는 것 못지않게 훌륭한 동기를 찾아 그것을 살려 낼 수 있는 사업을 시도한다는 것이다. 한창기 사장의 한글과 최명재 이사장의 지도자 양성처럼 살아오면서 느낀 강한 문제의식 때문에 사업을 하는 사람들이 늘어야 한다. 사회에 보탬이 되려는 동기, 세상에 도움이 될 수 있는 사업 의욕을 풀어 내어 기업다운 기업이 많아지기를 기대한다.

기업가가 동기를 정립하게 하는 이유가 무엇인가. 동기부여를 하든, 동기를 강화하든, 자신의 동기를 확인하고 재동기화하든, 기업가 개인의 동기를 정리 정돈하는 이유는 무엇일까. 그것은 앞으로 나아갈 기업의 전망을 제대로 잡기 위해서다.

개인의 동기를 정립해야만 개인의 전망이 서듯, 기업가의 동기를 정립해야만 기업의 전망을 세울 수 있다. 개인 차원의 질문에 이어, 다음 코스에서는 기업 차원에서 문제들을 던지는 질문들이 이어진다.

기업에 대한 가장 본질적인 물음

이제 기업에 대한 본질적 물음을 할 차례다. 이전 코스에서 했던 모티브, 임팩트, 인센티브에 대한 검토가 기업가 개인적인 차원의 질문이었다면, 이번 코스는 기업가 입장에서 회사에 대한 검토를 하는 것이다. 기업 차원에서 본질을 찾아보는 물음을 던진다.

해업 세션에서 MII에 이어 VMV라고 부르는 이 코스는 기업의 본질을 찾기 위해 비전(Vision), 미션(Mission), 밸류(Value) 세 가지를 연결해서 탐색한다. 전망과 사명, 그리고 기업의 가치는 다른 어느 곳에서도 체계적으로 연결해서 다루지 않고 있었다. 그렇기 때문에 특히 모비랩의 이 과정은 자신의 기업 본질, 즉 업의 개념을 찾는 현업의 기업가들에게 많은 호응을 얻고 있다.

전망, 사명, 그리고 기업의 가치

첫 번째 물음은 바로 비전이다. 나의 회사는 향후 10년 혹은 앞으로 수년 내에 어떤 전망과 목표를 두고 현재 일을 하고 있는가. 기업은 이런저런 목표를 반드시 갖게 되어 있다. 향후 5년 내에 주식 상장을 한다든지 향후 10년 내에 국내 100대 기업 안에 들어간다든지 하는 식의 목표 말이다. 목표가 있을 때 기업은 비로소 심장을 가지게 되고, 살아 움직이는 동력을 가지게 된다.

두 번째 질문은 기업의 사명이다. 전망이 기업의 동력이라면, 기업의 사명, 즉 미션은 동력을 가능하게 하는 근거, 즉 존재이유가 된다 기업의 미션이 없다면 기업의 성장동력은 오래 지속될 수가 없다. 미션은 하나의 깃발이다. 공동체의 구성원들은 그 하나의 깃발 아래 모인다. 우리는 어떤 일을 해 내는 존재라고 정의를 내리고 일치된 목소리로 그것을 말한다. 그리고 그 기치 아래 함께 협력하고 힘을 집중시킨다.

세 번째는 기업의 가치를 찾는 것이다. 기업의 밸류는 기업이 고객들에게 제공하는 서비스를 통해 어떤 만족을 주는가 하는 것으로 정의할 수 있다. 기업은 향후 10년 혹은 몇 년 내에 어떤 가치를 고객에게 선물할 것인가. 고객은 우리 기업의 서비스를 받았을 때 어떤 정신적 가치를 전달받았다고 말할 것인가. 기업의 가치는 고객이 정한다. 고객에게 전달하려고 하는 그 정서적 가치야말로 진정한 기업의 존재 이유라고 말할 수 있다.

'사회적'인 것은 기업의 본질이다

기업이라는 말은 여러 뉘앙스를 갖고 있다. 기업은 단순히 돈을 버는 회사가 아니라, 업을 세우고 이끌어 가는 것을 말한다. 남들과 나눌 일을 책임지고 세우는 것이기도 하다. 조직적이고 체계화하여 비즈니스를 만드는 것이다. 나아가 제조하고 판매하는 서비스를 통해서 혁신과 창조의 도전을 하는 것이다. 무엇보다 기업은 시장에서 과감한 모험과 실험을 하는 존재다. 때로는 기업가들이 그 혁신과 도전을 시장을 넘어 사회에서도 감행한다.

모비랩은 '사회적 기업가' 정신이라는 것을 특별히 강조하지 않는다. 사회적 기업가는 별도로 존재하는 것이 아니다. 훌륭한 기업가 정신은 당연히 시장의 문제 외에도 사회의 문제를 해결하는 것이다. 이는 기업가의 본질을 혁신에 두는 것과 닿아 있다.

두가지 혁신 중 시장의 혁신은 사회의 혁신과 연결될 수도 있다. 기업가는 시장에서 돈을 버는 것뿐이 아니라 시장의 문제를 해결하고 시장을 혁신한다. 나아가 기업가는 사회문제를 해결하고 시민사회에 보탬이 된다. 시민 경제를 늘 고민하는 것이 바람직한 기업가 정신이다.

리더십이라는 말처럼 '기업가 정신'이라는 말은 업체의 대표가 아니더라도 가져야 할 덕목이 되었다. 영리 사업을 하는 것이 아니더라도, 비영리 단체, 업체의 직원이, 일반 시민, 1인 기업, 예술창조를 하는 크리에이터, 프리랜서 모두 다에게 이 말은 해당된다. 카네기 이후 리더십이라는 말은 정치사회적 책임과 경영조직의 관리를 넘어 자기관리에 있어서 삶의 태도를 다루는 데까지 확장되었다.

마찬가지로 기업가 정신은 조셉 알로이즈 슘페터를 지나 피터 드러커에 이르면서 회사를 통해 시장에서 벌이는 창조적 파괴나 경영의 도전을 뜻하는 것을 넘어섰다. 모험가라기보다는 기회를 사업화하는 역량을 갖춘 자를 의미하면서, 회사의 대표뿐 아니라 조직원이 모두 가져야 하는 것이 되었다. 자기관리에 있어서의 창조적 실험과 혁신적 태도를 포함하게 된 것이다. 수신제가치국평천하, 즉 자신을 닦지 않으면 조직을 지킬 수 없고 시장을 바꿀 수 없다. 나를 세우고, 이를 확장해서 세상을 돕는다. 기업가 자신으로부터 시작하여 우리 회사와 종업원, 파트너와 고객, 소비자와 시장, 시민과 사회까지 이롭게 하는 쪽으로 확장한다.

그 기업가 정신의 최고봉은 시장혁신을 넘어서 사회혁신에 도움을 주는 존재다. 슘페터와 드러커가 말한 이후 창조적 파괴를 통해 낡은 것을 계속 바꾸어 가는 모든 혁신은 모험적인 일을 벌이는 창업가, 기업가의 영역이 되었다. 공공선을 추구하는 혁신은, 굳이 사회적 기업가, 사회혁신가라고 칭하지 않더라도 기업가다운 모습이 되었다. 자신이 생존하기 위해 시장에서 해 내는 일로 사회를 위한 개선 역시 만들어 낸다. 이것이 모비랩이 지향하는 바람직한 기업가의 모습이다.

기업가 정신도, 기업가도 뜻이 넓다

어린이도 리더십 교육을 받는 시대다. 마찬가지로 청소년들도 기업가 교육을 받고 있다. 기업가라는 단어 안에 많은 의미가 함축되어 있다. 여러 종류의 기업가가 있고 프리랜서도 기업가 정신을 가져야 하는 시대다.

크리에이터도, 소셜 이노베이터도 기업가 정신을 갖고자 한다. 주인의식을 갖고 시민으로서 사회를 개선하는 책임을 자임하는 NGO들이야말로 오늘날 혁신적인 기업가 정신을 가지고 있다. 국가수반도 기업가 정신을 가져야 한다고들 이야기한다. 청년 창업뿐 아니라, 은퇴 세대의 창업과 창직에서도 기업가 정신을 강조한다. 주부들도 가정 경영인으로서 기업가 정신을 요청받는다.

역설적으로 전통적인 사업가들 중에는 기업가 정신에 자격 미달인 경우도 많다. 뜻밖에도 마을공동체 리더들 가운데 성실한 분들이 기업가 정신을 넘치게 갖고 있는 경우가 많다. 지역사회에서 공익에 힘쓰는 자원활동가들을 보라. 봉사 동아리 리더들인데 혁신과 창조적 파괴, 그리고 자신의 책임으로 사업을 세우는 힘 등 기업가 정신이 철철 넘친다.

기업가의 범위가 넓어졌다. 그만큼 이 세상에서 기업가의 역할이 중요해진 것이다. 어떻게 보면 기업가는 과거처럼 시장과 산업 영역에서 제한된 일을 하는 것이 아니다. 기업가의 덕목은 도전하는 능력, 큰 책임감, 관용과 변화를 유연하게 적용하는 능력, 융합적인 사고 등이다. 이런 정신은 오늘날 중요한 것으로 받아들여진다. 기업가에 대한 기대가 높아진 시대다.

회사는 월말만 되면 직원 월급을 걱정하고 돈의 압박을 받는 곳들이다. 어떤 회사는 적자와 부채로 스트레스를 받아서 하루하루가 지옥일 것이다. 그럼에도 적극적인 시장개척에 도전하는 것이 기업가다. 한쪽 뇌는 조직의 살림을 걱정하는 데 쓰고, 다른 한쪽 뇌는 힘을 내는 데 쓴다. 참으로 이상하고 대단한 존재들이다.

꿈도 모비랩처럼 꾸어라

주식회사 오뚜기는 인류의 식생활 향상에 이바지하는 것을 경영 이념으로 삼고 있다. 식생활로 홍익인간을 도모하는 비전에 따라, 다양한 분야에서 어느 대기업보다도 꾸준하게 사회공헌 사업을 해 나간다. 사람들이 개선된 생활을 누릴 수 있도록 하려는 전망이 확장된 것이다. 그래서 소비자들은 오뚜기를 인류 식생활 향상의 비전을 가진 곳으로 기억하지 못한다. 대신 어려운 사회 일각을 돕는 착한 기업 오뚜기만 인식한다. 그것이 오뚜기가 지닌 독보적인 가치다.

파도 파도 미담만 나오는 오뚜기에 열광한 시민들은 최고 경지를 뜻하는 '갓(God)뚜기'라고 부른다. 고객들이 애정을 갖고 붙여 준 이 이름은 어느 기업이나 원한다고 쉽게 얻을 수 있는 것은 아니다. 기업의 가치에 해당하는 '착한 오뚜기'는 그 기업이 표방한 것이 아니라 꾸준한 실적을 보면서 공감한 소비자가 붙여 주는 것이다. 오뚜기는 기업의 본질이 세상에서 삶을 향상시키는 것이라고 보았다. 그래서 사회공헌을 추구한다기보다 그 본질을 업으로 지키려 했다. 오뚜기가 표방하는 생활 신조는 '머리 쓰고 땀 흘리자'라고 한다. 직원들은 연구와 근면을 사명으로 삼기에, 시장 창출만큼 사회 기여도 조용한 듯하지만 진지하고 치열하게 하는 기풍이 있다.

전망, 사명, 가치라는 회사의 미래를 정립하는 것은 무형의 자산이지만 태풍과 같은 에너지를 담고 있다. 회사 이전에 미래를 똑바로 세우는 것이야말로 기업가다운 것이다.

어떤 이는 자신의 회사 경영도 고달픈데 시장을 혁신하는 몸부림을 치고 사회에 창조적 씨앗을 뿌리려 한다. 누가 세상을 바꾸는가. 기업가 정신을 가진 사람이다. 그리고 아무리 힘들어도 이런 존재들을 키워야 한다. 모비랩이 보는 사회의 미래는 이들이다.

모비랩은 확장 범위가 넓다. 우리가 바라는 미래는 많은 사람들이 모자이크 비즈니스 랩이 하는 방식으로 삶을 살고 일을 하는 것이다. 모자이크 방식으로 서비스를 만들어 팔고 비즈니스를 벌일 수도 있지만, 프로젝트, 공익사업, 공동의 예술창조, 주민들의 마을공동체 활동, 시민운동, 인생 설계 등 모든 것을 모자이크 방식으로 할 수 있다.

중요한 것은 조직을 이끌거나 퇴사를 하건 개인 비즈니스를 하건 공익 서비스를 하건 간에, 꿈은 모비랩에서 지향하는 기업가 정신에 두는 것이다. 모자이크의 원탁에 앉은 협업가의 모습, 그리고 협업을 통해 창조적 파괴로 시장혁신을 모색할 뿐 아니라 사회의 혁신을 꿈꾸는 기업가의 모습이 그것이다. 협업을 하는 기업가 정신, 그리고 환업을 하는 혁신적 기업가 정신이야말로 우리의 미래다.

무엇이 우리를 존재하게 하는가?

기업가 정신을 가져야 한다면 기본으로 삼아야 할 태도는 무엇일까. 진정 우리를 기업가로 존재하게 하는 핵심 요소는 무엇일까. 모자이크 방식을 추구하는 기업가가 되는 데 답이 있다. 모자이크 기업가다운 업의 정의는 무엇일까.

마음, 사람들, 세상

모비랩은 크게 마음, 사람들, 세상의 키워드로 구성되어 있다. 세션들은 '마음을 준다. 사람들과 얻는다. 세상에 나눈다'와 같은 구조로 되어 있다. 해업은 마음을 세우고 마음을 주는 일이다. 협업은 사람들과 얻고 나누는 일이다. 환업은 세상과 나누고 세상에 주는 일이다.

첫째는 해업 세션이다. 여기서 결국 기업가는 기업을 통해 제품을 만들고 상품을 파는 것의 이면을 보게 된다. 어떤 마음으로 비즈니스를 만들고, 나의 서비스로 고객에게서 어떤 마음을 구하고 얻으려는가. 기업가는 마음을 주는 일로부터 사업을 시작한다.

둘째는 협업 세션이다. 기업가는 파트너십과 콜라보를 활용하는 식으로 영업을 확장한다. 사람들과 함께 번다. 사람들과 함께 모으고, 사람들과 함께 나눈다. 좋은 기업가는 사람들과 함께 얻는다.

셋째는 환업 세션으로서, 기업가는 기업을 넘어 시장에서 벌고 나눈다. 건강하게 순환시킨다. 나아가 시장을 넘어 사회에서 모은 것을 나눈다. 시장은 경쟁을 시키지만 사회가 있었기에 생존할 수 있었으므로, 시민들에게 환원한다. 위대한 기업가란 궁극적으로 세상에 나누는 기업가다.

우리가 모비랩을 통해서 기업가들을 양성한다는 것은 바로 이런 것이다. 마음을 모으고 나누는 일, 사람들과 모으고 나누는 일, 세상에 모은 것을 나누는 일은 서로 유기적으로 연결되어 있다. 그리고 이것이 기업가로서 우리가 삶을 살아가는 이치이며, 세상을 움직이는 원동력이다.

어떤 마음으로 선물하는가

고객이 어떤 정신적 가치를 얻을 것인가. 어떤 정서적 만족을 얻게 할 것인가. 우리가 만들어 파는 서비스와 함께 어떤 마음으로 줄 것이냐를 고민해야 한다. 그래야만 우리가 만들어 낸 서비스를 사는 사람도 어떤 마음을 받고 싶은지 알 수 있다.

해업 세션은 마음이 키워드다. 내가 어떤 마음으로 만들어 팔 것인가, 혹은 어떤 마음을 고객에게 선물할 것인가를 찾아내는 것이 해업이다.

해업은 기업가의 본질적인 부분들을 다루기에 기본적이고 필수적인 과정이다. 그 가운데서도 비즈니스를 하기 전에 자신의 마음을 살펴보는 것이 중요하며, 자신의 마음을 주는 것이 서비스를 하는 데 있어 매우 중요하다는 점을 기업가들이 깨닫게 해 준다. 그렇게 마음을 주면, 우리는 사람들을 얻게 된다. 사람들의 관계를 얻고, 또 사람들이 가지고 있는 기대를 이해하게 된다. 마음을 주고 마음을 얻는 방법으로 시장이 바뀌고 사회가 바뀐다.

사람들과 함께 하는 일

협업은 사람들이 키워드이다. 우리가 함께 하면 정말 성과가 더 늘어나는가? 투자가 들어가는 것일 수도 있고 회사의 영업과 홍보 비용을 지출하는 것일 수도 있다. 코스트가 들어가기도 하고, 실패로 끝나기도 한다. 하지만 같이 하면 성과가 나온다. 회사가 활력을 찾으려면 기업가는 어떤 영업과 동업을 추구할 것인가? 협업은 공동의 촉진 플랫폼이나 공동의 유통채널을 만들려고 노력할 때 할 만한 일이다.

이것은 콜라보로 SOC를 건설하는 것과 같다. 비유하자면 힘을 합쳐 사회간접자본을 만들어 내는 것이다. 콜라보를 통해 공동 인프라를 만들어 가는 투자다. 사회간접자본을 만들어 내는 것과도 같다. 기업들 사이의 사회보장제도 같은 것으로, 일종의 사회안전망을 자구적으로 만드는 일이 되기도 한다. 우리가 공동의 온라인 플랫폼을 만들거나 공유재에 유통 채널을 공동으로 만들면, 회비를 계속 내고 투자를 해야 한다. 하지만 각자도생하는 것보다는 사회 안에서 간접적으로 우리 힘으로 만들어 내는 것이 편익이 더 크다.

회사들이 공동의 노력으로 유통망, 촉진망을 만들어 가야 한다. 그렇다면 어떤 동업을 추구할 것인가? 자원과 기회를 명확하게 알고 공유해야 한다. 그다음에 쌍방 간의 기브 앤 테이크(Give and Take)로 사업 거래를 발전시켜야 한다. 그리고 기업들이 전체가 하나의 공동사업을 전개해야 한다.

이때 질문은 사람들과 무엇을 얻을 것인가 하는 것이다. 내 회사가 무엇을 얻을 것인가가 아니라 여러 회사가 함께, 즉 사람들과 함께 무엇을 얻을 것인가가 중요하다. 머리가 돌아가면 마음도 움직여야 한다. 회사들이 서로 무엇을 나눌 것인가에 따라 사람들이 함께 움직이면서 할 수 있는 일도 달라진다.

기업으로 세상을 구한다

기업가는 어떤 마음으로 줄 것인가. 어떤 마음을 얻을 것인가. 파트너와 콜라보하면서 마음을 주고 또 마음을 얻을 것이다. 직원처럼 고객에게도 마음을 주고, 마음을 사고자 한다. 소비자에게 마음을 주고 마음을 구하는 것처럼, 우리가 수혜자로 생각하는 사람들에게 똑같이 다가갈 수 있다. 소비자와 수혜자가 다른 기업들도 있다. 수익(Profit)을 거두고 소비자를 위한 선물을 줄 수 있다. 동시에 자신이 사회에서 도우려 하는 직접 수혜자에게 편익(Benefit)을 제공할 수도 있다.

기업가는 직접 수혜자 외에 많은 간접 수혜자를 계산해야 한다. 종업원과 노조, 돈을 지불하는 소비자 외에도 파트너들, 콜라보를 해야 하는 지역사회, 경우에 따라서는 회원과 주주들, 지원 기관, 회사가 가입한 협동조합이나 금융 조직 등을 염두에 두어야 한다. 매출과 수익을 올리는 과정에서 돈을 포함한 유무형의 베니핏(편익과 혜택)을 고루 나누려 애써야 한다. 프로핏(금전적 수익)의 점검 못지 않게 이를 점검해야 한다.

소비자에게 마음을 주고 마음을 얻은 것처럼, 잠재적 소비자이기도 한 시민들에게 마음을 주고 또 마음을 얻는 것이 궁극의 영업을 할 줄 아는 기업가가 할 일이다.

이것 역시 내 회사가 하는 일이 아니라 파트너들이 함께 할 수 있는 일이다. 콜라보로 비즈니스를 만드는 것처럼, 소셜 임팩트도 공동작업을 통하면 세상을 돕는 효과가 뛰어나다. 그래서 모비랩에서는 콜렉티브 임팩트를 증진하는 공동의 환업 코스를 운영하는 것이다.

환업은 세상이 키워드다. 세상에 나누어 주면, 그것은 다시 기업의 브랜딩 효과라든지 간접적인 마케팅 효과로 이어진다. 영업과 홍보를 위해서라도, 기업이 아니라 종업원과 소비자가 함께 세상을 돕는 서비스를 만들고 이런 디자인을 통해 기업의 이미지를 제고하는 것이 낫다.

기업가는 무릇…

유일환 박사는 1926년 종로2가에서 유한양행을 창립했다. 그는 최초의 벤처기업인이다. 지식을 바탕으로 한 연구개발로, 가진 것 없이 큰 모험을 벌인 창업가의 전형이다. 미국 유학 중 숙주나물이라는 대중적인 음식 재료의 신선도 문제라는 결핍을 해결해 주면 큰돈을 벌 것으로 보아 공대 교수의 자문을 받아 저온숙성 등을 자체 연구하고 유리병과 통조림 방식의 제품을 개발했다. 유통업인인 친구와 동업하여 라초이 식품회사를 만들었고 5년 만에 회사를 성공시켰으나, 일제 강점기 나라를 걱정하여 좋은 여건을 놓고 회사를 30만 달러에 매각한 후

조선 땅에 들어왔다.

그때 만든 유한양행은 나라 안에서 병들고 아픈 자를 보면서 보건위생 문제를 개선하겠다고 선언한 제약회사다. 사회적 기업이라는 개념이 없던 시절, 기업의 업, 기업가로서의 업을 찾을 때 질병 키우는 악순환을 해결하는 것이 돈을 버는 사업이고 비즈니스라는 생각을 했던 것이다. 부모의 뜻은 그들 형제가 민족을 위해 일하는 것이었다. 그래서 그는 사업가가 되었지만 민족을 위해 일했다. 업의 개념이 무엇인가. 그는 민족을 위해서 기업을 했다. 건강과 복지를 추구하는 기업이 필요해서 그것을 만들었다. 민족을 위해 한반도로 돌아와서 홍업과 성업을 이루어 냈다.

다시 유일한 박사는 1952년 회사 공장 안에 고려공과기술학교를 세운다. 한국전쟁으로 폐허가 된 나라에 필요한 것은 재건을 이끌 공업인이라고 보았던 것이다. 유일한 박사를 보면, 유능한 기업은 정부처럼 또 시민단체처럼 사회를 위한 일을 해 낸다는 것을 알 수 있다. 1970년에 그는 유한 킴벌리를 최초 합자법인으로 만들었다. 위생적인 화장실 문화를 선도하는 것이 필요하다고 보아 국민의 낮은 생활수준에 앞서 장기적인 안목으로 화장지 생산 판매를 결단한 것이다. 화장지를 만드는 회사는 나무를 많이 베어 내기 때문에 계속 나무를 심어 되갚도록 했다. '우리강산 푸르게 푸르게'라는 캠페인을 벌이는 것이 옳다고 본 것도 업의 개념이 분명하기 때문이다.

그는 연마된 기술자와 훈련된 사원은 회사의 최대 자본이라고 이미 그 당시에 강조했다. 그래서 기업의 일이 양심적인 인재를 양성해서 배출하는 것이라고 보았다. 기업의 이익은 기업을 키워 일자리 창출하는 데 쓰고, 정직하게 납세하고, 남은 것은 기업을 키워 준 사회로 환원하여야 한다고, 유한양행을 주식회사로 변경하던 1936년 당시에 이미 주장했다. 그는 재산을 물려주지 않았고 사회에 기탁했다. 사주가 경영하지 않고 전문 경영인에게 맡기는 체제를 확립했다. 기업은 한두 사람 손에서 발전되지 않아 협업이 필수적이며, 여러 사람의 두뇌가 참여하여야 비로소 발전하는 집단지능이라는 점을 그 당시부터 주장했다. 사람과 세상을 중시하는 그의 뜻에 맞게 유한양행의 기업 마크에는 아름드리 잎이 풍성한 커다란 나무가 있다.

주관이 분명한 창업가의 철학을 그는 갖추고 있었다. 기업의 제일 목표는 이윤 추구이지만 성실한 사업의 대가로 정직하게 얻어야 한다는 점, 이윤 추구가 기업 성장의 필수 선행조건이지만 기업가 개인의 부귀영화의 수단이 될 수 없다는 점, 기업의 기능이 단순히 돈 버는 데 머물면 수전노가 되고 품위를 잃게 된다는 점을 강조했다. 기업은 신용이 중요하고, 기업을 키워 준 사회에 환원하는 것을 반드시 약속으로서 지켜야 한다고 말했다. 그는 돈을 버는 것에 집중하는 것보다 철학을 지키는 데 주력했다. 유일한 박사는 분명한 기업의 개념을 바탕으로 더불어 살아가는 일, 사회에 돌려주는 일을 분명하게 추진한 기업가였다.

앞에 이야기했듯, 모비랩의 해업, 협업, 환업 세 단계는 각각 마음, 사람, 세상 3가지 키워드를 나눈 것이다. 기업가는 직원과 마음을 나누고, 사람들과 나누고, 세상과 나눈다. 기업가는 고객에게 마음을 주고, 사람들과 함께 얻고, 세상에 되돌려준다.

기업가는 마음을 얻어야 한다. 조직과 고객에게 마음을 주고, 그들의 마음을 얻어야 한다. 기업가는 사람들과 나누어야 한다. 종업원과 소비자뿐 아니라 파트너를 비롯한 사람들을 잇고, 또 사람들과 함께 벌고 나누어야 한다. 기업가는 세상을 도와야 한다. 시장에 머물지 않고 시민사회에, 국가가 아니라 시민들에게. 즉 세상에 도움이 되고 세상에 나누어 주어야 한다.

참여 동기와 분명한 전망이 기업을 세운다

LG는 인간존중 경영을 표방한다. 사람을 중심에 두고 고객가치를 창조하려고 한다. 기업이 표방하는 정도경영이 전파되는 것은 쉬운 일이 아니다. 기업 행위에 진심이 보이지 않으면 고객은 표방한 바를 받아들이지 않는다. 기업이 진심을 보여도 직원들이 인정하지 않는 경우가 많다. 조직 규모가 큰 대기업, 종업원 수가 많은 중견 기업도 그렇지만, 작은 스타트업도 예외는 아니다.

수신제가치국평천하

그래서 창업가의 창업 동기가 돈을 버는 것 이상을 말해야 한다. 사회의 개선에 참여하려는 보편적이면서도 선한 동기가 있는 경우, 고객의 동감, 직원의 동의는 조금 더 쉬워진다. LG는 묵묵히 하지만 꾸준히 독립운동을 지원해 온 기업으로 정평이 났다. 'LG 의인상'은 국가와 사회를 위해 자신을 희생한 사람들의 사례를 음지에서 끌어내어 알리고 상을 준다. 기업의 사회적 책임이라고 보아 해 오는 일인데, 모든 좋은 사례는 LG 의인상을 찾으면 다 나온다고 한다.

그중 건축 자재를 다루고 시공을 하는 LG하우시스는 독립유공자를 지원하고 회사의 장기를 살려 유공자 후손들의 열악한 주거 환경을 개선한다. 독립운동과 관련된 역사적 장소와 현충시설을 보전하거나 리모델링한다. 지금 LG가 누리는 자유, 국민들이 누리는 행복이 모두 독립운동의 유공자 선조들에게서 온다고 본다.

한 기업이 사람을 중심에 둔 기업을 표방한다면, 그 전망은 서류가 아니라 사회를 돕는 기업의 실천에서 하루하루의 실적으로 드러나야 한다. 창업가의 동기가 분명히 인간미를 살리는 사업에 있다면, 그 동기는 피상적인 인류애가 아니라 독립운동과 의인, 국가유공자를 기리는 것 같은 구체적인 주제를 바탕으로 꾸준히 실행되어 드러나야 한다.

기업가의 동기를 잘 닦고, 그것을 집안과 가족에 해당하는 회사에 알리고, 그것으로 소비자와 시민들이 진심을 받아들이게 해야 한다. 꾸준히 해 나가면 사회가 존중하고 인정할 것이다. 그때부터, 기업가와 기업이 떠들지 않더라도, 그 회사의 가치와 전망을 세상 사람들이 마음을 다해 말해 줄 것이다. 그러니 개인의 동기를 찾고 회사의 전망을 정하는 해업이 모든 것의 출발이다.

구성원이 회사의 전망을 제대로 알아야 한다

해업 과정에서 기업가들은 기업의 존재 이유를 찾고, 좋은 기업의 본질을 질문하게 된다. 그런데 기업가가 업의 개념을 정했다고 해도, 또 전망과 사명, 그리고 기업 가치를 다시 정리했다고 해도, 이것이 반드시 직원들에게 내면화되어야 한다. 그래야만 그들의 기업 참여 동기가 새롭게 형성된다. 그리고 이러한 업의 정의를 외재화해야 한다. 고객에게 우리가 어떤 마음을 줄지, 협력단체에게 어떤 사람들과 함께할지, 사회에는 어떤 것을 나눌지 알릴 수 있어야 한다.

훌륭한 동기를 가진 구성원들이 있어야 기업은 튼튼해진다. 그런 동기가 애사심과 연결될 때 기업은 장기적인 안목으로 미래를 바라볼 수 있다. 이와 더불어 기업의 전망이 분명할 때 구성원은 남는다. 참여 동기와 주인의식은 더욱 분명해진다. 한 사람 한 사람 기업가 정신을 갖게 되는 것이다.

기업가뿐 아니라 기업의 구성원들에게도 모비랩의 해업 과정이 필요하다. 기업문화를 증진하고 조직 활성화를 돕기 위해서는 개인의 동기를 묻고 그것을 동료들과 나누게 해야 한다. 자신이 생각하는 회사의 전망을 이야기 나누어 봐야, 비로소 회사에서 제시하는 비전과 미션이 분명히 보이는 법이다. 그렇게 해야 회사를 분명히 알고 회사에 대한 자부심, 결속력이 제대로 생기는 것이다.

회사에 다니는 개인들에게도 이것은 필요하다. 자신이 조직 안에서 어느 위치에 있는지, 자신이 이 회사에 맞는지 알아보기 위해서다. 개인의 비전을 따로 세우고 일인 기업을 만들거나 창업을 해야 하는 것은 아닌지, 생각해 보기 위해서다. 창업보육 과정을 진행하는 현업 기업가들이 인재개발(HR) 분야의 전문가들과 손잡고, 모자이크 비저닝 맵이라는 이름의 프로그램을 만들어 내고 있다. 기업가가 아니라 개인들을 위한 자기성장 프로그램을 만들어 내는 것은 바로 이런 이유다.

스타트업과 벤처기업의 인재들

스타트업에 다니는 인재들은 낮은 연봉과 불안한 미래를 감수해 가면서 기꺼이 회사에 더 많은 시간을 봉사하고 충성을 기울이는 경향이 있다. 대신에 그들은 더 빠른 성장을 기대한다. 힘든 일을 해 내는 데에서 성취감을 얻고자 한다.

누구나 할 수 없는 유일무이한 일을 하는 조직에 대한 자부심 등을 보이고, 고생한 만큼 더 성공을 나눌 수 있다고 기대한다. 일반적인 대기업의 직원들과는 본질적으로 다른 것을 추구하는 것을 본다.

그곳에서 일하는 일꾼들은 여건이 불안정한 대신 자신이 하고 싶은 일을 하고 자신의 분야에서 빠르게 성장하는 데 큰 의미를 둔다. 내가 만나 본 이들은 하나같이 자신의 일을 당당하게 여긴다. 자신이 가려는 길에 대한 주장도 강한 편이다. 나는 그들이 안주하지 않는 길을 택해 도전하는 것만으로도 칭찬받아 마땅한 인생이라고 생각한다.

동기부여와 동기강화, 그리고 재동기화

해업 과정에서는 자신이 지금의 사업을 하게 된 계기를 밝히게 한다. 그것은 사건이나 우연을 통해 일어나기도 하고 자신의 행동을 통해 유발되기도 한다. 결심하고 의지를 표명해 계기가 만들어진 경우도 있지만, 내·외부에서 벌어진 사연들이 있다. 한편으로 동기는 내가 결심을 하게 된 경우다. 자극을 받고 마음이 움직이고 결심을 해 나가기 시작한 중요한 역사적 순간 같은 것이다.

해업 과정에서는 이런 동기를 다시 부여하고 잊었던 동기를 회상하며 강화하기도 한다. 깊이 고민해 보지 않았던 동기를 심화시키거나, 확장된 새로운 동기를 갖거나, 지금의 관점에 따라 다시 동기를 찾아내기도 한다. 어떻든 해업은 자신이 사업을 하게 된 연유를 발견하고, 그 마음을 지키려는 노력을 하게 만든다. 이는 기업가뿐 아니라 조직원, 그리고 일반인 개인에게도 마찬가지다.

시장에서 생존이 불안한 작은 벤처기업을 비롯해 갖춘 것이 부족한 기업일지라도 함께 일하는 공동체를 만들면서 구성원들의 사기를 진작하고 개인의 성장 동기를 키워줄 수 있다면, 그 기업은 위기에 덜 흔들리는 힘을 갖게 된다. 그들에게 제대로 된 기업가 정신을 불러일으켜 줄 수 있다면, 그 기업은 크게 성장할 수 있는 잠재력을 갖게 된다. 그만큼 생존력도 높아질 것이고 오래도록 살아남는 기업이 된다.

개인의 성장 동기를 비롯해 조직에 참여하려는 건강한 동기 등 구성원의 동기는 그래서 중요하다. 기업가 정신을 갖고 조직에서 리더로서 책임을 지려는 동기는 기업가뿐 아니라 구성원에게도 필요할 수밖에 없다. 어떻게 구성원 모두가 좋은 동기를 갖도록 도울 수 있을까. 방법은 모비랩에 있다. 구성원들 간에 개인의 동기를 공유하면서 서로 자극받도록 해야 한다. 자신이 생각하는 회사의 비전과 미션을 공유함으로써 그렇게 할 수 있다.

주변에서 스타트업을 다니다가 그만두는 사람들을 종종 본다. 그만둔 이유를 물어보면 '이 회사에는 비전이 없다'고 말하곤 한다. 회사가 잘 안 될 것 같다는 말이거나 나에게 맞지 않아 내 전망이 안 보인다는 뜻도 있다. 하지만 회사가 분명한 비전을 세우고 미션이 확실해 자부심을 갖고 다닐 만하지 못하다는 의미로 그런 말을 한 경우도 있다.

회사를 그만두는 그들의 말이 핑계에 불과할까. 이들을 실망시킨 회사들은 실제 비전이 불명확하거나 비전을 드러내어 제시하는 노력이 충분하지 않은 경우가 많다. 구성원들이 하루하루 추구하는 노동의 가치와 연결되지 않은, 말뿐인 허울 좋은 비전을 달고 있는 회사들도 있을 것이다. 회사의 비전이 구성원들에게 올바로 전달되지 못한 경우가 있겠다. 확실히 좋은 기업, 진정한 기업가라면 비전을 분명하게 그리고 난 후, 구성원들이 하루하루 행하는 미션에 연결될 수 있도록 해야 한다.

기업가가 구성원들을 위해 해야 할 일들

기업가는 구성원들이 의욕을 가질 수 있도록 노력해야 한다. 의욕이란 의지와 욕구다. 조직에 참여하는 의지와 성장하려는 욕구 두 가지를 뜻한다. 자신의 성장동기를 살려 주고, 회사의 전망도 분명히 알아 자신의 미래와 연결해 생각할 수 있도록 도와야 한다.

기업가는 3년 후, 5년 후 그리고 10년 후에 구성원들 자신의 모습을 상상할 수 있도록 해 주어야 한다. 승진의 기회라든지 보수의 증가뿐 아니라 구성원으로서 맡은 책임과 권한으로 그가 가지게 될 자부심, 풍부한 경험으로 얻게 될 전문성 등은 회사 구성원들에게 심리적 안정감을 줄 수 있다.

알다시피 이런 시도들은 이미 기업들에서 선진적으로 시도되고 있다. 열린 의견 청취로 회사가 얼마든지 발전적인 쪽으로 바뀔 수 있다는 점을 구성원들에게 인식시켜 주는 경우도 있다. 자신이 하는 일이 스스로에게 어떤 변화를 줄 것인지, 지금 하는 일로부터 무엇을 배울 수 있는지, 어떤 진로로 성장할 수 있는지를 알도록 개인들의 발전을 도와주는 경우도 많다.

이 모든 것들이 바로 동기와 회사의 전망에 관련된 것이다. 회사 구성원들의 동기를 자극해서 그들의 마음을 붙들어 놓고 그들의 일을 지원할 수 있다면 그것만큼 좋은 것도 없다. 그들은 회사에 충성할 것이고 함께 만들어 가고자 노력할 것이라고 전제한다. 모비래퍼들이 만들고자 하는 것도 이런 것이다.

IV

·

「모자이크」의 존재 이유 - 협업

사람들이 '함께' 하기 쉽지 않으나

많은 기업들이 무모한 일을 저지르곤 한다. 실패할 확률이 높은 일을 한다. 왜 안전하지 않은 일을 저지를까. 망하면 비용을 지불하겠지만, 잘될 조짐이 보이면 투자로 전환하기 때문이다. 이런 일을 할 때, 신중하게 돌다리를 두드려 확인한 후 움직이는 것이 아니라 움직인 다음에 설득하고 공감을 획득하는 것들이 많다.

정서적 설득과 동감

광고 훈련에서는 설득 커뮤니케이션을 배운다. 광고 전략의 근간이기 때문이다. 설득은 정보적인 것과 정서적인 것, 다시 말하면 논리적인 소구와 감성적인 호소가 있다. 액션을 하고 그 스토리를 가지고 동의를 구하고 공감을 획득하는 것이 중요해지고 있다. 실패할 가능성이 커도 무모한 계획이 설득력을 얻곤 한다. 실패를 해도 사후 공감을 획득할 수 있다.

린 프로세스(Lean Process)는 현장에서 제조하고 판매한 후 바로 수정할 문제를 찾아 반영해서 개선하는 해결 절차의 풍토를 만들었다. 만들고 파는 현장에서 공동으로 학습하고 더 나은 지식을 조직적으로 확보해 나가는 액션 러닝(Action Learning)의 시대에 특히 적합한 것이다. 빠른 속도로 스타트업 한 후 고칠 것을 찾아내는 것은 실패를 하거나 결함이 있더라도 오점이 되기보다 공감을 획득할 가능성이 높다. 무모해 보이고 위험이 큰 벤처 행동을 벌이고, 과시를 통해 설득하는 것은 돈 낭비로 보이는 고정관념을 깰 때 특히 효력이 있다.

사내 벤처나 컴퍼니 인 컴퍼니를 만드는 일은 사실 기업의 상식으로 말도 안 되는 일이었다. 200년 전에는 기업의 광고비를 지금처럼 어마어마하게 쓰는 것이 무모했고 100년 전에는 기업이 사회공헌에 투자하는 것이 바보짓이었듯 말이다. 50년 전에는 조직문화를 다듬고 지식경영의 체계를 세우는 데 투자하는 것이 불필요한 잉여처럼 여겨졌고, 25년 전에는 IT 커뮤니케이션에 투자하는 것이 난센스였듯 말이다.

하지만 사내 벤처와 컴퍼니 인 컴퍼니가 실패 가능성이 아무리 높아도 하나가 제대로 되기 시작하면 그때부터 구체적인 투자 가치가 커진다. 때로는 수익이나 이윤 창출 차원에서 성공이 아니라, 기업이 성장하는 스토리도 공감을 얻을 가능성이 크다. 정서적으로 말이다. 큰돈을 벌지 않더라도 기업이 목표로 하는 특정한 성취만 해 내도, 기업이 성숙한 퍼포먼스를 펼치고 의미를 부여하면 소비자와 팬들의 공명을 확보하는 일이 많다.

딱 봐도 무모한 실험이거나, 실패하곤 하는 일을 왜 하는가. 인력의 낭비 같고 시간의 허비 같지만 동의를 얻고 공감을 획득하는 효험이 생긴다. 사람들이 받아들인다는 것은 몇 가지 차원이 있다. 이해하는 경우와 납득하는 경우, 동의하는 경우와 공감하는 경우다. 머리로 받아들여진 것과 마음으로 받아들여진 것은 다르다.

'아, 그랬었구나'라고 이해하여 조응해 줄 수 있으나 납득하지 못하는 경우는 많다. 이해도 되었고 설득도 되었으나 함께 행동할 정도로 동의하지 않는 경우도 있다. 납득도 하고 동의도 하였을 뿐더러 동감까지 표하는 것은 또 다른 것이다. 가슴 깊이 공감하는 것은 쉬운 일이 아니기 때문이다. 설득을 하고 동의를 얻고 동감까지 확보하는 것은 사람들이 응원하듯이 기업이 투자할 가능성이 커진다.

협동은 힘들다, 하지만

기업들이 협동하는 이야기도 똑같다. 협동을 하는 데 들이는 정신적인 피로가 크고 지출하는 시간도 만만찮다. 감정노동도 있을 것이다. 일 중심의 사고를 가진 사람들의 눈에는 일할 시간에 대화를 하는 것으로 보일 수도 있다. 나도 그렇게 느낀다. 경우에 따라 생산성을 떨어뜨리고 유통을 오히려 어렵게 만들지 않나 싶을 때도 있다. 협동은 피곤한 바보 짓거리다.

하지만 관점을 바꾸어 보면, 공장에 가서 일하는 것은 피할 수 없이 많은 파트너들이 필요하다. 시장에 내다 팔아야 하는 것 역시 콜라보를 통해 비용을 줄이는 일이 태반이다. 이미 우리는 하청과 도급, 대행과 위탁을 통해 많은 일을 협상하고 계약하여 진행하고 있다. 그것을 협동과 협업이라는 시각에서 바라보지 못했을 뿐이다.

마치 조직에 문화가 있고 이것이 무척 생산적이라고 보는 안경을 쓰기 전까지는, 또 경영이 지식을 창조하는 과정이고 지식이 기업을 먹여 살릴 것이라고 보는 안경을 쓰기 전에는 그 체계가 당연한 현상으로 안 보이듯 말이다. 어떤 면에서 이것은 기업 안에 농장을 두는 행위와 같다고 생각한다. 파종해서 농작물 수확까지를 기다리는 투자 말이다. 회사는 기르고 투자하는 곳이 아니라 당장 사업을 하는 곳이라고들 했다. 하지만 농장을 두는 바보짓을 하지 않는다면 미래 먹거리도 사라진다. 이런 것이 없다면, 미래를 못 보는 서비스, 영혼이 없는 비즈니스를 만들게 된다.

협동과 협업이 기업의 경영비용을 지출하는 일로만 보일지라도, 다른 창의적인 기업가에게는 비용을 절감하는 일이 될 수 있다. 또 다른 혁신적인 기업가에게는 비용이 아니라 투자로 보일 수 있다. 나는 협업 대화를 나누는 것이 중요하다고 생각했다.

모비랩은 기업가들이 원탁에 앉아 교류와 협력을 진행하는 이미지를 갖고 있다. 모자이크 방식으로 협업과 분업을 구체적으로 따져 보는 독특한 면이 있다. 협상을 통해 계약으로 이어질 구체적인 상생을 위한 협동, 공생을 위한 협업을 진행하는 것이 멋지다고 나는 생각했었다.

시간이 걸리지만 탄탄하게

농장을 경영하여 잘 길러진 원재료를 가지고 공산품을 만들려는 노력과 그냥 공산품을 만들려고 하는 노력은 다르다. 그저 제품을 만드는 것과 상품을 만들기 위해 돈을 더 들이는 결과는 다르다. 마찬가지로 연구개발비, 특히 혁신을 위한 기술개발 투자비라고 부르는 것은 예전에는 설득조차 되지 않았다.

시장에 내어 놓고 소비자 반응을 본 후 공장에서 제품을 상품답게 만들어 내는 것과, 시장 반응 없이 공장에서 제품을 만드는 것은 결과가 다르다. 마케팅 비용, 브랜딩이라는 새로운 용어에 지출하는 비용, 그리고 디자인과 서비스를 개량하기 위한 비용을 투자라고 말하는 것은 50년 전에야 조금씩 받아들여졌다.

그런 것을 받아들여 성과를 내기 시작한 기업들은 무모한 바보로 여겨졌다가 선진적인 곳들이 되었다. 협동과 협업도 마찬가지다. 직원들끼리 원탁을 만들듯, 기업 간에도 대화를 통하여 신념을 공유하는 밴드를 만들고, 신뢰를 쌓는 본드를 제대로 짜는 것이 좋지 않을까. 투자가 되고 수입을 증가시키지 말란 법이 없다.

생각해 보라. 다른 회사들과의 협동은 형태를 바꾸어 이미 여러 이름으로 진행되어 왔다. 전략적 제휴(Strategic Alliance), 컨소시엄(Consortium), 아웃소싱(Outsourcing), 인 하우스(In-house) 방식의 동업들을 한다. 이런 것들을 지금 비용 낭비라고 생각이 드는가. 아닐 것이다. 전폭적인 협동(Cooperation)과 협업(Collaboration)은 새로운 영업의 형식으로 경영 전략 차원에서 수용될 법하다. 사회적 경제 조직에서 원시적으로 해 내는 사례들, 세계의 사회 혁신가들과 사회적 기업가들이 선도적으로 보여 주는 시도들을 이제 시장경제에서도 검토할 단계가 되었으며, 특히 힘이 약해 서로 의지해야 하는 4차산업혁명 시대의 크리에이터와 초소형 기업, 3차산업혁명의 총아인 메이커와 DIY 일인 기업들 사이에서는 아주 유용한 관점을 제공한다.

1980년대 다운사이징(Downsizing)으로 글로벌 기업과 대기업의 몸을 줄인 다음에는 전략 제휴와 아웃소싱이 주를 이루었다. 협약에 의한 파트너십 방식은 벌써 30년 이상 서구에서 강조된 역사를 가지고 있다. 국내에서는 특히 '갑을 관계'로 불공정거래나 갑질이 만연하고, '을'을 길러 주면서 상생과 공생을 이루는 풍토가 결핍되었다. 지금까지 시장경제 자체를 훼손하고 과잉 경쟁과 독과점을 부추기며 회의를 낳았다. 그래서 파트너십이나 콜라보, 건강한 스폰서십의 사례들이 발전하지 못하였다.

콜라보하는 과정은 파트더십, 동반자 관계, 공정 협업, 상호 스폰서십 이런 뉘앙스가 강하다. 기업 간 공동작업은 시간이 걸리고 감정노동도 해야 하는 것 같지만 그 과정을 전략동맹, 아웃소싱에서 당연하다고 생각해야 한다. 협상과 계약에 의해 지분동맹(Equity Alliance), 비지분제휴(Non-equity) 등이 일어나는 것처럼, 정식의 계약과 협상에 의한 것이 아니더라도, 기업간의 콜라보는 비용 낭비나 감정노동이 아니라 시간과 돈을 지불해야 할 투자로 보는 것이 맞다.

조인트벤처(Joint Venture)처럼 동맹회사를 하나 만들 정도의 공력을 기울이는 것을 이제는 당연히 여긴다. 이제 내가 만드는 회사 외에 다양한 형태로 회사들이 설립될 수 있고, 회사간 공동작업을 통해 수입원을 입체적으로 확보하는 유연한 방식, 회사 간 회사, 회사 내 회사, 임시가상 회사, 조합적 프로젝트 등은 자주 일어나는 일이 되었다. 그러니 콜라보와 파트너십이 없으면 회사가 안 돌아간다고 생각한다. 기업 간의 대화는, 혼자서 강소기업이 될 수 없는 업체들, 특히 작고 힘이 약한 업체들끼리 반드시 해야 한다.

쉐어(Share) - 자원과 기회를 '공유'하라

모비랩 대화의 특징은 자원과 기회를 찾고, 모으고, 나누는 데 집중되어 있다. 이런 대화의 장점은 기업가들이 경영에 필요한 자원을 찾아내고, 자신의 회사만으로 안 되는 기회를 조금 더 적극적으로 보게 만든다는 데 있다. 이것의 결정체가 바로, 공유, 협동, 융합의 세 코스로 이루어져 있는 협업 세션이다.

협업 과정 가운데서 가장 먼저 이루어져야 할 것이 바로 공유 코스다. 무엇을 공유할 것인가. 모비랩에서는 자신의 정보, 자산, 기회라고 한다. 경험, 기술, 역량이 포함된다. 모비랩은 서로 장점을 나누어 주고 얻는 대화다. 개인의 지식이라든지, 회사의 자산들이 다 포함된다. 돌아가면서 개인의 강점과 개인이 가지고 있는 기회를 이야기하고, 회사의 강점과 가지고 있는 자원들도 이야기한다.

모비랩 안에서의 공유

테이블에서는 간단한 메모를 할 시간이 먼저 주어진다. 짧게라도 생각해 노트에 적어보면, 생각을 정갈하게 다듬어 더욱 정리된 발표를 할 수 있다. 짧은 시간에 집중하여 자신의 생각을 정리하고 다른 사람들에게 잘 전달될 수 있도록 준비시킨다. 그러면 불필요한 이야기를 하지 않고, 발언 시간을 효과적으로 쓰게 된다.

모비랩 과정 안에서 제공되는 페이퍼에는 커다란 원이 그려져 있다. 원탁을 백지 위에 올려놓은 셈이다. 참여자들은 다른 사람으로부터 받은 명함이나 명찰을 보면서, 그 원에 동료들의 이름을 기록하고 각자가 발표한 강점과 자원을 원탁 안에 적어 올리게 된다.

그런 기록 방법을 쓰면 최대한 많은 사람들의 사연을 기억하도록 노력하게 된다. 자기가 가진 것을 단순히 공유하는 것에 그쳐서는 안 된다. 그 원탁 안에 자신이 적어 놓은 자원과 기회들의 총량을 보게 되고, 공유된 총량 안에서 자신이 각각의 동료로부터 도움받을 수 있는 것이 무엇인지뿐 아니라 다른 동료들에게 무엇을 줄 수 있는지를 생각하게 된다. 아주 작은 것이라도 내가 다른 사람에게 필요한 도움을 줄 수 있는 것이 무엇인지도 짐작해 본다.

다른 동료가 발표하는 동안 내 회사나 내가 하고 있는 사업 내에서 꼭 필요한 도움을 얻을 수 있는 것이 무엇인지, 내가 도울 수 있는 것은 또 무엇인지 기억하여 함께 매칭할 가능성을 타진하게 된다. 그런 방법으로 자신의 것을 먼저 주고 다른 사람들로부터 도움도 받는 기브 앤 테이크가 본격적으로 머릿속에서 그려진다. 공유 다음의 협동 코스에서 할 일을 마음속으로 미리 준비하는 셈이다.

공유가 제대로 되지 않는 이유

기업들 간에 공유가 제대로 되지 않는 이유는, 기업의 핵심적인 무기와 기밀을 외부로 노출시킬 것이라는 오해 때문이다. 서로를 죽이는 경쟁의 시장만 염두에 두고 살았다면 그런 생각이 자연스럽다. 결국 기업 간 관계를 어찌 바라보는가, 시장의 경쟁 과정을 어떻게 생각하는가 하는 점이 그 기업가의 행동을 좌우하게 된다.

아이디어를 내면 지적 자산을 빼앗기거나, 남이 복제할 것을 두려워한다. 자신도 모르게 기업들의 디자인 도용, 불법복제와 같은 나쁜 행위로 시장이 점차 망쳐 가는 것을 용인하는 셈이다. 공유 대화는 저작권이 훼손될 수 있는 정보들을 공유하는 것이 아니다. 기업이 자체적으로 가지고 있는 고유한 능력이나 강점 그리고 함께 나눌 수 있는 자원을 교환하기 위한 정보 교류다.

상대방이 쓸 수 있는 나의 자원과 기회를 미리 사려하여 제시하면, 상호 간에 시장 가치가 높은 비즈니스를 창출할 수 있을 것이라 기대하는 것이다. 제대로만 공유하면 기업 간의 협업이 보다 원활하게 이루어질 수 있고, 사회적으로 가치 있는 서비스가 만들어질 것이라고 전제하는 것이다.

공유가 제대로 이루어지지 않는 또 다른 이유는, 공유를 무익한 것으로 취급하기 때문이다. 당장 먹고살기도 힘든데 누군가와 무언가를 함께 나눈다는 것이 합리적일까 하는 회의가 기업들 사이에 팽배하다. 어떤 이는 공유가 무해한 것이라는 점은 알지만, 수익에 직접적인 도움도 되지 않는다고 생각한다. 공유가 무익한 것은 아니지만 무용하다고 보기 때문에, 가치 있는 기업 행동으로 생각할 수 없을 것이고 공유를 우선순위에 두고 시도하지 않게 된다.

공유가 만드는 긍정적인 결과

공유는 여러 가지 의미에서 긍정적인 결과를 산출한다. 2000년대 중
후반에 등장한 공유경제만 놓고 보자. 처음에는 불가능해 보이는 이상
으로 시작했지만, 지금은 수천 억 달러 이상의 가치를 지닌 글로벌 비
즈니스로 성장했다. 공유경제 비즈니스는 한곳으로 자산들을 모으고
참여자들이 적합한 것을 선택하도록 하는, 기존의 플랫폼 서비스에서
머물지 않는다. 그 안에서 참여자들이 알아서 직접 교환하는(Sharing)
모형을 구사한다. 일반적인 플랫폼 서비스와 달리 한곳으로 모인 정보
자원이나 공공영역에 내어놓은 자산(Commons)을 참여자들이 P2P로 직
거래하고 스스로 공유하도록 만드는 운영 방식이 중요해진다.

차량 공유 서비스인 우버는, 소비자와 소비자가 1:1로 거래하여 현재
자신이 있는 곳과 거리상 가까운 곳에 있는 여유석을 가진 차량에 탑
승하도록 이어 준다. 화석연료 차량의 대기오염도 줄이고 기름값을 줄
이는 비용 절감 효과만 있는 것이 아니라, 자신의 차량에 동승자를 태
우는 개인들은 경제적 보상을 기대할 수 있다.

개인의 차량을 공유재로 사용하는 우버와 달리, 소카는 회사가 마련
해 비치한 공유재 차량 중 소비자와 가까운 곳에 있는 것을 사용하도
록 한다. 회사가 보유하는 전국 공급망 안에서 지역에 따라 편리하게
찾아 쓸 수 있도록 하는 점에서 사실 플랫폼 서비스에 가깝다. 소카는
소비자 개인들 간에 유휴차량을 빌려주는 공유경제 개념은 아니지만,
개인이 자가용 차량을 소유하지 않고 빌려서 쓰는 차원에서는 공유 비
즈니스다.

자신이 운전하는 차량, 즉 자가용을 소유하지 않고 대중교통처럼 대

여하여 이용하는 것이다. 이는 자동차 판매 시장에 장기 리스 상품이 경쟁하러 들어오고, 자동차 리스 시장에 장기 렌트카 서비스가 들어와 경쟁하는 것처럼, 단기 렌트카 시장에 차량 공유 서비스가 조금 더 접근하기 쉬운 대여 비즈니스를 하는 셈이다. 소비자, 이용자들이 자원과 기회를 공유한다는 개념을 가지면 많은 효용이 발생한다.

엄밀한 공유경제는 소카가 아니라 우버다. 플랫폼에서 공유차량을 이용하는 서비스를 제시하는 회사가 아니라, 참여하는 소비자들끼리 플랫폼에서 사유 차량 이용을 직거래해서 개인 간 상호 이득이 일어나도록 하는 회사가 본령의 공유경제. 플랫폼을 연 회사가 가질 이득이 참여하는 소비자들에게 초기에 더 많이 돌아가도록 만드는 것이기 때문이다. 참여하는 사람은 사서 갖지 않고 서로 간에 빌려 쓰면서 이득을 누린다. 절약이 일어나고, 정보가 쌓인다. 무엇보다 돈을 벌거나 일이 생긴다. 회사는 그 장만 제공하고 돈을 번다.

소비자들뿐 아니다. 현장의 기업들 간에도 마찬가지다. 실제 많은 회사들이 사업의 이득을 위해 일상적으로 정보 이상의 것을 공유하려고 시도한다. 사실 재원 사용의 효율성 제고, 수익 증대 등을 위해서 자신들이 가진 유형 혹은 무형의 자산들을 거래하며 실질적으로 서로 도울 수 있을 것이다. 물물교환 시장처럼 더 적극적으로 기업 간 자산 공유를 한다면 어떨까. 기업이 조합원이 되는 협동조합 같은 방식으로 공유재를 운용하면 어떨까. 그렇게 해서 비용을 줄이면서 기업 간 교환을 통해 생존율을 높일 수 있다.

만약 쓰고 있지 않은 토지와 건물 등 부동산이나, 고가의 장비 등을 어떤 식으로든 공유한다면, 여러 방식으로 참여한 기업들을 살리는 플러스 요소가 될 것이다. 모비랩 프로그램에서는 지식, 역량, 기술, 사업

기회 등 단순한 정보 이상의 것들을 공유하도록 만든다. 원탁 안에서 충분히 공유되지 않더라도, 원탁 대화를 바탕으로 나중에 기업들이 기회은행을 만들어 내고 공동의 자원창고를 설립하는 식으로 생존과 활로 모색의 기회요인을 만들 수 있다.

모비랩이 보는 공유

공유 대화를 시도하면, 잠재 고객을 타깃팅하여 공동 마케팅을 하거나, 영업의 확대 가능성을 떠올리거나 고객 관리 채널을 넓힐 기회를 찾는 등 시야가 확대될 것이다. 힘을 모으면 기업들 사이에서 무형의 공동 플랫폼이 생긴다는 인식을 하게 될 것이다. 기회와 자원의 공유는 브랜드 가치에 있어서도 공동으로 세를 불리는 효과가 크다. 그들이 '의식이 있는 기업'으로 보이게 할 수도 있다. 기존의 방식을 넘어선 새로운 프로세스를 감행함으로써 성장하는 노력이 고객들에게 매우 참신한 이미지로 보일 것이다.

모비랩은 서로의 것을 한자리에 내어 놓고 바라보는 공유를 가치 있는 것으로 여긴다. 기업 간의 정보와 자산과 실력을 공유하는 것은, 멀리 보면 시장을 밝고 따뜻하게 만들 것이다. 그뿐만 아니라 기업의 성장 성장속도를 배가시킬 수 있다. 원탁에서 공유라는 방법을 제시하면 기업들은 자신의 잠재력을 크게 넓혀 보는 성찰을 할 수 있게 된다.

개념을 정의하고 원탁에서 느끼도록 한다

모비랩은 이처럼 공유와 협동이 쉽지 않음에도 일정한 효과를 볼 수 있다는 사실을 참여자들이 직관하게 만든다. 공유 코스를 통해서 공유가 필요한 것이며 유용하다는 것을 이해하게 된다.

한편으로 상생과 공생처럼, 들으면 좋은 말이지만 기업들이 어찌 행동해야 할지 모르는 말들이 있다. 협동과 협업처럼 그 차이를 분간하지 못하거나, 협업과 분업처럼 개념을 나누어 써야 회사의 경영에 도움이 되는데도 혼돈스럽게 쓰는 것들이 있다. 따라서 바로 행동을 하고 기업 조직에 적용할 수 있도록 정의를 해야 한다.

모비랩에서 공유, 협동, 융합처럼 좋은 가치를 지닌 핵심어를 원탁의 참여자들이 내면화하기 위해서는 개념과 정의가 필요하다. 그리고 직관적인 이해가 되도록 원탁 대화에서 전달해야 한다. 모비래퍼를 중심으로 쉬운 말로, 감각적으로 개념과 규칙을 이해시켜야 한다. 전체적으로 보자.

첫 코스인 공유는 하나로 모으는 것이다. 동시에 서로 나누는 것이다. 투자를 공유하면 수익도 공유할 수 있다. 자원과 기회를 내어놓으면, 이득도 나눌 수 있다.

둘째 코스인 협동은 상호혜택을 뜻한다. 상대방을 자유롭게 정해 호혜성의 거래를 하는 것이다. 도움을 교환하여 서로의 수혜를 공개적으로 확인해야 한다. 이때 각자의 이득을 확인하는 동시에 상대방의 혜택도 분명히 밝혀 보아야 한다. 자원과 기회로 볼 때 기브 앤 테이크의 순서로, 먼저 다른 이에게 선물을 주고, 다음으로 다른 이의 도움을 받아 내 결핍을 해소한다. 그 결과로 상생이 일어난다고 말한다.

셋째 코스인 융합은 상호 간 협동과 달리 공동의 과제를 정하여 협업하는 것이다. 공동작업을 통해 모두의 혜택을 파악하는 동시에 각자의 편익도 가능하도록 점검해야 한다. 모든 기회와 자원을 전체를 위해 쓰는 것이다. 그 결과로 공생이 일어나도록 한다.

이처럼 기업가들이 현업에 적용할 수 있도록 모비랩에서는 먼저 개념을 확인한다. 그리고 코스를 돌 때마다 원탁 대화를 통해 개념을 체감시킨 후, 이해하도록 만든다.

상생과 공생의 이해

경기도주식회사는 경기도에 있는 공장과 회사들 사이에 도움을 주고받을 수 있는 경기도의 공공 시스템이다. 경기도의 공장들은 원자재를 저렴한 가격으로 구매할 수 있는 지역 정보를 얻지 못하거나 힘을 합쳐 유리한 판매처를 만나는 기회를 얻지 못하는 불편함을 겪었다. 그래서 경기도청은 경기도주식회사를 만들어 영업과 판매촉진, 자재구매와 기술협력, 홍보와 유통보급을 한자리에서 쉽게 할 수 있는 원스톱 서비스를 하게 된다.

경기도의 2차산업 공장과 2차산업 회사들 간에 서로 필요한 것을 거래할 수 있는 P2P의 매칭을 늘이고자 했다. 이 플랫폼 안에서는 업체 간의 상생이 이루어진다. 협동의 기회를 늘이는 공유경제 플랫폼이라고 할 수 있다.

한편으로 강릉커피축제는 커피를 판매하는 모든 카페가 모여 그 지역을 명소화함으로써 공생을 추구하는 사례다. 커피하우스와 카페들 서로 간의 협동이 아니라, 지역문화를 만들려는 취지에 따라 모두 참여하여 전체가 함께 생존하기 위한 협업에 도전했다. 강릉커피축제라는 브랜드를 만들어 내는 것은 단지 특성화된 지역 문화를 만들려는 것이 아니다. 지역 상권을 활성화하려는 목표를 두고 벌어진 일이다.

원래 강릉은 계 문화가 발달하였고, 세계문화유산인 강릉단오제 역시 전통적인 계를 활용하기에 참여는 더 활기를 띤다. 신에게 바치는 제를 열 때 필요한 술을 빚을 쌀을 모아 떡을 만들어 나누는 계를 하는 등 정성을 기울이고 결속력이 높아진다. 음식을 공짜로 나누는 것 외에도, 그때 장이 서면 용돈, 가불, 외상, 할인 등 선물을 나누는 행동들이 관행처럼 벌어진다. 강릉은 차 문화도 발달한 곳인데, 커피점들은 일종의 계를 들어 힘을 합치고, 비용을 갹출하거나 물건을 추렴하면서 강릉커피축제를 만들어 왔다.

코워크(Cowork) - '협동'하면 살아남는다

협동은 막연히 같이 일하거나, 서로 돕는 게 아니다. 할 것을 나누는 것도 아니다. 협동의 핵심은 '기브 앤 테이크'다. 협동에 들어선 사람은 상대방에게 먼저 주고, 나중에 받는다. 요점은 도움의 교환이다.

협동의 첫 발은 주는 것, 그다음이 받는 것이다. 선물과 결핍을 교환한다. 먼저 주는 것이 영업이다. 그다음에 받는 것이 제대로 된 사업이다. 개념적으로 볼 때 상호작업과 공동작업은 다르다. 몇 사람이 하든 상호작업은 서로를 위한 일이고, 공동작업은 참여한 모두를 위한 일이다. 이 둘을 구분하는 것이 협동과 협업을 정확히 구분하는 것이 된다.

비용이 드는 데 협동하는 것이 큰 힘?

공유 코스, 협동 코스, 융합 코스 순서로 진행하는 것이 모비랩 협업 세션이다. 협동이란 원탁에 둘러선 동료들 상호 간에 하는 일을 돕는 것이다. 그런 다음 원탁의 모든 동료들이 모두를 위해 같이 할 일을 정하고 그 일을 나누는 것이 협업의 개념이다. 모비랩의 협업 세션에서는 앞의 것을 협동 코스라 하고, 뒤의 것을 융합 코스라고 부른다. 공유 코스에서 참여자들 전체의 자원과 기회를 파악한 후 진행되는 협동 코스는 서로 도움을 주고받는 당사자들 간의 상생을 도모하고, 융합 코스는 모두가 협업하여 전체의 공생을 모색하는 사업을 시도하게 된다.

동업을 하면 피곤한 일만 많다. 감정노동을 하게 된다. 사실상, 사람을 정해 챙겨야 하고 시간과 비용이 많이 들기도 한다. 그러니, 함께 한다고 해도 뾰족하게 얻는 게 없다고 느낀다.

협동을 비롯한 협업이 정말 경영비용의 낭비를 막고 시장 확대를 하는 효용이 있는가 반문할 수 있다. 협동에 비용이 들지만, 협업을 투자로 보면 더 큰 기회의 확장이 일어난다고 모비랩은 강조한다. '협동이 큰 힘'이냐고 묻는다면 관점의 전환부터 해야 가능하다고 말할 수 있다. 조금 덜 갖더라도 나눠 가질 수 있다면? 전과 똑같이 번다고 해도 나눠 가질 수 있다면? 시간과 노력을 들여 협동할 만하다. 각자도생보다 더 오래 견딜 수 있다면? 서로 조금씩 더 벌 수 있다면? 그러면 협업을 하는 것이 비즈니스의 이득이다.

협동이나 협업을 통해 서로가 잘될 확률이 반반이라고 볼 때, 밑져야 본전이라는 생각으로 감행한다. 혼자 한 개 갖는데 함께 해서 각자 두 개 가질 수 있다면 당연히 협업을 하겠지만, 함께 해서 한 개씩만 갖는다 하더라도 협업을 하는 것이 나을 때가 많다. 정서적 공감 등 여러 편익이 발생하기 때문이다.

멀리 보고 조금씩만 갖자고 협의하며 움직일 수도 있고, 당장은 두 개 가질 것이 한 개로 나눠지지만 몇 개월 후를 보면 두 개 반을 갖게 된다고 보아 합의가 일어날 수 있다. 혼자 두 개 가질 수 있는 것이 올해 하나로 줄어들기는 하지만 내년에 두 개 갖는 것을 기대할 수 있다면, 한자리에 모이는 합심을 하게 된다. 기업가도 그렇지만 유능한 정치가들은 때때로 이런 협상을 즐긴다.

스티븐 코비는 효과적으로 일해 성취를 보는 리더들의 7가지 특징에 대해 이야기하면서 함께 한 거래로 인해 한쪽이 아니라 양쪽이 모두 혜택을 보도록 주도해 나가는 호혜성 추구관념, 즉 승승(Win-Win) 사고를 강조했다. 보통 회사를 운영하는 사람들은 깊이 성찰하지 않으면 모든 시장경쟁은 상대방을 죽여야 내가 사는 게임이라는 승패(Win-Lose) 사고에 머물게 된다. 잘되어도 둘 중에 하나만 잘된다는 관념을 갖게 된다. 그러니 공유와 협동의 기회가 제대로 보이는 것이다. 물론 못난 사람들은 남을 죽이고 자신만 살려다가 일을 망쳐 모두 얻는 것이 없게 되는 시장훼손을 자행하곤 한다. 내가 못 할 것, 남도 못 하게 망치자는 패패(Lose-Lose) 사고를 갖는 이들도 많다.

시장에서 흔히 일어나는 승패 사고는 영합(Zero-sum) 게임에 기초를 둔다. 이것은 한쪽이 특정 양을 가지면 나머지 한쪽에 동일한 양이 줄어드는 게임이다. 플러스와 마이너스의 총합이 늘 제로(영)가 되는 시장이 그렇다. 하지만 시장의 많은 부분은 사실 비영합(Non Zero-sum) 게임이 되곤 한다.

한쪽이 많이 가질수록 경쟁하는 다른 쪽도 이득이 소폭 증가하는 상황이 있다. 협업을 하는 당사자들 간에는 힘을 합칠수록 나눠 갖는 것이 늘어나는 것도 마찬가지다. 한쪽이 많이 갖는다고 다른 쪽이 그대로 잃는 배타적 관계를 당사자들 사이에 일부러 없앨 수도 있다. 플러스 마이너스의 총합이 플러스가 되도록, 적극적인 계획을 세우고 협약을 맺어 약속된 행동을 해 나가면 모두 플러스로 나눠 갖는 협업의 성과가 나기도 할 것이다.

협동이 어렵긴 하다

협동은, 잘 안 된다고들 한다. 살아남기 위해 현실적이어야 하는 것은 사업만이 아니다. 세상 모든 일이 그렇다. 하지만 일이 대단히 잘되려면 적정한 현실형이 아니라 이상형을 추구해야 한다. 역시 시장에서 펼치는 사업 역시 그렇다. 모비랩은 이상향을 추구한다.

늙어 버린 당신의 관점을 달리할 필요가 있다. 협동은 잘 안 된다기보다 기업가가 돌파해야 할 과제다. 협동은 당신에게 부족한 것이다. 자신이 자세를 못 갖추어 문제가 되고 있는 기업가들의 '결핍' 사항으로 봐야 한다. 협동이 힘이 든다? 협동은 힘이 된다. 일단 겪어 보면, 또 한 번 작은 성과라도 보면, 효과를 내는 기술을 익히면 말이다.

예컨대 사회적 기업들은 협동을 먹고 살아야 사회적인 문제를 잘 해결할 수 있다. 사회적 기업들이 사회적 문제해결에 약한 이유는 제각각 사회적 가치를 추구해서다. 사회문제를 제대로 해결하는 기업이라면, 그런 곳들 사이에서 함께 할 수 있는 일을 놓고 서로 돕는 협동에 집중했을 것이다. 사회적인 것의 본질은 소통과 협동이다. 즉, 공동체가 되려는 연대 작업에 답이 있다.

그렇다면 '사회적인 것'과 '협업'이 뭣이 다르겠는가. 하나의 목적을 두고 모두 함께 하는 협업을 해야 할 사람이 그 방법을 실천하지 못하고 있으니 결핍이 된 것이다. 모비랩은 이 결핍을 풀어 주기 위해 만들어졌다. 사회적 기업가들 자신은 교류와 협력을 이미 잘 하고 있다고 생각하지만, 우리가 볼 때에는 방법을 더 잘 찾아야 할 것으로 보였다. 그래서 그들 사이의 충분한 대화 시간에 답이 있다고 생각을 했던 것이다.

협업은 쉽지 않지만 좋은 투자

　사실상 협업이 잘 안 된다기보다, 협업을 잘 안 한다. 기업들이 못 하니 안 하고, 안 하니 못 하게 된다. 제대로 할 길을 모른다. 기업가들이 잘 안다고 생각하는 경우 더욱 문제다. 잘 안다고 잘 하는 것도 아니다. 자신이 무엇을 모르는지를 모르는 경우, 모르는 것을 알아야만 아는 대로 해 낼 가능성이 조금이라도 더 생긴다. 그래서 그것을 스스로 알고 서로 깨닫게 도와주어야 한다. 이것이 모비랩의 대화다.

　협업이 좋은 것이지만 행하기 어렵다고 보면 차라리 낫다. 협업을 괜한 소모나 허비라고 보는 시각은 협업을 모르는 것만큼이나 큰 장벽이다. 협업은 지출하는 비용을 넘어서는, 좋은 투자다. 어렵기는 하지만 투자다. 낭비 정도가 아니라 필요한 비용의 지출이고, 잘만 하면 투자가 된다. 그러니 일부로 계획을 세워 투자 차원에서 협업을 하는 것은 경영인다운 것이다. 투자한 것을 회수하지 못하더라도 기업을 위해 지불할 만한 비용이었다. 그러니 매출을 올리기 위해 매입하는 것이라 여기고 돈과 시간, 사람과 정력을 지출할 만하다.

　좋은 투자는 그만큼 어려운 것이다. 쉽게 보이지 않아 찾는 안목이 필요하다. 잘 안 보여 투자라고 하는 것이다. 협업은 투자가능성을 찾는 것이고, 협업의 시간과 노력을 들이는 것 자체가 투자다. 협상과 협약까지 이뤄지는 대화를 체계적으로 해 나가고, 상호 책임질 수 있는 사업을 같이 만드는 것까지 가야 투자가 된다. 단순한 협업이 아니라 모두에게 좋은 것을 설계해야 한다. 적립금처럼 쌓고자 계획을 세우고 합심하여 각자의 자리에서 가치를 한곳으로 모아 보는 것이 협업이다. 경제적 차원의 수익인 프로핏을 예상할 뿐 아니라, 다양한 수혜와 유무형으로 얻는 종합적인 편익인 베니핏을 설계하여 공유하는 절차가 바로 협업이다.

파트너쉽은 감정노동, 시간낭비이고, 기회비용보다는 심리적 마모가 많은 것이라고 보는 경향에 맞서 시행착오를 겪어야 한다. 콜라보가 좋은 말일 뿐 경영에서는 이득이 없다고 생각하는 범부의 상식을 넘어 실험해야 한다. 시각을 바꿔 실패해도 잃는 것이 없는 모험을 해야 한다. 모두 다 공유하여 얻는 것이 있는 도전, 내가 길게 살아남고, 내가 힘들었을 때 누군가 나를 도와주도록 만드는 미래의 보험을 생각해야 한다. 그렇게 보면 밑질 게 없다. 모비랩이 말하는 협업과 협동은 '필승'의 길이다. 협업은 돈 버는 길이 되고 협동은 이기는 습관이 된다.

협업은 필승 아이템

모두가 기업가가 되는 세상, 모두가 기업가 정신을 가진 세상을 이야기들 한다. 그전에 모두가 기업가로 살아남을 수 있는 세상부터 만드는 것이 먼저 아닐까. 모두가 기업가 정신을 가진 세상이라기보다, 상생과 협동의 기업가 정신을 가진 세상이 필요하지 않은가. 모두가 협업과 공생이 가능하다고 생각하며 성장하는 세상이 와야만 누구라도 기업가가 되고 싶을 것이다.

사람은 스스로 성장하는데 혼자는 온전히 성장할 수 없다고도 생각한다. 그것은 사실이다. 상생과 공생을 의도해야 호혜적으로 성장을 도울 수 있다. 사람은 서로 도와 성장하는 존재다. 기업가라고 예외가 아니라면, 이것을 기업의 운용에 적용하자. 기업들 간의 협동과 협업이 그래서 대두되는 것이다.

협동(Cooperation)은 상생을 추구하는 것이지만, 협업(Collaboration)은 공생에 관한 것이다. 모비랩 협업 세션은 자산공유(Share) 이후에 공동작업(Co-work)과 융합작업(Conversing)이라는 두 단계로 나누어 협동과 협업을 각각 다룬다.

모비랩에서 말하는 기업가 정신에 따르면 기업가는 스스로 책임지고 독립적으로 살아남는 리더십을 갖는 동시에 그 영향을 상대방에게 나눠 주고 여럿의 교류와 협력을 통해 승승 효과를 봐야 한다. 공동으로 일하면 파워가 커진다고 보는 현대적인 시장 센스를 갖추어야 한다. 이런 세련된 감각 없이 협동이 힘든 것이라거나 협업은 돈 안 된다고 말하는 데 머문다면, 미래의 시장에서 멸종된 공룡처럼 존재하게 될 것이라고 본다.

협업을 크게 조직하면 돈이 되고 힘이 된다

돈 되는 협업을 생각해 내야 하는 것이 A급의 기업가들이다. 하루 벌어 하루 먹는 장사꾼이나 돈 벌어 입에 풀칠하기 위해 뛰는 업자 소리를 안 들으려면, 그런 이들과 다른 길을 찾아야 한다. 베니핏을 나누고 프로핏을 증진하는 협동과 협업의 길을 찾아내라. 이자를 불리듯 상생과 공생을 통해 더 많이 나누는 오지랖을 가져라. 그런 그릇이 있어야 결국 저비용 고효율로 큰 시장을 점유할 수 있는 진정한 사업가가 된다 말하고 싶다. 저축이나 적금을 드는 것이 아니라 복리를 이해하고 그것을 추구하는 존재가 되어야 기업가로 길게 간다.

AP통신은 항구에 도착한 선박으로부터 유럽의 뉴스를 듣기 위해 공동으로 취재하는 언론사들의 협업에서 비롯되었다. 미국 내 신문사에 뉴스를 공급하는 통신사로서 회원사들의 필요에 따라 만들어진 서비스다. 신문사들이 주인으로서, 발생부수에 따라 경비를 분담하고 이사회를 구성해 운영한다. 협동조합은 부의 집중보다는 공동이익을 추구하는 목적으로 세워진다. 조합원 이익배당에 초점이 있지만, 조합원의 규모가 크고 이익이 많거나 참여하는 조합원들이 내는 조합비의 규모가 큰 경우 비즈니스를 키우면서 큰돈을 벌고 기업화하기도 한다.

선키스트는 유통 비용을 줄이고 생산 농가들에 이득이 돌아가도록 힘을 합친 판매협동조합이다. 이처럼 공존이라는 목표의식을 뚜렷이 두고, 협업을 통해 대기업 못지않게 경영성과를 내는 조합들이 많다. 회사들이 콜라보로 사업을 펼쳐 생존율을 높일 수만 있다면, 각 회사가 조합원으로 참여하는 기업 간 협동조합을 만들 수도 있을 것이다. 협업을 통한 공생을 훨씬 더 조직적으로 해 나가는 것이다.

주식회사 웰치스의 주식은 모두 전미포도협동조합 연합회가 소유하고 있다. 협동조합과 달리 신속한 시장대응과 사업적 결정에 유리하기 때문에 투자하여 자회사인 주식회사를 만들고 지분을 가진 주주들의 힘을 행사한다.

서울우유는 남양우유, 매일유업 등 대기업과 경쟁하기 위해 작은 낙농가들이 연합하였고 협동조합이라는 대리 경영조직으로 유통을 하는 경우다. 지금은 생산자뿐 아니라 도매, 소매 등 소규모 유통기업들도 모여 협동조합을 만드는 추세다. 회사들의 협업과 공생을 위한 도전들로, 생존뿐 아니라 시장석권을 도모하는 것이 중요시되기 때문이다.

판매자 협동조합처럼 구매자 협동조합도 규모를 키워 큰 성과를 본다. 기업들이 아니라 일반 시민이 조합원이 되고 주주 행사를 한다. 미그로는 소비자협동조합이다. 유통마진을 줄여 경쟁자보다 저렴하게 판매하는 스위스 최대의 유통마트다. 쿱스위스는 생활협동조합으로 생필품을 저렴하게 구매할 수 있도록 유통을 하는데 보건, 음식, 금융, 의료, 건강, 기구, 유류 등 시민들의 생활 개선에 관련된 것을 모두 한다. 국내에도 한살림을 비롯하여 생활협동조합, 소비자협동조합들이 존재한다. 이들은 큰돈을 벌면서 동시에 공익성을 높이고 사회적 경제를 만드는 주역들이다.

모비랩이 말하는 기업가 정신을 갖는다면, 사회적 경제를 말하지 않아도 시장에서 공존을 추구하게 된다. 모비랩이 말하는 기업가 정신을 갖는다면, 사회적 기업이라고 말하지 않아도 사회에서 공유를 추구하게 된다. 협업이 돈 되는 것이라 믿기에, 모든 동료들이 존재하는 판의 공생을 시도한다. 똑똑한 기업가가 추구하는 것이 사회적 경제와 뭣이 다른가. 유능한 이들은 다소 이상적일지라도 협동이 힘 있는 것을 알기에 회사 간 상생을 직접적으로 도모한다. 그것만으로도 사회적 기업가의 본질에 다가간다.

컨버징(Conversing)
- '융합'이라 쓰고 '성공'이라 읽는다

FC바르셀로나는 시민들이 조합원으로 참여하고 출자해 만들어 간 협동조합이다. 시민들의 구단으로 시민들이 직영하여 큰돈을 번다. 축구로 자부심 높은 도시를 만들고 시민들이 스포츠를 즐기는 기쁨을 누릴 뿐 아니라, 지역 축구를 제대로 발전시키는 투자하는 목표를 분명히 한다. 그런데 생존을 넘어 성공적인 사업으로 편익을 나누고 있다.

협업은 낭만적인 것도 따뜻한 공동체에 머무는 것만도 아니다. 목적의식을 분명히 하고 참여의 열기가 뜨거운 협업으로 큰 비즈니스를 만들 수 있다. 조합원은 사업체가 아니라 아주 다양한 관심과 자발적인 활동을 하는 시민들이다. 그러니 협동조합 안에서 마음만 먹으면 조합원들이 주체적으로 다양한 사업들을 펼칠 수 있다. 설립의 목적에 맞게 수많은 사람들이 모이면 협업을 위한, 상상할 수 없는 융합이 일어난다. FC바르셀로나의 다채로운 행사와 공익사업들은 그런 면을 잘 보여 준다.

협업 세션의 세 번째 코스는 바로 융합이다. 모비랩 진행 과정 중 가장 중요한 부분이다. 가상의 혹은 실제로의 과제 사업을 정해서 서로의 자원과 기회와 정보를 융합해 보는 것이다. 기업들이 발휘할 수 있는 역량에 대해 확장된 인식을 줄 수 있으며, 기업가 스스로 잠재력을 확인하는 등 긍정적 결과를 가져온다.

융합은 절차의 힘이다

하나의 목표를 정하고 그것을 위해 서로가 가진 자원과 기회, 정보와 실력 등을 모으는 동안 목표를 달성하는 수단들을 적극적으로 발견하게 되는 경향이 있다. 내 것을 넘어선 여럿의 강점과 장점 등을 인지하고 이것을 자율적으로 이용할 수 있다는 관점에서 보게 되면 시야가 확장된다. 참여한 사람들의 생각은 긍정적으로 자원을 사용해 모두에게 좋은 방식으로 문제를 풀려고 하고, 능동적으로 기회를 만들어 서로의 노력이 빛을 발할 수 있도록 리더십을 발휘하게 된다.

협업 세션은 이런 특성에 맞추어 원탁 대화를 단계화, 체계화한 것이다. 융합 코스는 조직지능을 만드는 방식을 몇 개의 질문으로 단순화하고, 집단창의성을 만드는 쪽으로 대화를 조직화했다. 융합의 대화에서 자신의 자원과 기회를 이야기하는 것 외에도 협력과 지원을 자연스럽게 그리고 자유롭게 요청할 수 있다.

또 자신과는 무관해 보이던 사람과의 연결이 강제적으로 이뤄지기도 한다. 다른 동료가 이어 주기 때문이다. 공동의 문제를 풀기 위해서 사람을 소개받는다. 문제를 풀기 위해서라면 현재 원탁에 앉아 있지는 않으나 함께할 만한 사람을 추천할 수도 있다. 내가 알고 있는 사람을 인적 자원으로 추천하고 그 사람이 동의한다면 공동의 사업에 해결책을 만드는 데 융합시킬 수 있는 것이다. 이렇게 공동작업이 실현될 수 있는 잠재력은 커진다.

융합 코스를 통해서는, 가상의 협업에서 조금 더 나아가 현실적인 차원에서 실행 가능한 협업을 가정한다. 조금이라도 실제 사업을 구사하려고 애쓴다. 도저히 현실적으로 힘든 비즈니스라고 여겨지는 순간이라도, 가상의 상황부터 전개되면 발전 가능한 낙관적인 미래를 설정하고 적극적으로 도달할 수 있는 해결책을 검토하게 된다. 에너지가 상승되고 가능성에 도전할 자신감과 역량의 확장을 체험하는 것이 이 과정의 요체다. 실현 가능성이 막히더라도 도전가능성을 펼치는 것을 돕는 것이 모비래퍼의 역할이다. 이는 단순한 격려나 응원과는 질이 다르다. 융합의 대화는 결국 각자의 자원과 기회를 모으고, 비록 일을 완성하지 않더라도 일을 벌이면서 서로에게 힘이 되도록 하는 지지를 창출하는 것이 기본 목적이다.

콜라보 비즈니스

융합 코스를 진행할 때는 여러 과제상황을 설정할 수 있다. 참여자 중 한 사람의 회사가 현재 시장 기회를 확대하고 더 많은 돈을 벌어 함께 나누는 것을 공동목표로 집중사업 과제를 정할 수 있다. 또 한 회사가 가진 사업의 위기와 해결해야 할 당면 문제 등 실제 상황을 듣고 그 고민을 함께 해결하는 것을 목표로 정해 집중 지원하고 수혜를 나누는 과제를 만들 수도 있다. 각 회사가 갖고 있는 과제가 아닌 가상의 과제를 정하거나, 참여자가 제안하는 제3의 과제를 만드는 식으로, 공동의 사업을 하나 창출해 나갈 수도 있다.

융합 대화에서는 기존 것을 합치는 연합과 새로운 것을 만드는 통합이라는 두 수준 중에서 한 쪽으로 협업이 결정된다. 즉, 원탁에 참여한 사람들의 다양한 솔루션이 결합된 서비스를 만들 수 있고, 또 솔루션을 융합해서 완전히 새로운 서비스를 만들 수도 있다.

다시 말하면 참여한 회사들이 갖고 있는 서비스를 연결하고 합체하는 식으로 콜라보 비즈니스를 만들 수도 있다. 한편 회사들의 서비스를 복합적으로 재구성하여 새로운 콜라보 비즈니스 자체를 창출해 낼 수도 있다. 구시장에 옛 사업들을 연합해 넣거나 통합한 새로운 사업을 만들어 넣을 수 있다. 아니면 신시장에 구사업들의 결합을 제시하거나, 복합을 통해 만들어 낸 신사업을 제시할 수도 있다. 융합 대화는 이런 틀을 정해 나가며 협업을 구체화한다.

파트너십 서비스

콜라보 비즈니스의 핵심은 파트너십 서비스다. 파트너를 모시는, 그러면서 힘을 나누는 서비스다. 파트너를 통해 상호이득을 추구하는 호혜적 서비스다. 그러자면 결국 협업과 함께 분업도 해야 한다. 업무분장과 역할분담을 통해 할 일을 구체화, 세부화한다.

협업 이후의 분업을 행해야만 원탁의 참여자들이 모여 만들어내는 것이 현실화되는 서비스에 다가갈 수 있다. 힘을 공동으로 쓰고, 나누는 것도 공동으로 해야 한다. 공동으로 구현하는 서비스다. 기존의 것들이 연합된 서비스이든, 새롭게 융합된 하나의 서비스이든, 목표는 함께 생존할 수 있는가 하는 데 있다.

협동 코스에서 보는 각자의 서비스를 개선하기 위해 서로 돕는 상생을 넘어서 다음 단계로 나아간다. 서로의 서비스 역량을 모아 새로운 비즈니스를 만들어 공동으로 살리고 각자도 살아남는 공생을 추구하는 것이 융합 코스다. 공동작업은 상호 간 협동이 아니라 전체를 위해 모두 함께 하는 협업을 진행하는 단계가 융합 코스다. 이 코스의 초점은 원탁에 참여자들이 각자 만들고 있는 서비스를 서로 강화해 주는 서비스 간 협동(Cooperation)에 있지 않다. 원탁의 구성원들이 함께 하나의 비즈니스를 만들어 내려고 모두 일을 나누는 비즈니스 협업(Collaboration)에 도전하는 것이다.

성숙한 융합의 도출

이런 상황은 가상이지만, 실행에 가깝게 가려고 노력하는 것이므로 '가상적인 실제'라고 부를 만하다. 이상형을 놓고 이야기하지만 실천 가능한 모형이 되도록 애써야 한다. 그래서 가정을 눈에 보일 정도로 가시화하는 것이라고 할 수 있다. 현실성이 다소 떨어져도, 실현 가능성을 갖기에는 장애가 있더라도, 사업의 구체성을 갖거나 당장의 실행 가능성을 갖추려고 애쓰는 것은 강력한 힘을 키우게 된다.

여러 가지 융합의 과정을 통해서 기업들은 새로운 제조 방식, 유통 판로와 영업 수단 등을 생각해 볼 수 있다. 물론 모비랩 자체는 하나의 모의실험이다. 여럿이 힘을 합치는 사고실험으로서, 시뮬레이션으로 이루어지는 것이기 때문에 참여자들 간의 비현실적인 희망사항이 반영될 수 있다. 융합 대화 안에서 다소 가상의 것, 나아가 구현 가능하지 않은 요소들, 이상적인 기대 상황, 혹은 즉시 실천이 쉽지 않은 장애요인 등이 보일 수도 있다.

하지만 그런 희망사항을 포함해서 모두가 최선의 협동과 협업 상태를 만들어 가는 것이 목적이다. 가능한 한 세부적인 준비와 가시적인 정리, 그리고 전문화된 각자의 역할, 현실적인 전체 규칙을 추구한다.

원탁 안에서 지정한 한 사람이 최종적으로 가장 바람직한 융합의 상황을 정리해서 발표하는 식으로 대화가 한 매듭을 짓기도 한다. 이때 참여자들은 사고실험 후에 현실로 돌아와 가상의 기획을 넘어선 가시적인 설계를 보여 주려고 애써야 한다. 구상을 구성하여 더 많은 숙제거리를 이야기할 수 있게 발표하는 것이 낫다.

발표를 통해 구체적이고 실행 가능한 조합을 어떻게 만들고, 실질적인 공동사업을 어찌 만들면 좋을지를 다시 한 번 생각하고 대화하는 시간을 갖는다. 그리고 협동 비즈니스를 만들 때 공동이익뿐만 아니라 개별적인 이익에도 기여할 수 있을지, 그 가능성을 가늠하는 식으로 나눌 바와 얻을 바에 대해 성찰하게 된다.

회사의 생존이 힘들어질수록

회사는 여러 힘든 일을 겪는다. 하루하루의 생존투쟁으로 공동작업을 할 여지가 없어 보이는 상황도 많다. 하지만 협동과 협업으로 완전히 새로운 시장을 창출하게 될 수도 있다는 점을 기억해야 한다. 서로의 사업을 돕기 위한 회사들의 결합, 서로 간의 연합에 해당하는 단순한 협동이 각자에게 새 시장을 줄 수도 있다. 그런데 공동사업을 중심으로 통합된 사업을 전개하는 협업을 할 수도 있다. 시장의 기회를 확대하고 자원을 하나로 모아 함께 할 사업을 전개하는 융합을 추구할 수도 있는 것이다.

호혜성을 추구하는 교환을 바탕으로 하여 상승적인 힘을 만들어 내는 방향으로 약속을 정할 수 있도록 원탁에서 만나야 한다. 서로의 사업뿐 아니라 모두 함께 하는 사업에 대해서도 같은 협상을 할 수 있도록 대화를 진행해야 한다. 이를 협약으로 발전시키면 실제에 다가갈 수 있다. 함께 할 비즈니스를 구축하는 것처럼 힘을 합쳐 소셜 임팩트를 만들어 내기 위해 원탁 대화에서 공동선언을 만들어 볼 수도 있다.

이런 노력은 과제의 달성 이전에 과업의 실행부터 하는 것이다. 실현 가능성 이전에 실행 가능성부터 찾는 것이다. 현실성이 아니라 우리에게 힘이 되고 도움이 되는 상상력을 발휘할 수도 있다. 작은 것을 즉시 실천하는 길부터 원탁에서 찾는다. 그러면 당장은 아니지만 그것은 나중에 돈이 될 수도 있고 세상에 이로울 수도 있다.

서로 간의 만남은 세 단계의 행동 개념으로 구성된다. 먼저 일과 물건을 가지고 기본적으로 교섭하는 거래(Transaction) 단계다. 다음으로 함께 할 거래의 의미를 이해하고 자신의 회사, 상대방 회사가 추구하는 가치에 대해 소통하는 상호작용(Interacion) 단계다. 세 번째는 함께 일하면 함께 가질 것, 그리고 서로 얻을 것, 각자 나눌 것이 무엇인지 호혜성(Recieprocity)을 점검하는 단계다. 그리고 이러한 상호혜택의 관계가 참여한 모두에게 적용되어 공통적 상태가 되는 것이 상부상보(Mutual Activities)이다.

대체로 서로 간에 주는 혜택이 무엇인지, 서로의 관계에서 각자가 얻을 편익이 무엇인지를 정확히 이야기하지 않고 계약이나 협정으로 넘긴다. 하지만 상호혜택이 무엇인지를 파악해야 한다. 프로핏 외에도 베니핏을 예상하고 기대하고 나아가 의도하는 것이 협업 대화다. 서로 수익뿐 아니라 비물질적 형태의 수혜가 무엇인지 공개적으로 논의해야 한다. 또 서로가 얻는 것이 정신적 혹은 사회적으로 어떤 가치가 있는지까지 따져 보는 대화야말로 기업간 관계와 공동작업의 과정을 성숙하게 만들고, 기업가 정신을 갖고 명예를 지키게 만든다.

융합을 재정의하자

융합이라는 말이 유행어처럼 쓰인다. 흔한 단어가 되었다. 그런데 융합이라는 문제는 우리가 살고 있는 현대사회를 주도하는 핵심 요소다. 너무 당연한 이야기이지만 앞으로는 기술만으로는 시장을 지배할 수 없다. 더불어 사는 사회이기 때문에 예술적 감정이나 창의성 같은 것도 발휘되어야만 한다. 그런 것들 모두가 '융합'이라는 과정을 통해서 만날 수 있고, 조화롭게 섞일 수 있다.

하지만 사람들의 생각이 거기에 멈추어 있다. 그러니 예술, 디자인, 과학자, 발명가 등 단순한 이질적인 융합 등을 고려한다. 디지털 미디어와 소셜 네트워크, 스마트 기술 등 기술적인 수준의 융복합에 머문다. 이런 아이템의 융합은 새로운 기기를 만들어 내는 것 이상 생각하지 못한다. 소비자의 문제를 풀거나 시민의 문제를 푸는 것을 목표로 삼지 못하는 경향이 있다. 늘 새로운 것을 호기심을 갖고 기웃거리면서 후발주자가 되게 만든다.

그런 사람들은 융합을 아이디어들의 융합으로 정의한다. 결과를 만들어 내는 데 머문다. 하지만 과정에 주목하면 융합이란 사람들의 융합이라는 점을 알게 된다. 융합의 본질은 여러 가지가 종합된 결과물이 아니라 생각의 충돌이다. 결국 생각을 융합시키려면 사람들이 접촉하고 충돌해야 한다. 관계에 주목해야 한다. 충분한 대화를 나누고 무수히 생각을 섞어야 한다. 생각해서 말하는 것이 아니다. 말하면서 생각이 만들어지도록 해야 한다. 이런 것을 상호영향, 상호발전이라고 부른다.

아이템의 융합이 아니라 자원과 기회가 융합하려면 무엇을 해야 하는가. 또 아이디어의 융합이 아니라 사람들의 융합이 되려면 어찌 해야 하는가. 우리에게 필요한 것은 테크닉의 융합이 아니라 모여서 어떤 문제를 해결해 내는 솔루션의 융합이다. 사람들은 대화를 통해 답을 스스로 내므로, 질문을 제대로 던져 도달하려는 문제를 제대로 설정하도록 해야 한다. 목표가 분명해지고 과제가 정해지도록 도우면 된다.

이질적인 소재의 융합보다 중요한 것은 무엇을 표현하려는가 하는 주제다. 그 주제 아래서 말과 생각이 꾸준히 전개되도록 시간과 공간 안에 사람들을 놓으면 된다. 경영도 예술과 다르지 않다. 무슨 문제를 풀고 무슨 시장에 도전하려는가 하는 질문이 명료하고 과제만 분명하다면 무엇이든 융합되어 새로운 자원과 기회를 만드는 것이다.

과거의 방식이 달라져야 한다. 분화를 통해서 세상은 많은 발전을 이루었다. 하지만 이제는 과거의 것들이 원활한 의사소통과 순환을 통해 자유자재로 통합해야 할 시대가 되었다. 전문화된 것으로는 제한된 일만 해결하는 시대다. 전인적 사고를 갖고 이를 실천에 붙이는 자에게 승산이 있다. 공동작업의 대화로 이질적인 자들이 서로 학습공동체를 짜고 지식동아리를 만들도록 해야 한다. 각자의 전문 영역을 묶는 대화를 통해서 원탁 대화의 참여자들이 모두에게 전인적인 변화를 만들어내는 절차를 가져야 한다. 모자이크를 만들어 승산을 높일 수 있다.

○ 무엇을 모자이크 할 것인가?

판매자나 구매자의 협동조합, 생산자와 소비자의 협동조합, 생활협동조합과 신용협동조합 외에도 공동체 협동조합 혹은 지역사회 협동조합이라고 부르는 사례들이 있다. 한국사회에 많이 소개된 스페인의 몬드라곤, 캐나다의 퀘벡, 이탈리아의 볼로냐 사례들은 연대협동조합이라고 부른다. 지역공동체 안에서 많은 협동조합들이 묶여 커다란 지역조합을 구성하는 것이다. 이들의 목표는 지역의 경제를 살리고 생활복지를 실현하면서 시민사회를 결속하는 것이다.

몬드라곤은 매출 중 수출이 절반 이상을 차지하고 스페인 산업 경제의 견인자로 많은 지역 산업의 일자리를 도전적으로 만들어 내어 자생력을 갖춘 성공 사례가 되었다. 공업협동조합들 외에, 신용, 교육, 연구개발 등 250여 개 협동조합들의 협동조합이다. 퀘벡 주의 인구는 800만 명인데 그보다 많은 수인 880만 명이 협동조합에 가입되어 있고, 지역 문제를 해결하는 협동조합에서 사회적 일자리를 지속 가능한 형태로 만들어 낸다. 볼로냐는 400개의 협동조합이 있어 주민들이 필요한 거의 모든 것을 이들을 통해 자급자족에 가깝게 해결하고 실업률이 현저히 낮다. 대체로 전 주민이 가입하고 많은 주민이 일하는 방식으로, 자조와 자주를 실현한다.

협동조합은 이용자들이 소유하는 회사로, 조합원이 되고 원한다면 조합 가입자들의 공존을 모색하는 경영을 맡거나 취업하기도 하는 곳이다. 그에 따라 협업과 분업이 일어난다. 조합 참여자들이 갖고 있는 다양한 솔루션이 결합되는 것을 넘어, 협동조합의 목표를 달성하는 게 적절한 융합 솔루션을 만들어낸다. 그래서 참여자가 다양하게 많고 다루어야 할 과제의 범위가 넓은 생활협동조합이나 지역공동체의 협동조합에서는 문제해결을 위한 융합이 다채롭게 일어난다.

협동과 협업이 도달하려는 것들

모자이크는 무엇인가. 기본적으로 협동이고 협업이다. 무엇을 모자이크할 것인가. 기업들 간에 벌이는 작업들이다. 자원과 기회를 모자이크하는 것이 아니다. 기업가 개인이나 기업들을 모자이크하는 것이 아니다. 바로 공동작업과 융합작업을 잇는 모자이크를 한다. 이것을 위해서 대화의 원탁이 필요하다. 공동작업을 해야 협동이 시작된다. 협동은 원탁 참여자들 중에 대화를 나누는 이해 당사자 간의 상생을 목표로 삼는다. 융합작업을 해야 협업에 다가간다. 협업은 함께 하는 원탁 구성원들의 공생을 목표로 삼는다.

같이 일하면 혼자 일하는 것과 다른 가치가 발생한다. 상생은 도달하려는 결과이고 기대하는 가치다. 공동작업을 통해 협동을 하고 이를 통해 상생을 해 나가는 것을 두고, 상생을 위한 협동, 혹은 상생적 협동이 만들어진다고 말한다. 협동에 의한 상생은 모자이크의 중요한 가치다.

여럿이 일하면 더 나아간 가치가 발생한다. 서로 돕는 것이 아니라 모두 잘되는 것을 찾는 것이 상생을 넘어선 공생이다. 상호 간 협동과 달리 협업은 새로운 공동사업을 위해 힘쓰는 것이다. 융합작업을 통해 협업이 된다. 이를 통해 공생이 일어난다. 공생을 위한 협업, 공생적 협업을 지향하는 것이 융합 절차다. 협업에 의한 공생이 모자이크의 궁극적인 가치다.

상생공생, 그리고 자가성장

모자이크의 이상적 형태는 상생공생(相生共生)이다. 그와 더불어 모자이크가 지향하는 상태는 자가성장(自家成長)이다. 인간은 자기 스스로 성장한다는 것이다. 자발적인 사람은 몸소 노력하여 마음먹고 직접 성장을 주도하는 자기관리를 한다. 자수성가를 하지 않더라도 적극적인 사람들은 자가성장을 추구하고 실천하고 또 성취한다. 자가발전을 원한다. 그것이 창의성이다. 그런 존재는 성숙해지고 성공의 가능성이 높아진다.

스스로 돌아가는 것을 자동적인 상태, 즉 '오토(Auto)' 행동이라고 하자. 멈추어도 다시 몸소 움직이는 것은 동력을 발휘하는 상태로 '모터(Motor)' 행동이라고 하자. 자가발전하고 직접 원동력이 되어 죽지 않고 돌아가는 오토-모터 상황이 지속 가능한 자생력의 이상적인 모습이다. 에너지가 순환되고, 멈추지 않는 에너지로 환원되는 것이다. 자기동력을 가지고 스스로를 기르고, 몸소 일을 키우는 것으로 끊임없이 돌아가는 상태를 만드는 것이 쉽지 않더라도 바람직한 인간의 모습이다. 자가성장의 온전한 상태다.

원탁은 참여자의 자가성장을 돕는 동시에 상생공생을 지향하는 장치이다. 협동상생과 협업공생을 만들어가는 원탁의 대화가 바로 모자이크 방식이다. 모자이크는 서로 다른 사람들의 융합과 생각의 충돌을 통해 이뤄진다. 대화를 통해 만나는 원탁 구성원들이 자기동력을 갖는 사람들일 때 이상적인 모자이크가 일어난다. 모자이크에 있어 자가성장하는 존재들이 서로의 차이를 인정하고 다른 역할을 수행하며 공존할 수 있다면 힘이 커 갈 것이다.

모자이크 원탁은 협동의 수단으로 상생에 다다르고, 협업을 수단으로 공생을 이루는 것을 가치로 삼는다. 하지만 멋진 모자이크는 하나하나 색깔이 분명하고 다채로운 유리 조각처럼 개성이 강한 존재들이 모여야 가능하다. 리더십이 있고 기업가 정신이 분명한 구성원들이 모일수록 모자이크는 빛을 발한다. 이들이 자기 색채를 제대로 내도록 하기 위해 지도자의 데스크나 사각의 테이블이 아니라 개방적이고 수평적이면서도 공정한 쌍방향 소통을 가능케 하는 둥근 원탁이 필요한 것이다.

원탁을 통해 자가성장과 상생공생이 조화를 이루어야 한다. 건강한 사람은 스스로 성장하는 주도적인 존재인 동시에, 반드시 협동과 협업을 통해 도움을 받을 때 효과적으로 성장한다. 모든 인간은 스스로 통찰하지만, 그러기 위해서 반드시 동료들로부터 영감을 얻어야 한다. 이런 태도와 자세를 지향하는 것이 모비랩이다.

모비랩은 일종의 정치철학이다

모비랩은 세상을 어떻게 볼 것인가에 대한 사회철학, 정치철학을 담고 있다. 그래서 어떻게 생존할 것인가를 다루는 경영인의 철학이기 이전에, 우리 사회를 어찌 보고 경제가 어찌 변해야 좋을 것인가부터 전제하고 있다. 내 삶과 집안 먹거리가 세상의 살림과 연결되어 있다. 경세제민(經世濟民) 말이다.

고급의 지능은 정보를 공유하고 자산을 나누어 더 이득을 취한다. 생존에 유리한 집단적 지혜를 추구하면 최적의 공존 상황에 도달하려고 애쓰게 된다. 참여자들이 최대한의 수익배분, 최적의 혜택분점을 할 때 공유가 제대로 일어났다고 보게 된다.

공유는 경영이 아니라 실리를 추구하는 정치와도 같다. 정확히 말하면 외교적 감각을 가지는 것이다. 동양의 고전이 논급하는 처세술은, 서양의 근대 외교론 못지 않게 많은 것을 암시해 주었다. 이기기 위해 돕거나 상대를 죽이기 위해 당장 손잡는 경우도 있지만, 내가 살기 위해서는 함께하고 상대를 죽이지 않는 관점을 펼치기도 한다. 군주의 덕목을 무엇에 두는가에 따라 정치철학이 달라지고 치세와 민생을 달리하는 것이다.

동양의 처세법, 서양의 외교술, 그리고 병법과 전쟁론을 막론하고 그 밑에는 상생과 공생을 기술로 볼 것인가, 목표점으로 볼 것인가 하는 이념이 자리 잡고 있다고 본다. 나는 초한지, 『삼국지연의』 같은 것들이 처세법을 통해 이런 이야기를 말해 준다고 보았다. 조조와 유비, 제갈량과 조자룡, 한우와 유방, 장자방과 한신은 내게 결국 세상이 생존의 투쟁인지를 웅변한다. 그런 커다란 현실의 아주 작은 수많은 지점들이 말하는 것은 또 달랐다. 생존경쟁에도 불구하고 공존을 지향하는 선의의 경쟁으로 살 만한 영역이 존재한다. 『열국지』에서 말하는 것처럼 세상이 전쟁과 갈등의 연속이라고 본다면, 왜 『서유기』는 변방에 있지만 특출한 존재들의 팀워크 성과를 이야기하는가. 또 『수호전』은 양산박에 모인 주변부 영웅들이 만들어 내는 그룹워크의 가치를 이야기하는가 말이다.

영국 전설 「아더왕 이야기」는 『삼국지』 중 유비의 이야기라고 나는 생각한다. 이 둘은 공통적으로 그룹과 팀을 지향한 존재들에 관해 말한다. 하지만 그것은 성공신화가 아니라, 실패했지만 멋있었던 밴드와 본드의 이야기다. 마치 서로 믿어온 여러 힙합 크루들의 창의적인 모습처럼, 여러 개의 팀이 하나의 그룹으로 경쟁과 연합, 해체와 통합, 분산과 결속으로 이합집산하는 유연하고 역동적인 모험 이야기다.

풍차를 향해 돌진하는 돈키호테와 서역을 향해 먼 여정을 떠나는 삼장법사의 신념과 같은 요소도 등장하지만, 아더왕의 원탁에서 펼쳐진 기사들의 신뢰, 삼형제의 도원결의를 잇는 제갈량과 조자룡의 신뢰 등, 구성원의 신념이 아니라 서로 간의 신뢰가 얼마나 지키기 힘든 것인지도 나온다. 신념이 마지막 신뢰까지 이어지지 못한 경우 나올 영웅적인 비극, 신념과 신뢰에도 불구하고 상생과 공생을 이루지 못하는 인간적인 취약함, 하지만 성실과 열정 속에서 나온 위대한 실패를 그리고 있다.

그래서 『삼국지연의』와 아더왕의 전설 이야기는 영웅담이라 한다. 이야기는 서로 대응하고 캐릭터는 비교된다. 렌슬롯은 조자룡이고, 가에느는 제갈량이며, 장비와 관우가 보어스와 퍼시벌이다. 영국의 섬에서 퍼진 기사단의 원탁 이야기는 명예로운 존재들의 자부심에도 불구하고 지도자들의 인간적인 모자람으로 결속이 깨지는 이야기다. 중국 촉한의 건국과 삼국통일 염원 이야기는 창업은 어느 정도 성취하지만 이념을 달성하는 최고의 수준에 도달하는 데에는 실패하는 기업가들의 내용이다.

한편으로, 조조와 겨루던 유비의 형제 이야기인 『삼국지연의』는 원탁에 앉는 아더왕과 기사단의 전설처럼 신뢰의 협업이 깨지는 내부 이야기가 아니다. 비교하자면, 협동을 통해 외부로부터 살아남으려는 도전의 실패 이야기다. 두 가지에서 얻게 되는 교훈은 협동과 협업이 반드시 이기는 것은 아니나, 꼭 지켜야 할 힘이라는 것이다. 성공과 승리를 불러오지 않더라도 생존과 성장을 이뤄내는 데 필수적이다.

융합 솔루션

통합을 지향하는 상호 간 이해 증진의 효용, 융합의 효력과 유용성은 오래전부터 대두되었다. 하지만 오늘날 그것이 중요한 이유가 있다. 현대사회에서 우리가 하는 일이 나눠지고 높은 수준의 분화를 겪었지만 효과적으로 일하고 삶을 편리하게 하는 데 있어 실효를 거두지 못하고 있어서다. 너무나 전문화된 영역이 많고 다양한 지식과 인재가 있다 보니 하는 일이 복잡해져, 그들의 장점을 효과적으로 배합하여 생활을 향상시키고 사회발전에 부응할 필요성이 대두되었다. 이미 그 시점이 넘어섰다. 사회적으로 융합 과제는 시장과 산업, 그리고 기업 경영에 모두 적용된다.

협업을 통해 융합을 실현하려는 노력의 하나로 제시된 것이 모비랩 과정이다. 현실적인 문제를 해결하고 서비스를 창의적으로 생산해 내는 일들이 계속해서 이루어지기 위해서는 기업가들 사이에서 기성의 역량을 재활용해야 했다. 통합을 추구하는 대화를 통해 고도화된 융합에 도전하도록 만들어야 했다. 마치 MIT 랩의 과학자와 예술가들처럼, 기업가들이 랩을 해야 했다.

단순히 기술뿐만 아니라, 인문학, 사회, 과학, 예술 등 여러 가지 면들이 서비스에 녹아들어야 한다는 차원의 이야기가 아니다. 제품을 잘 만들고 상품으로 잘 팔고, 기업의 투자도 효율화하고 사회적 비용도 낭비하지 않는 가운데 모두에게 편익이 발생하게 하기 위해서다. 모비랩 대화는 이러한 융합 솔루션을 만드는 데 기능한다.

융합은 사회적 요구에 의해서 다양한 솔루션이나 다양한 분야의 테크닉들이 하나로 통합되는 것을 말한다. 간단한 물리적인 결합이 될 수도, 화학적인 조합이 일어날 수도 있다, 조직에서는 기계적인 연합이 아니라 유기적인 통합이 일어날 수 있다. 두 가지가 아니라 세 가지, 네 가지가 복잡하게 하나로 결합되거나, 단순한 화합이 아니라 뒤섞이는 복합을 통해 새로운 것으로 탄생할 수도 있다.

우리 옆에 있는 노트북이나 태블릿, 스마트폰 역시 융합의 결과물이다. mp3 플레이어나 전화기, 계산기와 카메라가 애초에 없었던 것이 아니다. 제각각 누군가에 의해서 만들어져 있었다. 이것이 가볍고 작고 이동 가능한 단말기로 연합된 후 이용의 편의에 맞추어 새로운 서비스로 융합된 것이다. 생활의 편리, 소비의 질적 제고를 강력한 목표로 삼아 변화를 꾀한 것이다.

융합은 시대적 요구사항

디지털 디바이스만이 아니다. 정보를 독점하여 공급하는 마이크로 소프트 운영체제의 대안으로 만들어진 리눅스 방식을 보자. 누구라도 자신에게 맞춤형의 컴퓨터 운영체계를 만들 수 있다. 참여하는 사람들이 원천지식을 마음대로 사용하여 신지식을 발생시키고, 신지식을 만들어 내는 창조자의 수만큼 많은 지식들이 생성되는 오픈 소싱을 기반으로 한다.

원천 자원을 가공하고 재창조해서 이용자가 운영자가 될 수 있도록 돕는 접근법은 분산된 공유장부로 개인 간 직거래에 신뢰할 수 있는 공증을 해 주고 리스크도 분산하는 블록체인 기술과 같다. 이용자 간에 직접 거래가 일어나도 아무 문제가 없도록 하는 공유경제 서비스는, 정보를 분산하는 네트워크를 만들고 정보를 운영하는 다양한 커뮤니티를 발생시킨다. 기업이 하나의 센터를 관리하는 것이 아니라 수많은 이용자가 저마다 센터(Center)가 되고 기업은 이들이 들어와 묶였다가 흩어질 수 있는 허브(Hub)만 구성한다. 탈중심화하되 많은 참여자들이 공유한 자산을 누구도 소유하지 않고 이용자가 될 당사자들 사이에 직접 교환거래하도록 만든다.

오픈 소싱과 함께 크라우드 소싱은 참여자들이 아이디어를 모으고 스스로 정보를 결합시켜 최적의 답을 찾아가는 자유분방한 집단지능을 만든다. 위키피디아는 지식과 정보의 크라우딩을 통해 대중의 지혜를 발휘하고, 이용자들이 구성해 나가는 지식공유 백과사전을 만들었다. 플랫폼 비즈니스로 각광받는 크라우드 펀딩은 참여자들이 십시일반으로 모금을 하는 것으로, 공동의 목표를 분명히 두고 참여자들이 이를 달성할 수 있는 조직지능을 지원한다. 소비자들이 모여 선구매를 해 나가는 공동 구매방식을, 디지털 협업으로 발전시킨 것이다. 클라우드 컴퓨팅은 다른 이용자의 컴퓨터를 이용하여 정보를 처리하는 공유

시스템이다. 인터넷으로 연결된 각자의 컴퓨터들과 참여자들이 보유한 데이터 용량을 공유하여, 그때그때 유휴장비를 활용하고 남는 데이터를 나누어 이용하는 네트워크 기술이다.

이러한 새로운 방식은 이용자라고 부르는 대중의 참여에 따라 벌어지는 융합을 기본으로 삼는다. 이처럼 사람들의 접촉과 충돌에 따른 융합은 이용자가 각각 운영자가 되고, 지식의 소비자가 창조자가 되고, 공유자산을 놓고 소유 없는 이용과 접속을 통한 사용이 가능하게 만든다. 또 중앙 없이 다양한 참여자 간 당사자 직거래를 통해 공유 이용을 증가시키고, 블록, 클라우드, 크라우딩 등으로 불리우는 다양하고 운영자를 발생시킨다. 융합은 동시에 수많은 분산을 만들어 낸다 그런 방법론을 실현하기 위해, 자유로운 집단지능을 넘어 목표에 도달하는 조직지능을 지원해야 하며, 사람들 사이에 꼭 지켜야 할 문화로서 협업과 분업의 약속들을 넣어야 한다.

우리 주위에 융합으로 인해서 만들어진 것은 셀 수 없이 많다. 융합이 당연한 솔루션으로 쓰이고 있음을 뜻한다. 융합은 부상하는 지식일 뿐더러 지배적인 창조방식이 되었음을 증거한다. 융합이 문제를 해결하고 목표를 달성하는 데 적절하게 조화된다면, 그 일의 성공 가능성이 높아진다.

모비랩 과정이 융합 솔루션에 초점을 맞추어 만들어진 이유는 이것이다. 실제로 기업의 성장과 생존 그리고 발전을 위해서 융합은 하나의 대안이 아니라 거의 유일한 기법으로 보인다. 특히 상생을 넘는 공생을 목표로 적절한 융합이 만들어진다면 기업은 우위의 활로를 구할 수 있고, 시장은 활력을 가질 것이며, 사회는 사람들이 덜 죽고 덜 아픈 채로 탄력적으로 돌아갈 것이라 믿는다.

공동작업의 문을 두드려라

사업자들이 만들어 내는 공동작업은 이종 간 커뮤니티와 동종 간 네트워크로 나눌 수 있다. 문화예술계에서 공공장소를 활용해 벌어진 공동작업의 예를 들어 보자. 서울 마포의 석유비축기지 옆 공터에 아티스트와 디자이너, 건축가, 기획자들이 모여서 컨테이너를 두고 만들어 간 '비빌기지'는 다양한 이종이 모여 빌리지를 형성해 나간 사례다. 저잣거리에 방문하는 사람들에게 많은 서비스를 하기 위해서는 이종 간 협업이 필요하다.

한편 홍대 앞 놀이터에 2003년경 만들어진 '프리마켓'은 미술작가들이 모여 장터를 형성한 것으로, 동종이 모여 유통의 규모를 키우는 협업을 해 나간 것이다. 판로와 홍보가 부족한 작가들을 한자리에 모아 유통을 집중하는 마켓을 시도한 공동작업이다. 이는 상호 간 생존이 아니라 공동의 생존이라는 목표를 분명히 하고 참여자들의 파트너십을 바탕으로 콜라보를 만들어 가는 노력이다.

공신력, 지원, 높은 생존율

앞에서 보았듯, 서로의 도움을 주고받으며 힘을 합치는 것을 파트너십 서비스라고도 부른다. 상생을 위한 협동을 넘어 공생을 목적으로 한 협업을 만들어 가는 것을 콜라보 비즈니스라고 부른다. 파트너십을 통해서 서비스를 만들거나, 콜라보 비즈니스를 진행하는 것은 여러 장점을 가지고 있다.

우선 파트너십을 통해서 더 많은 재무적 지원을 얻을 수 있다. 컨소시엄 등 파트너십을 통해서 일련의 프로젝트를 진행할 경우, 은행권을 통해서나 정부로부터 더 많은 재무적 지원을 받을 수 있다. 탄탄하게 팀과 그룹을 짜야 한다는 것이 전제다. 그만큼 제대로 된 파트너십이 성과의 파급을 크게 만들 것이라는 기대 때문이다. 사회에서 경쟁우위에 설 수 있는 파트너십을 신뢰한다는 증거다. 파트너십은 공신력을 만든다.

비즈니스에서 콜라보의 장점은 경영위험을 분담할 수 있다거나, 비용 압박의 부담을 줄일 수 있다는 데 있다. 지식이나 기술, 노동력의 상호지원뿐 아니라 공동조달을 통해서 힘을 공유하고, 나중에 돈을 공유하기를 기대하는 것이다.

파트너십의 장점은 상대적으로 높은 생존율을 가진다는 데 있다. 한 조사에 의하면 파트너십을 통해서 비즈니스를 진행할 경우 개인 기업의 4배 이상 높은 생존율을 기록하고 있음을 볼 수 있다.

먼저 모아야 나눈다

물론 융합 솔루션을 바탕으로 콜라보 비즈니스를 만들어 내는 것은 저마다 유능한 존재들의 결합을 전제로 한다. 파트너십 서비스는 모두

하나의 목표로 새로운 공동사업을 해 내는 협업의 의지만이 아니라 일을 나눌 수 있는 역량에 따른 분업의 실력이 필요하다. 실제 일에서는 긴장과 오해를 줄이고 제대로 결과를 내기 위해서 각자가 가장 잘하는 것을 맡고 책임감과 성실성을 분명히 드러내는 분업 절차를 밟아야 한다.

서로의 역할과 전체의 규칙을 만드는 과정, 그리고 업무분장과 과업 분담으로 집단창의력을 조직지능 단계로 올려놓는 일이 별도로 진행되어야 한다. 그래야만 가상의 콜라보와 파트너십은 현장 실행의 파트너십, 현실적 콜라보로 전환될 수 있다.

협업 다음이 분업이다. 일터에 함께 한 후, 일손을 나누어야 한다. 일꾼들이 같이 해야 일감을 나눌 수 있다. 힘을 모아야 일도 나누고, 나중에 번 돈도 나눌 수 있다.

파트너십의 맹점

기업 간의 파트너십이 반드시 장점만 가진 것은 아니다. 이익을 분배해야 한다거나, 파트너 간의 이견으로 공회전한다거나, 진로 불일치로 인한 갈등을 겪게 되는 등 기회요인 못지 않게 위협요인이 존재한다.

흔히들 잘될 때는 한없이 서로 좋지만, 문제가 생겼을 경우나 위기를 겪을 때 갈등과 실망이 이어진다. 이때 일부는 위험을 회피하고 도덕적 해이를 드러내거나, 노동을 나누지 않고 무임승차자 역할을 했던 모습들을 들춰내고 섭섭함을 표명한다. 계약을 어겨 문제가 되거나, 계약이 없어 입장 차이가 혼란에 빠지는 경우도 많다. 사업청산을 해야 할 때에는 책임과 권한의 정리, 재산과 비용의 분담 등 파트너들과의 결별 방식에서 어려움이 생길 수도 있다.

무엇보다 중요한 것은 중소기업이든 초소형 기업들이든 공동체이든 간에, 처음부터 파트너를 신중히 선택해야 한다는 점이다. 그렇다면 파트너십을 만들기 전에 어떤 점들을 고려해야 할까.

파트너들이 고려해야 할 사항

우선 기업들이 같은 목표를 공유하고 있는지 살펴봐야 한다. 돌파하려는 문제가 같은지 아는 것이 무엇보다 중요하다. 도전하는 문제와 도달하려는 과제에서 동질감이나 공감대가 있는지 봐야 한다. 이런 것이 비슷할 때 상대적으로 함께 할 일은 분명해진다. 회사의 미래에 해당하는 비전이 공유할 만한 것인지 검토하고, 기업이 추구하는 가치와 미션 역시 볼 필요도 있다.

협동에 있어서 서로 상호보완적으로 일할 수 있는지 살펴보는 것은 무엇보다 필요하다. 역량과 기술, 자산 등 특정한 능력으로 서로에게 기여할 수 있는지 고려하는 것이다. 그런데 이처럼 함께 나눌 자원과 기회를 따져 보는 경우는 많아도, 서로가 다루려는 문제와 목표를 검토하거나 전망, 사명과 가치를 파악하는 것이 부족하다. 그래서 모비랩은 이런 과정을 파악하는 해업 세션을 중요시한다.

함께 하기로 한 파트너가 중대한 결정을 같이 내릴 만큼 역량이 있는지 살펴봐야 한다. 공동작업에서 제대로 된 의사결정을 못하는 것은 문제해결 능력이 없는 것만큼이나 큰 한계를 낳기 때문이다. 추진력이 없는 것 역시 사업의 손해를 가져오는 치명적인 요소이므로, 전략과 절차를 운용하는 상대방의 능력을 파악하려고 애쓰게 되어 있다. 한편으로, 신념이 분명한지 못지않게 신뢰할 수 있는 사이인지를 봐야 한다.

의도치 않게 역경이나 어려움에 봉착했을 때 그것을 극복하는 방식을 볼 수 있으면 함께 일할 수 있는 사이인지 판단할 수 있다. 문제가 생겼을 경우 서로 해결하려는 태도로 노력하지 않는다면, 서로 간의 협동뿐 아니라 전체의 협업에서도 큰 문제를 낳는다. 훌륭한 기업가들의 리더십은 대립의 각을 세우고 자존심을 지키면서 입장 차이를 고수하는 것이 아니라, 어떤 식으로든 상호 간 문제, 전체의 문제를 풀어 내려는 자세를 보이는 것이다.

때때로 문제가 일어났을 경우, 일을 처리하는 방식과 관련해서 비판적인 의견들이 나올 수 있는데, 이를 건설적으로 수용하는 파트너가 많다면 좋을 것이다. 무엇보다 중요한 것은 낙관적인 자세, 적극적인 소통 등으로 함께 일할 때 에너지를 기대할 수 있는지 여부다.

콜라보의 구성원들

여러 가지를 검토해서 신중하게 파트너십을 결성해도 늦지 않다. 무엇보다 협력을 필요로 하는 존재들을 알기 위해 교류의 시간이 중요하다. 바로 흥정으로 들어가는 영업과 달리, 또 공식적인 협상과 계약의 상황으로 들어가는 실무와 달리, 기업가들 사이에 충분히 대화하는 시간이 필요하다. 소통하고 연대하는 공간이 있다면 친교를 넘어 연계된 일을 만드는 노력을 조금 더 진지하게 해 나갈 수 있을 것이다.

그래서 좋은 기업가들의 원탁들이 중요해진다. 모비랩은 바로 이를 보충·대리해 주는 프로그램이다. 기업가들이 좋은 파트너십을 만들려면, 좋은 물에서 사람들을 만나야 한다. 기업가들이 모이는 업계 전통, 함께 회합하고 협조를 도모하는 판, 지속적인 대화의 장이 있다면 든든한 인맥 속에서 동료를 구하기 쉽다. 그런 것을 찾을 수 있도록 원탁을 짜는 것이 바로 모비랩이다.

파트너십 서비스는 결정적으로 좋은 파트너들과 만날 때 성과를 본다. 그러자면 신중하게 고르는 것이 중요하고, 수준 높은 파트너들로 공동사업을 결성하는 것이 불가피하다. 그러나 내가 만나고 싶은 수준 높은 파트너만큼이나, 실력이 모자라고 결핍이 있어 나를 찾는 파트너들도 많다. 이들과 한 배를 탈 때, 중요한 것은 이들이 실력을 갖추었는가 하는 점만은 아니다. 협동과 협업의 질서를 지킬 소양을 가졌는가, 상생과 공생의 약속을 지킬 수 있는 교양을 갖추었는가, 상도덕을 갖추었는가 하는 점이라 할 수 있다.

바로 이 점이 중요하다. 좋은 물을 만드는 것이 파트너십과 콜라보의 핵심이다. 그런데 좋은 관계망일수록 더욱 좋은 존재들이 찾아오고 연결된다. 파트너십은 아쉬움을 느끼는 모든 사람을 불러 모아 세를 불리는 것이 아니라, 실력을 쌓으면서 훌륭한 모자이크 방식으로 일할 존재들을 찾아내는 작업이다. 그러면 실력과 예의를 갖춘 이들과 일하고 싶은 사람들이 찾아오고, 실력자의 비중은 높아질 것이다.

콜라보의 숙제거리

때로는 이런 존재를 밖에서 찾지만 말고 직접 길러내야 한다. 모자이크 방식을 수용할 수 있는 기업가들 사이의 꿈의 조직, 뜻의 공동체를 짜는 것이 가장 중요하다. 그러자면 실력이 모자란 기업가를 키우고, 잘못된 자세를 가졌던 사람들이 태도를 바꾸어 좋은 기업가로 자라도록 도와야 한다. 안 그렇다면 인맥의 폭은 너무 좁아지고 선민의식을 가진 소수정예가 '어퓨굿맨(a few good men)'으로 활동하기 때문에 시장이 충분히 넓어지기 힘들다. 그래서 협업가로 제대로 활동할 기업가를 양성하는 장치가 바로 모비랩이다.

결론적으로 파트너십 서비스는 여러 장점들을 가지고 있어 구사할 만하다. 그러한 장점들 때문에 어떻게 파트너를 찾고 키우고, 또 콜라보를 위한 대화의 장을 어찌 만드는지를 정교하게 고민하지 않을 수 없다. 콜라보 비즈니스를 통해 우리의 생존율을 높이고 각자 하는 사업의 실패율을 줄이기 때문이다.

콜라보를 하면 더 자주 공동의 난제를 만날 수도 있고, 의견의 일치를 보는 것도 그리 쉽지 않은 일이다. 하지만 시스템적 해결 방법을 통해 혼자 할 때보다 난제를 줄일 수 있다. 또 의견의 일치를 쉽게 하는 솔루션을 만들 수도 있다. 그래서 파트너십 서비스를 시작하거나 콜라보 비즈니스를 만들 사람들이 모여 모비랩 프로그램과 같은 것을 하는 것이 중요하다. 모자이크 방식을 통해서 제시하는 약속들을 받아들이도록 만들어 주는 것이다.

협동의 맹점을 극복하고 협업을 통한 생존 방법을 짜고, 그 장점을 극대화하는 것이 모비랩이다. 파트너십과 콜라보가 어렵다는 상식이 퍼져 있다. 이것이 우선적이라고 생각하지 않거나 무용하거나 무익하다는 주장도 있다. 하지만 이에 못지않게 이런 방식으로 유익을 얻어 가는 회사들, 시민사회의 민간조직들, 그리고 공동체와 연대의 사례들이 여기저기 보고되고 있다. 실제적으로 모자이크 방식이 가진 역량은 무한하다. 모비랩을 통해 기업가 개인, 사업체, 시장, 그리고 시민과 사회에서 좋은 편익들이 제공되었으면 한다.

V

·

살아남는 기업의 진짜 가치 - 환업

돌려주면 되돌아올 것이다!

경주 최부자는 귀족의 책무를 뜻하는 노블리스 오블리주를 실천했다고 한다. 보통 부귀, 권력, 명성을 가진 자는 그만큼 사회적 책임을 더해야 한다고 한다. 경주 최부자는 여섯 가지 가훈에 '재산을 만 석 이상 갖지 말라', '흉년에 땅 사지 마라' 등의 덕목을 두어 가진 자의 겸손을 중요시했다. '과거를 보되 진사 이상 벼슬 하지 마라', '며느리는 시집온 후 3년간 무명 옷을 입을 정도로 검소하라' 등 부자의 자기절제를 강조했다.

또 과객을 후하게 대접하라고 하여 고객을 응대하는 인심과 파트너를 존중하는 접대에 상응하는 이야기를 했고, 사방 백리에 굶어 죽는 이가 없도록 하라고 하여, 재벌과 사업가가 갖추어야 할 자선과 사회적 책무에 대해 말했다.

이윤이 이익이 되려면

많은 대기업 회장들이 '기업의 목적이 사회 공헌이 아니고 이윤 창출'이라는 이야기를 했다. 시장확보가 기업의 본능이다. 생존의 본능을 넘어 확장의 본능이 있다. 돈을 버는 것 그 자체가 목적인 게임이 비즈니스다. 돈이 돈을 낳고 지배적인 시장 점유를 만들어 낸다. 잉여자본의 최대확보가 사업가의 꿈인 것은 확실하다.

한편으로 돈벌이를 위해 물불을 가리지 않는 사업가들에 대한 우려도 많다. 사업이 크면 클수록, 수단·방법을 가리지 않고 민폐를 끼치다 실패할 때도 커다란 민폐를 남긴다. 단지 시장에서의 실패를 넘어 사회 전체에 막대한 피해를 주기도 한다. 그러니 제대로 된 방법으로 이윤을 창출하는 것이야말로 기업가의 실력임은 분명하다. 그런 점에서 기업의 목적은 이윤창출이 맞다.

사회적 기여를 하겠다고?

사업을 하려면, 제대로 돈을 쓰면서 돈을 벌어야 한다. 질 나쁜 제품으로 소비자에게 불이익을 주는 사업은 지탄받는다. 종업원을 제대로 대하지 않는 기업이 존경받기는 힘들다. 벤처 투자의 붐이 한창일 때 벤처기업계의 한 명사는 '세금부터 제대로 내고 기업부터 건실하게 하라'는 이야기를 하기도 했었다. 세금을 잘 내고, 주주에게 제대로 배당하는 것, 빚을 성실하게 갚는 것 모두 번 돈을 잘 쓰는 일이다. 무엇보다 사회의 인프라가 깔려 있어 벌 수 있었던 돈을 사회로 환원하고 직원들이 사회봉사를 하면서 자부심을 갖도록 하는 것도 제대로 돈 쓰는 일에 포함된다.

사실 기업이 현실적인 이익을 무시하고 사회적으로 기여하겠다고 사회공헌 분야에 뛰어들 수는 없다. 하지만 국내 기업들에게 사회에 기여하는 사업은 주요 관심사가 되어 가고 있다. 경영전략 차원에서 올바른 사회환원 사업을 중요시하게 되었기 때문이다. 사회기여가 기업의 책무라고 여기기보다는 기업의 생존을 위한 방편으로 사회공헌이 필요하다고 보는 것이다.

상품가치의 변별력이 희미해지는 고도경쟁 시대

사회환원은 존중받는 기업 이미지를 만들고 기업에 호감을 갖는 잠재고객을 확보하는 방법이 된다. 브랜드 가치를 높이는 데 투자하는 것이고, 간접적으로 기업의 공익적 마케팅 비용을 치르는 것이다. 그런데 그 필요성을 인식하는 것에 비해 한국의 기업들이 너무 작은 비용을 사회공헌에 투자하는 것 역시 사실이다.

기업이 사회공헌 캠페인을 전개하는 것은 기업 제품에 잘 결부시키면 전략적인 장점이 있기 때문이다. 기업은 트레이드마크라고 생각하는 특정 제품이나 서비스를 갖고 있다. 하지만 시장에서 매우 치열한 경쟁 선상에 놓여 있다. 동일하거나 비슷한 유의 상품들이 일반 대중에게 알려져 있는 경우, 살아남기 힘들다.

잘 팔리려면 일단 잘 만들어야 한다. 하지만 품질들 사이에 상향평준화가 일어나고 소비자 입장에서 변별력이 약해지는 것이 성숙한 시장의 모습이다. 그 분야가 활황의 시장이 될 경우 자연스럽게 고도의 경쟁이 일어나므로 물고기들이 서로 물어뜯어 바닷물이 빨갛게 된다는 '레드 오션'을 접한다.

기업생존 목적으로 활용되는 사회환원

이 과정에서 기업의 마케팅은 품질에서 품격을 드러내는 것으로 전략을 바꾼다. 그러자면 상품이 끌리는 브랜드가 되기보다 이것을 만들어 파는 기업 자체가 믿을 만한 브랜드가 되어야 한다. 승부를 볼 것은 바로 기업 이미지다. 기업의 신뢰감은 고객의 재구매, 반복 소비, 제품 추천 의사, 상품 정보 수용의 열성도를 높이는 등 소비자의 충성도에 영향을 미친다. 좋은 이미지를 가진 기업은 조금 더 살아남기 유리하다.

나아가 기업의 우호적 이미지는 그 자체가 핵심 경쟁력으로 활용될 수밖에 없다. 기업의 생존을 위한 변화의 노력, 즉 사업의 다각화, 선택적 집중 같은 것들을 할 때 기업 의지를 드러내는 스토리를 만드는 데 쓰인다. 기업의 혁신감행, 창조적인 사업 전환뿐 아니라 이종업계로 사업을 확대하거나 동종업계에서 사업을 강화할 때, 기업의 선한 이미지나 공익적 이미지는 소비자뿐 아니라 시민들에게 신뢰감을 준다.

국내 기업 중 환경에 대해서 꾸준히 투자하고 있는 몇 기업이 있다. 언론PR을 통해 발표된 공익활동이 알려지거나 특정한 슬로건으로 TV광고 등을 집행하면서 고객의 충성도가 높아지곤 한다. 하지만 기업이 품격을 드러내는 인위적 노력과 의도적 계획의 일환으로만 사회공헌 캠페인을 선택하는 것은 아니다. 환경운동을 지원한다든지, 경제적으로 취약한 사람들을 돕거나 빚이 많아 사회에서 제대로 일하기 힘든 청년들을 위한 장학사업을 한다든지, 사회에 보탬이 되는 예술활동을 지원하는 것 등은 직원들이 벌이는 일이라기보다는 창업주의 강력한 동기와 최고경영자의 선한 의지가 발단이 되어 기업 전통으로 굳어지는 경우가 많다.

창업주의 의지로 비롯되는 경우가 아니라도, 이런 기업 스토리는 기업의 품격을 넘어 기업가의 품성을 드러내고 개인 브랜드로 캐릭터화된다. 그 기업을 대표하는 시그니처 상품보다도 기업가의 의지가 더 잘 팔리는 경우가 된다. 아무튼 상품 브랜드와 기업 브랜드, 그리고 창업주와 기업가의 개인 브랜드에서 영혼을 기대하는 시대다. 시장경쟁에서 생존해야 하는 기업으로부터 위대한 상혼만이 아니라 인간성과 영성을 요청하는 시대라고 할 수 있다.

사회적 공헌은 기업에 유익하다

회사 내부의 인재양성이나 인사관리상의 목적 때문에 사회공헌을 적극 활용하는 창의적인 기업들도 있다. 직장 내에서 의사소통을 원활하게 하고 활력 있는 조직문화를 확대해야만 기업 생산성이 커진다. 좋은 인재를 기르고 이들이 통합하는 조직개발로 기업의 핵심 경쟁력이 생길 수도 있다.

좋은 사훈을 내면화하고 소속된 회사에 대한 자부심과 결속력을 갖도록 하려고 직원들의 기업 교육을 진행하는 것처럼, 직원들이 조직적으로 자원봉사 활동이나 사회공헌 활동을 체험하게 하면 조직 통합을 강화시킨다고 전제한다. 사내 복지가 아니라 인재 교육을 통해 조직원은 통합된다. 이처럼 사회봉사를 통해 조직원들은 체험학습도 하고 사회공헌도 하는 동시에 활력을 얻고 일을 더 잘하게 된다. 이런 일석삼조가 기업가들의 기대다.

한편으로 직원들의 자원활동을 강화하면 효과적인 의사소통, 생산성 향상, 조직 창의성 증진 등이 기대된다. 사내에서 일어나는 지식동아리, 학습공동체 같은 자원활동만이 아니라 사회적 기여가 되는 자원활동으로 확대할 수 있다. 그들의 내면에 공익에 대한 기업의 철학을 불어넣기 때문에 기업의 공익사업 중에서 직원들의 사회봉사는 유용하다. 사회에 기여하면서 착한 기업에 다니는 구성원이 되고, 자부심과 소속감을 가질 만한 기업의 직원으로 통합되도록 해 준다.

사회환원과 선순환

대체로 기업의 사회적 공헌 활동은 사회환원에 가치를 둔다. 누구나 번 만큼 세상에 돌려주는 것이 올바른 사업가라고 본다. 한발 나아가자. 좋은 상인이라면 반드시 돌려준다. 그것은 거래다. 돌려주면 되돌아올 것으로 보는 것이다. 사업가에게 좋은 점이 있으니 반복할 만하다. 한발 더 나아가자. 돌려주면 되돌아온다는 것에 그치지 않고, 돌려준 것이 되돌아오는 순환으로 더 큰 사회적 가치를 키울 수도 있다. 사회도 좋아지지만, 이를 통해 기업의 가치도 달라질 수 있다. 착한 기업의 가치, 공익에 이바지하는 기업의 사회적 가치를 얻을 수 있다면, 좋은 상인이 아니라 위대한 기업가가 될 것이다.

사회에 환원해도 가치는 다시 회사로 순환된다. 유형으로든 무형으로든 다시 되돌아올 수 있다는 것은 진리다. 반드시 되돌아온다. 멀리 보면 사회공헌은 그래서 유익하다. 기업은 사회적 기여를 통해서 기업의 이미지를 다지는 것이 낭비나 허영, 사치라고 볼 이유가 없다. 규모가 있고 국제적 감각이 있는 출중한 글로벌 기업들은 이것이 미래를 위한 전략적인 행동이며 기업의 생존에 있어 정설과 같다고 여긴다. 한국 기업들의 문제라면, 이를 인정해도 이를 위한 투자를 우선순위에 두는 기업이 적은 것이다.

사회적이지 않은 기업은 없다

 탐스는 신발이 없는 전 세계의 가난한 아이들을 보면서, 소비자가 신발을 한 켤레 구매하면 회사에서 신발 한 켤레를 후원하기로 한다. 이것은 1+1 마케팅으로 알려졌으나, 사회문제를 해결하는 혁신가를 표방하지 않고도 얼마든지 일반 회사가 자신의 제품만으로도 세상을 도울 수 있다는 것을 보여 준다.

 1990년대 베네통은 파브리카연구소라는 홍보 프로젝트를 하면서 잡지도 만들고 창의적인 광고 기법을 개발했는데, 국제분쟁에서 총탄에 죽어 간 병사의 구멍이 뚫린 피묻은 옷 등 강렬한 사진 예술작품을 보여 주면서 사회문제를 각인시키는 효과를 거두었다. 자유분방하게 울긋불긋하면서도 지적, 사회적 이미지를 가진 리버럴한 베네통 스타일을 각인시킨 것은 물론이다.

 많은 사람들이 일반 기업과 사회적 기업을 구분하려고 한다. 물론 제도권 안에서 일반 기업과 사회적 기업은 서로 다른 테두리 내에서 육성된다. 하지만 사업을 하는 현장에서 그 구분이 중요한가? 어느 사업체든 돈을 잘 벌고 사회에도 환원해야 좋은 기업이라는 점을 받아들이지 않는가. 그리고 무엇보다, 세상에 존재하는 기업 가운데 '사회적'이지 않은 기업이 있을까.

시장 내 기업, 사회 속의 기업

'사회적'이란 말은 두 가지 뜻을 갖고 있다. 하나는 사회 안에서 사람들의 소통이 밀접한 과정을 밟고 있다는 뜻이다. 기업이 사회적 관계를 경영 자원으로 적극 활용할 때 쓴다. 소셜미디어, 소셜 네트워크 서비스, 소셜 커머스, 소셜 비즈니스가 그런 의미로 쓴 경우다.

또 하나의 뜻은 사회문제에 결부된다는 것으로, 사회를 개선하거나 사회발전에 연결된다든지, 공익적 성격을 갖는 것이 포함된다. 소셜 임팩트, 소셜 벤처, 기업의 소셜 미션, 소셜 엔지니어링, 소셜 서비스, 소셜 디자인 등은 모두 그런 의미를 담고 있다. 기업의 경우 사회 전체의 문제에 밀접하거나 특정한 사회개선 문제에 관심을 보이는 상황을 가리킨다. 그리고 시민사회에 연결되어 기업의 사회환원, 기업의 공익사업, 사회적 기여 프로젝트, 직원들의 사회봉사 활동, 사회공헌 캠페인, 사회적 가치 제고의 스폰서십 등으로 쓰이는 사회적이라는 말도 여기 해당한다.

모든 기업이 사회적이라는 뜻은, 기업이 직접적으로 공익을 추구하거나 사회적 서비스를 제공하는 것에만 국한되지 않는다. 기업으로서 작게라도 사회개선에 관심을 갖거나 사회발전에 어떤 식으로든 연결된 상황으로 확대해 쓸 수 있다. 그렇지 않은 기업은 없다. 기업의 사회활동은 사회적 기업이나 사회혁신을 도모하는 기업만 해당되지 않는다.

기업이 속해 있는 업계의 발전이라든지 관련된 시장발전에 대한 고민, 사회의 문제거리를 고민하여 간헐적이거나 아주 작게라도 시민단체를 돕는 일, 기업이 속한 지역공동체에 연결된 일 등을 하지 않는 기업은 없다. 공공성을 표방하는 일이나 사회복지에 연관된 직원 봉사, 소비자를 넘어 시민들의 편익을 고민하거나 국위선양에 관련된 일, 사회의 취약한 곳을 돕는 자선과 사회복지를 돕는 봉사를 나누는 것 등 기업은 어떤 식으로든 넓은 의미에서 사회적 관심에 연결되어 있다. 사회적 기업을 표방하거나 지속적인 사회공헌을 전개하는 착한 기업이 되지 않더라도 말이다.

사람들이 생각하는 전형적인 회사의 모습은 시장 내 기업이다. 시장에서 이윤을 창출하는 회사다. 그런데 기업 행위가 시장에 국한되어 있지만은 않다. 기업은 사회에 어떤 식으로든 영향을 받고 어떤 식으로든 사회에 영향을 미친다. 사회 속의 기업이라고 생각해 보라. 학교와 관청 못지 않게 기업은 아주 중요한 기능을 사회 안에서 하고 있다.

회사는 지역공동체에 주소지를 얻고, 직원을 고용하며, 다양한 조직과 함께 일한다. 정부의 지원으로부터 자유롭지 않아 공공성에 맞는 행동을 요청받으며, 세금을 비롯해 법을 지키도록 요청받는다. 이를테면 외국인 노동자를 한 명이라도 고용하는 기업은 다문화 가정을 돕는 일을 지속적으로, 의식적으로 하지 않더라도 외국인 노동자와 다문화 가정에 결부되게 되어 있다. 그 기업의 처신은 우리 사회의 이 문제에 작은 영향을 미치고 있는 것이다.

모든 기업은 사회적이다

모든 기업은 사회적 필요를 이윤 확보의 주된 근거로 삼고 있다. 사회에 가치 있는 재화와 용역을 시장에 내어 놓는 것이다. 사회적 현상에 민감하게 반응하고 있으면서 그것들의 필요를 해결해 나가는 것이 기업의 주된 활동이다. 소비자들은 필요에 부응하지 않으면 반응하지 않는다.

세상의 모든 기업들은 소비자들이 절실히 필요로 하는 것을 만들어 팔려고 애쓴다. 경제 행위는 서비스나 재화를 이용할 필요를 느껴야 일어난다. 그런데 소비자가 절실하게 느끼는 필요는 원래 의식주의 기본 생활 충족, 생물학적 욕구 해소 외에는 심리적인 결핍, 사회생활에 필요한 요구들과 관련된 것이다.

생필품 이외의 소비가 발생할 때는 원활한 사회 소통, 희망의 확보, 행복 추구, 내적인 안정 혹은 외적인 평화 유지 등과 관련된 수요들이 있을 때다. 어떤 상품을 만들어 팔든, 생필품조차도 이러한 심적 욕망을 충족시키고, 정신적 욕구를 만족시키는 것으로 포장한다. 항구적인 미래, 지구 환경, 자유 수호, 인간의 존엄성 존중, 문화와 예술, 문명의 능률적 발전, 양심과 평등의 가치 추구, 인류애적인 사랑의 분배 등을 정신적일 뿐 아니라 사회적인 요구를 해결해 주는 것처럼 명분을 걸고 서비스와 상품을 만들어 판다.

이런 상품 이미지에도 불구하고 사실 근대 이후의 기업들은 소비자가 단지 소비하도록 만드는 일에 몰두하였다. 소비자의 구매욕구를 더욱 키우는 데에 집중해서 상품을 만들고 파는 것이 기업의 당면 과제다. 그럼에도 불구하고, 기업이 만들어내는 것은 사실 소비자 개인이라기보다는 사회적으로 필요한 것들이었다. 그래서 지금도 기업들은 사훈과 회사 비전을 정할 때, 궁극적인 사회의 필요에 따라 우리 기업이 세상에 존재해야 하는 이유를 관습적으로 밝히곤 한다.

위에 말한 모든 것들은 사회적으로 유용한 것이다. 어떤 기업이나 이익 집단도 모두 예외 없이 이런 것들을 전제로 해서 필요한 재화와 상품을 발전시켜 왔다. 따라서 모든 기업은 사회적인 존재 이유를 표방하는 것이다. 예외 없이 말이다.

혼란을 느끼는 이유

사람들이 사회적 기업이란 말에 혼란을 느끼는 이유는 두 가지다. 하나는 자신의 회사가 사회적 필요에 기반을 둔다고 진심으로 생각한 적이 없기 때문이다. 관습적으로 회사의 비전을 말할 때 사회적 역할을 언급하지만, 깊이 고민하지 않는다. 돈을 벌면 자연스럽게 세상을 돕는 사회공헌을 할 것이라고 막연히 생각하거나, 마음속 깊은 곳에서 돈을 버는 일과 세상을 돕는 공익적인 일은 별개라고 여긴다.

돈벌이와 공익은 함께 만날 수 없다고 생각하든, 돈벌이를 하면서 사회적 필요를 해결하는 것이 바람직하기는 하나 너무 이상적인 일이라고 생각하든, 사회적 기업이라는 말은 어렵기만 하다. 지나치게 특별한 기업, 그리고 비현실적인 기업으로 여기게 된다.

또 다른 이유는 사회적 기업이라는 용어가 제도권 내에서 매우 제한적으로 쓰이기 때문이다. 그것은 쉽게 돈을 벌 수 없는 기업을 가리킨다. 안 그래도 힘든 사업에 공익적인 사명까지 덧붙여 무모하게 도전하는 기업을 뜻한다. 많은 사업체들이 스스로 사회적 기업을 표방하고 서비스를 만드는 시도를 하는 것이 아니라 정부 제도에서 사회적 기업을 인증하는 제제를 도입한 한국사회의 지난 10여 년의 경우는 더욱 그러하다.

많은 사람들이 사회적 기업을 떠올리면 연상하는 이미지가 있다. 사회적으로 그늘지고 도움이 필요하다고 생각되는 사람들을 돕는 봉사단체 같은 조직, 그런 사람들을 도와주고 싶어 하는 선한 사람들이 운영하는 순진한 회사, 공익적이라는 명목으로 정부의 지원을 받지만 신뢰감이 가지 않는 제품이나 서비스를 제공하면서 가격도 만만치 않게 높은 비현실적인 사업체라는 식이다.

이러한 사회적 기업의 이미지가 긍정적인 것이든 혹은 부정적인 것이든 간에 분명한 것이 있다. 한국사회는 사회적 기업을 육성하고 등록 지정하는 지원 제도를 통해 너무나 폭넓게 적용될 수 있는 사회적 활동 기업의 이미지를 매우 제한적인 것으로 만들었다는 점이다. 실은 모두가 기업을 통해서 어떤 식으로든, 작게라도 사회적인 활동을 하고 있는데 말이다.

심지어 우리 모두는 굳이 기업 활동을 하지 않더라도 모두가 사회적 기여를 한다. 인간을 사회적 동물이라고 한다. 사회적 필요를 공동으로 채우기도 하고 연대하여 사회를 유지하는 동물이다. 이기적인 동시에 이타적인 행동을 하여 사회를 유지한다. 자신의 생존과 생활 유지를 위해서라도 이타적으로 행동한다. 반론의 여지가 없는 사실이다.

사회적인 존재의 시사점

모든 기업이 사회적이라는 사실이 우리에게 의미하는 바는 무엇일까. 모두가 자신의 위치에서 더 발전적인 사회적 가치를 표방하고 실제로 발전에 이바지해야 함을 의미한다. 그것이 기업과 개인의 존재 이유이기 때문이다.

다음으로 사회적 기업에 대한 왜곡된 시선을 바꾸어야 한다. 어떤 이유로든 이 단어를 정치적 이해관계에 따라 사용하지 않아야 한다. 진보적인 사회운동이나 공동체 사회를 위한 비영리 활동을 하는 곳만이 사회적 기업을 해야 할 것 같은 선민의식을 제거해야 한다. 시민사회의 개선이나 사회혁신을 위한 건강한 도전과 달리 관념적인 정치운동처럼 사회적 기업을 이해시키는 낡은 관념으로는, 낙후된 기업 행위를 하여 시장 성과를 보기도 힘들 것이다.

좋은 기업을 만들려고 하는 기업가들에게 맡겨진 일은 무엇인가. 더 발전적인 사회적 가치를 실현하려는 노력을 통해서 세상을 빛내는 것이다. 모든 기업이 사회적이라고 강조해야 하는 시대에 기업을 만들면서 활약하게 된 우리는, 현대사의 구성원으로서 때마침 시장혁신과 함께 사회혁신에 도전하는 독특한 스토리를 만들어 내려고 애쓰고 있는 셈이다.

공공의 이익

앞서 이야기했듯이 기업의 본질적인 속성은 이윤 창출과 이윤의 축적에 있다. 하지만 더 큰 이윤을 만들어 내려는 그런 특성을 무시하고 공공의 이익을 추구한다는 것은 쉽지 않은 일이다. 특히 이제 막 생긴 기업이나 아주 작은 사회적 기업이 이를 실행에 옮기는 것은 쉽지 않다.

가치 있는 사회봉사를 창출하면서 정부 지원을 함께 받는 사회적 경제 조직, 공공 영역에서 공익 사업을 펼치는 마을기업과 협동조합 등은 후원을 통한 자본 유입에 어느 정도 의지하지 않고서는 생존이 힘들거나, 근본적으로 독자적인 이익을 만들어 내기 힘든 경우도 많다.

공공의 이익을 도모하는 사업체들이 사회에서 보다 생산적이고 긍정적인 효과를 가져다주는 동시에 시장에서도 자리 잡은 기업으로 제 역할을 하는 것이 쉬운 일은 아니다.

실용적이지 않은 생각인가

도덕성을 갖춘 공익 사업체나 사회적 기업들이 수익성도 좋은지 의문을 품는 사람들도 있다. 정부의 지원이 없으면 생존이 힘든 이들을 기업이라고 불러야 하는지 묻는 이들도 있다. 사회적으로 가치 있게 보이는 기업들이 존중받고 살아남아야 하는 것이 너무 당연한 일이지만, 그렇지 않은 경우도 수없이 보았다.

· 정부는 사회적 기업을 육성할 것이 아니라 모든 기업이 사회적 가치를 추구하도록 양성해야 한다. 이들이 사회적 필요를 채우는 기여를 할 때 좋은 혜택을 주어 경제적 실패를 하지 않을 수 있도록 도와야 한다. 시장 경제를 교란하지 않는 방법으로 말이다.

기업의 사회적 기여가 재무적인 성과나 수익에 정말로 긍정적인 영향을 미치는지에 대해서는 더 많은 연구가 필요할 수 있다. 그러나 그것이 꼭 비례하지는 않는다 하더라도 기업은 사회 속에 자신들의 영향력과 재능을 반영할 때, 더 소중하고 비중 있는 존재로서 발돋움할 수 있다. 나는 그렇게 생각한다.

동서양을 막론하고 지금의 사회에서는 기업이 정부 지원의 힘으로 돌아가는 경향이 있다. 빈부격차가 커지는 신자유주의 경제 이후 생존이 힘든 작은 기업들이 공공의 지원을 통해 살아남고, 세금을 통해 지원받은 이들이 공익적 역할을 하도록 요청받기도 한다. 선진국을 중심으로 사회적 기업들과 사회혁신 단체, 사회적 경제조직 등을 지원하고 공무원과 행정을 대신하여 시민사회를 촉진하고 공공성을 유지하는 서비스 기능을 하는 동시에 경제적 주체로 살아남는 역할을 부여받았다.

한국에서도 많은 기업들은 오늘날 좀 더 책임 있게 행동할 것을 요구하는 정부의 능력으로 돌아가고 있다. 그것은 전부 우리가 내는 세금이다. 세금으로 기업들은 죽지 않고 살아남고 도움을 받아 큰돈을 번다. 대기업과 소상공인, 중견 기업과 자영업자, 중소기업과 영세상인 모두 마찬가지다.

제도적으로도 일반 기업들이 사회적 역할을 더 많이 하도록 강화하여 시장의 체질을 바꾸어가는 것이 필요한 시점이라고 나는 생각한다. 그렇게 해서 사회적 기업이 아니라도 사회적 가치를 추구하는 일반 기업들이 빛을 발하는 그런 사회가 만들어진다면 얼마나 좋겠는가.

무엇을 위해 기여할 것인가?

이 글을 읽는 당신은 기업의 진짜 가치가 어디에 있다고 생각하는가? 기업이 경제 행위를 하지만 사회적 필요를 채우기 위한 사명들을 꿈꾸고 있다고 했었다. 그렇다면 그러한 기업이 추구하는 진짜 가치는 어떤 것인가.

기업이 확보하고자 하는 가치는 큰 수익을 내는 것, 즉 자본을 축적하고 잉여자본을 만드는 것일 수 있다. 그런데 기업을 평가하는 가치는 그것만이 아니다. 사회적 필요를 채우는 기여와 공익적 기대 역시 작용한다. 사회공헌을 할수록 가치 있다고 여기며 사회봉사에 연결되는 일을 하기를 요구한다. 그럼으로써, 사회에서 가치 있는 존재임을 증명하기를 원한다. 돈을 버는 시장에서의 성공과 사회적인 존재 이유, 이 두 가지 중에 기업의 진짜 가치를 고르라면 무엇이라 말할까.

기업은 사업주의 이윤을 위해 존재하는가

사업을 처음 시작했던 사업주는 이윤을 남기는 것이 솔직하고 근본적이고 본질적인 기업의 존재 가치라고 생각할지 모르겠다. 틀린 말은 아니다. 하지만 기업이 사회 안에서 모종의 사회적 작용을 만들어 내는 순간, 그것은 더 이상 한 개인의 회사만은 아니라고 생각한다.

기업은 사회와의 상호작용을 통해서 이윤을 얻고, 사회의 지원을 받아 유통을 한다. 그와 관련된 여러 영향을 사람들에게 미친다. 경제적 영향만이 아니라 사회적 영향을 미치는 것이다. 따라서 기업의 이윤 창출을 위한 여러 활동들이 사업가에게는 자신의 돈 벌기로 여겨질지라도, 세상 위에서 보면 단순한 돈 만들기도 아니며 먹고살기 위한 생존과 생계의 경제 활동에 국한되지도 않는다.

모비랩 과정에서 환업 세션을 하는 이유는 이것이다. 우리가 가진 재능은 사회를 위해 써야 한다. 그럴수록 그 재능과 역량은 사회로부터 지지받고 성장한다. 우리가 사회를 통해서 얻은 것들의 일정 부분을 정해 더 나은 사회를 위해 다시 환원시켜야 한다.

회사의 사업이나 기업 경영만 놓고 볼 것이 아니라 구매와 판매 등 시장 활동, 생산과 유통과 소비 등 산업 구조, 수요에 따른 공급 등의 경제 행위를 다 놓고 볼 때, 기업들은 대가를 치르고 사회에서 얻기도 하지만 공제받거나 거의 공짜로 사회에서 얻는다. 사회로부터 얻은 재화를 다시 사회에 돌려보내는 순환이 옳다. 경제적 교환 위로 사회 환경이라는 지붕을 씌워 주었기 때문에 우리는 돈을 벌 수 있다. 온전히 혼자의 힘으로 순수한 시장경쟁에서 이기고 살아남았을 뿐이라고 착각하고 있을 따름이다.

환업이 답이다

환업은 가치를 사회로 돌려주고 사회에 돌게 하는 업을 뜻하는 신조

어다. 모비램에서는 매출과 수익으로 알 수 없는, 눈에 보이지 않는 숨은 가치를 획득한 후 순환시키는 기업 본유의 일을 환업이라고 정의했다. 사회에서 온 것을 사회로 환원해 주고 계속 그 가치가 기업과 사회, 소비지와 시민들 사이에 피처럼 순환하여 돌게 하는 것이다.

환업은 사회로 순환시키는 것, 이를 얻은 환경인 사회에 환원하고 사회로부터 존중받는 것이다. 기업이 사회에 돌려주고 사회로부터 되돌려 받는 일을 중요한 기회요인과 자원경영으로 보았고, 기업 고유의 가치를 증진하는 업으로 보았다.

환업 세션의 '환' 자는 뭔가를 서로 바꾸는 교환의 '환(換)' 자일 뿐 아니라 우리를 구성하는 지붕으로서 환경을 의미하는 '환(環)' 자이다. 그 안에서 서로 돌아가고 숨통을 트는 순환을 의미하는 한자이기도 하다. 경제적 순환을 제대로 한다면 기업이 획득한 가치와 이윤은 원래 온 곳으로 돌려보내는 환원을 해야 하기 때문에 무엇보다 환원의 '환(還)'이다. 기업의 존재 가치는 교환을 넘어선 환경 속의 상호순환, 그리고 그 선순환에 따른 환원과 밀접한 관련이 있다고 생각한다.

기여해야 건강해진다

기업은 사회를 위해서 기꺼이 기여할 수 있어야 하고 사회 안에 긍정적인 에너지를 불어넣는 공헌을 해야 한다. 그렇게 해야 사회는 건강해질 수 있고 사회가 탄탄해야 기업은 단순한 일회성 수익이 아니라 지속 가능한 이윤을 반복적으로 낼 수 있게 된다. 회사가 사회로 환원을 해주어도 순환에 따라 다시 사회에서 회사로 되돌아오는 것, 환경 속에서 교환되어 오는 것이 있기 때문이다. 좋은 기업으로 부각되는 사회적 인정과 존중도 그런 가치 중 하나다.

돈만 벌자는 기업은 자신의 힘이 세지 않는 한 오래 지속될 수가 없다. 돈으로만 기준을 정하면 일정 기간 돈을 못 벌면 생명력이 없어진다. 단순히 돈을 벌 목적으로 기업을 한다면 특정 기대치가 채워졌을 때 더 이상 같은 일을 반복하지 않을 것이기 때문에, 상투적인 상행위를 유지하다가 위기에 빠지기 쉽다. 기업가 정신으로 추구하는 시장 혁신과 창조적 파괴 그 자체가 아니라 돈이 목적이라면 더욱 그렇다.

물론 이윤 창출의 욕심에는 끝이 없다. 더 많은 돈을 벌기 원할 것이고, 특정 목표에 도달한다면 그때부터 더욱더 많은 돈을 벌기를 원할 것이다. 자본주의 아래에서 기업은 이윤 그 자체를 확대하는 것을 추구하고 이자를 통해 자본 그 자체를 축적하는 데 집중한다. 잉여자본을 모으는 것을 목적으로 삼는 기업은 같은 수준을 반복하는 것이 아니라 더욱더 팽창하고 한없이 축적하려고 한다. 맹목적으로 돈을 벌다가 사회적 필요를 잊거나 진정 사회적으로 요청받은 기업의 가치를 잃기도 한다.

돈을 벌면서도 사회적 가치를 추구한다는 성찰을 해 본 적이 없고 사회적 과제를 가진 바 없는 기업에게 돈만 벌자는 설정은 어느 순간 허무한 것이 될 수 있다. 직원들도 타성에 젖은 작업이나 사업을 진행할 것이 분명하고, 기업도 역시 자신이 하고 있는 일에 대한 가치를 올바로 떠올리지 못할 수 있다. 그 때문에 여러 면에서 자신들이 하고 있는 일을 오래도록 유지할 수 없을 것이다. 그때부터 기업의 진정한 가치, 내가 돈을 벌고자 했던 이유, 기업을 하는 목적 등이 원래부터 없었다거나 어느 순간부터 사라졌음을 떠올리고 방황할 수 있다.

나는 그것이 불편한 진실이라고 생각한다. 적어도 처음에는 먹고살기 위해서 어떤 일을 했다 할지라도, 얼마의 시간이 흘러 돈을 벌고 사회 안에 자신들이 맹목적으로 생존하려는 모습을 보였다고 지각한다면, 자신들이 하고 있는 일에 어떤 가치가 있는지 되돌아보게 된다는 것이다. 결국 좋은 기업을 만들려면, 기업의 사회적 가치에 대한 구체적인 자각은 피할 수 없다. 처음부터든 후회할 때부터든 말이다.

기업의 이윤은 기업만의 것일까?

기업의 재정적 수익, 그리고 이윤은 결과적으로 볼 때 사회 안에서 존재하던 재화가 기업의 생존 에너지로 전환해 흘러들어간 것이라고 말할 수 있다. 따라서 기업은 자신들을 존재하게 해 준 사회에 대해서 감사함을 표현할 수 있어야 한다.

물론 그것은 단순한 거래에 의한 것일 수 있다. 정부의 정책에서는 꾸준히 경제 진흥과 산업 육성, 기업 지원 등이 일어나고 있지만, 사회 안의 각종 제도들은 의도적으로 기업의 생존을 지원하는 방향을 취하지 않았을 수 있다. 모두가 자신들의 생존을 위해서 사회 안에서 상호작용을 하다 보니 당연히 사회적 인프라의 혜택을 누렸을 수 있다. 기업도 낸 세금으로 만들어진 사회간접자본을 쓰면서 지원과 혜택을 얻는 결과를 초래했을 수도 있다.

그렇다 하더라도, 기업은 스스로의 존재 가치를 재고하는 차원에서 사회에 감사해야 한다. 사회에서 자신들의 존재 이유와 가치를 확인해 나가면서 사회 안의 기업으로서 사회에 되돌려줄 것을 찾아 작게라도 실행해야 한다. 자신들이 어떤 가치 있는 일로 사회를 도울 것이고, 어떤 지원과 혜택을 간접적으로 받으면서 사회 안에서 지금의 일을 하고 있으며, 또 어떤 방법으로 그것을 사회에 다시 전달하려고 하는지를 분명히 해야 한다.

세상은 수많은 '나'로 이루어져 있다

그것은 칭찬받을 만한 일이라기보다 기업 행위에 뒤따라야 할 일이다. 당연한 수순이고 응당의 귀결이다. 노동에 대한 보상, 수익에 대한 보상이 있듯, 기업은 소비자에 대한 보상, 사회에 대한 보상을 부과적으로 해야 한다. 거기서 기업의 부가가치가 사람들 사이에서, 세상에서, 조금 더 높게 형성된다고 보면 된다.

기업은 '사람'으로 이루어져 있다. 바로 우리들이다. 우리는 수많은 '나'들이 어울려 있는 것이다. 나에게 있어서 이 세상은 어떤 의미인가. 세상은 현재 내가 삶을 영위하는 곳이고 또한 나의 후세들이 자신들의 삶을 영위할 장소다. 따라서 사회를 위해서 어떤 기여를 한다는 것은, 단순히 내가 착한 일을 한다는 의미가 아니라 나와 내 후세를 위한 하나의 바람직한 절차라고 할 수 있다. 수많은 나, 나중에 올 또 다른 나를 위해서 할 일들이다.

사람은 가치관을 통해서 바람직한 일을 할 때 만족감을 얻는다. 그래서 기업의 존재 가치를 생각할 때, 사회 안에 어떤 가치 있는 일을 구현할지를 자각해 나가는 것이 바로 모비랩의 환업 과정이다.

단순히 사회를 위해서 돈을 쾌척하고 또 어려운 사람들을 도와준다는 의미가 아니다. 재원이 충분하지 않은 기업이라 할지라도, 자신들의 힘과 노동력 그리고 재능을 사용해서 꾸준히 지금부터 작은 기여를 할 수 있다. 사회에 작은 한 줄기 빛을 반영하는 공헌을 할 수 있다.

기업은 존재하는 그날부터 세상에 기여하기 시작한다

관념적으로 들릴 수 있고 실질적인 이야기로 여겨지지 않을 수도 있다. 먹고살기 바빠서 다른 것들에 미처 생각을 쏟을 겨를도 없는 경우가 태반이기 때문이다.

하지만 조용히 독립유공자를 집중 후원하는 LG의 미덕, 착한 기업의 선행과 미담이 놀랄 만치 많아 갓뚜기라고 불리는 오뚜기의 전설은 자리 잡은 대기업이나 중견기업이라서 가능한 것만은 아니다. 돈 번 후 사회공헌을 하는 착한 기업이 되기 전에, 기업가들은 자신이 도와야 할 사람이 세상 어디 있는지, 사회적 책임을 하게 된다면 어디에서 무엇을 해야 기업의 가치에 걸맞은 것인지 오래전부터 고민해 왔을 것이다. 작게 창업한 청년 기업가일수록 지금부터 사회를 위해 존재할 꿈을 꾸어야 한다.

'목구멍이 포도청'이라는 말이 있다. 일단 자신의 입으로 욱여넣는 일에 정신이 집중되어 있다면 다른 것에는 눈 돌릴 정신적 여유가 생기지 않는다. 그러나 우리는 더불어 살아가고 있다. 기업은 존재하는 그 첫날부터 사회에 실제적으로 기여하고 있다고 생각한다.

사행성 일을 위해서 만들어졌거나 불순한 목적으로 만들어진 기업이 아닌 이상, 기업은 어떤 형태로든 사회에 긍정적인 에너지를 발산하고 있다. 사회의 구심점이 되어 활력을 주지 않는다 하더라도, 작은 자신의 자리에서 사회가 잘 돌아가게 만드는 동력원으로 작용하고 있다.

사회적 가치창출은 당연한 것이다

왜 기업은 자신들의 성장뿐만 아니라 사회에 미칠 영향까지도 생각해야 하는 것일까. 왜 회사가 벌 것뿐 아니라 사회로 돌려줄 추가적인 것까지 생각해야 하는 것일까. 사회로부터 빚이 있기 때문이고, 또 그렇게 할 때 사회로부터 되돌려 받을 것이 있기 때문이라고 했다. 기업의 목적 자체가 이윤과 이득을 최대한 확보하는 것이기에, 환원하고 다시 순환시켜 다시 수혜를 높이는 것은 손해가 아니다. 기업이 지속적으로 성장하기 위해서라도, 그것은 불가피하다.

기업의 사회적 책임(Corporate Social Responsibility, CSR)은 당위가 되었다. 기업이 사회로부터 받은 혜택이 있어서 책임을 지자는 논리든지, 본연의 일로 사회를 지원하는 책임을 기업 본연의 역할로 새로 부가하자는 관점이든지 간에, 기업의 사회공헌이나 사회환원은 당연한 것이 되고 있다. 기업이 사회적 책임을 갖고 구체적인 의무처럼 사회기여와 사회봉사를 추진하는 것과 별개로, 기업이 사회단체나 시민조직과 손잡고 기업의 자원을 써서 사회적으로 가치 있는 협업을 하는 경우도 있다.

기업이 별도의 사회적 서비스를 만들지는 않지만, 자신들이 생산하여 판매하는 서비스를 가치 있는 데 쓰도록 사회와 나누거나, 자신들이 하는 일로부터 공익 서비스를 부분적으로 발생시키는 것이다. 기업가치의 사회적 공유(Creating Shared Value, CSV)는 자신들의 시장 확대에 있어서 도움이 된다고 보는 차원에서 공공 마케팅으로서 사회기여를 하는 것이다. 자신의 자원을 공유하고 사회문제를 해결하는 기회로 시민단체가 이용하도록 하는 가운데 공익 브랜딩을 추구한다. 이처럼 기업이 수익을 창출한 이후에 사회공헌 활동을 하는 것이 아니라, 제품을 만들고 상품을 파는 기업 활동 자체가 사회적 가치를 창출하게 만드는 시도들이 부상한다.

사회적 가치를 창출하면서 수익을 내는 사회적 기업들은 별개로 존재하지만, 사회적 가치에 관심을 갖는 일반 기업들의 수도 늘고 있다. 단순히 매출만 올리고 수익을 늘이려는 기업이 아니라 사회적 책임을 수행하거나 사회적으로 가치 있는 일을 나누고자 노력하는 기업들이 하는 일이, 미래지향적인 것으로 평가받는 것만은 분명하다. 이들을 '사회적 활동 기업'들이라고 칭할 수 있다.

'콜렉티브 임팩트'에 주목하라

SK 행복나래는 사회적 기업을 육성하는 사회적 기업이다. 여기서 보육된 기업들이 공동으로 소셜 임팩트를 만들어 내도록 협업을 독려했다. 계열사를 거느린 대기업의 강점을 살려, 육성된 사회적 기업이 제품의 질을 높이도록 하는 한편, 계열사들은 사회적 기업 제품을 구매하도록 정해진 할당량 안에서 조달협조를 구하는 콜라보를 만들어 갔다.

SK는 최근 대기업의 사회적 책임 일환으로 사회적 기업을 집중적으로 기르겠다고 밝힌 바 있다. 이때 개별 기업들을 보육하는 것이 아니라 사회문제를 해결하기 위해 조직지능을 발휘하면서 콜라보를 하는 데에 지원함으로써, 현행 제각기 소셜미션을 수행하는 사회적 기업들의 보육과정이 만들어 낸 한계를 넘어서기를 바란다.

세상을 돕는 파트너십과 콜라보를 만든다면

한국의 사회적 기업 콘삭스는 옥수수 섬유로 양말을 만들어 소외된 이웃을 돕는다. 이 소재로 환경문제를 해결한다. 제조할 때 화석연료를 사용하지 않으며 이산화탄소 발생이 없고, 식물이라 폐기물 처리도 친환경적일 수 있다. 또 아프리카 빈곤 문제를 돕는 자립 기부를 진행하여 양말 구매 시 수입금의 10퍼센트를 국제옥수수재단을 통해 기부하고, 기부금 사용의 투명성을 드러내려 했었다. 옥수수 구매가 많아 가격이 올라가면, 식량으로 삼는 이들이 구매할 수 없게 될 것이기 때문에 옥수수를 많이 심어 가격 인상이 되지 않도록 하는 취지를 담아, 옥수수 씨앗을 제공하고 농사를 하여 자립하도록 돕고 있다.

탐스가 원조하는 신발이 어린이들의 발을 보호해 줄 수는 있지만, 어린이들이 양말로 발을 보호하지 못하고 발 건강에 불리한 신발을 신는 문제가 제기되었다. 만일 탐스와 콘삭스가 만나 콜라보를 한다면 어떨까. 개발도상국과 저개발국가의 어린이를 돕는 방법으로 옥수수 씨앗과 양말, 그리고 신발이 함께 하여 지원 효과를 높일 수 있을 것이다.

창과 마루를 만드는 이건창호는 2000년대 초까지 남태평양 솔로몬군도에 여의도 90배 면적의 숲을 가꾸었다. 쓸 만한 나무를 길러야 좋은 목재를 얻을 수 있기 때문이다. 이 숲에서 새로운 나비 한 종이 발견되었다. 영국 나비학자가 이건창호의 도움 아래 발견한 것으로, 나비에게는 이건이라는 학명을 주고 곤충학회에서 발표했다. 나무 부자 나라를 만들려는 이건창호의 솔로몬 숲에는 이건나비가 날아다닌다.

이건창호가 나무와 숲을 보호하는 것을 표방하지만 목재를 만드는 사업을 위한 것임은 분명하다. 유일한 박사의 유지를 받든 유한양행의 기업가 정신이 있다고 해도, 유한킴벌리가 숲에 나무를 심는 사회공헌을 하는 것은 휴지와 종이를 생산하느라 나무를 베기 때문이다. 한편으로, SK처럼 정유회사를 갖춘 곳은 화석연료의 사용을 촉진하기 때문에 지금보다 더 많이 환경을 지원해야 한다. 화석연료 자동차를 만드는 현대자동차 역시 생태계 보호의 책무로부터 자유롭지 않다. 비판에 직면한 기업은 직접 나무를 베어 소비하는 유한킴벌리와 이건창호만이 아닐 수 있다.

만일 대기업들이 콜라보를 할 수 있다면, 정유회사와 자동차 생산공장에 이건창호와 유한킴벌리가 하는 숲 가꾸기 역할을 맡길 수 있지 않을까. 그리고 숲을 가꾸는 시민단체와 생태계 회복기술을 마련하는 소셜 벤처, 제3세계를 지원하는 사회적 기업이 이들 대기업의 사회공헌 서비스를 국내외의 숲 가꾸기에 집중하고 대기업과 콜렉티브 임팩트를 만들어 낼 수 있을 것이다.

사회적 기업이 따로 있는 것이 아니라 모든 기업은 사회적 가치를 추구해야 한다고 했다. 그렇다면 기업들은 소셜 미션을 갖고, 또 소셜 임팩트를 추구하는 존재가 된다. 여러 기업들이 소셜 임팩트를 내는 데 있어 파트너십을 갖는다면 어떨까. 소셜 미션에서 함께할 만한 기업들이 콜라보를 한다면 어떨까.

모자이크 방식을 추구하는 기업들이 모여 사회공헌 역시 모자이크 한다면 어떨까. 이것을 '콜렉티브 임팩트'를 낸다고 말한다. 원래 이 말은 한 사회에서 다양한 분야의 사람들이 모여 사회문제를 해결하고 결핍을 해소하거나 개선을 추구하는 데 있어 공동의 작업을 해 나가는 시민사회의 활동을 가리킨다. 공공 영역에서 펼쳐지는 이런 일들로 사회에 적은 실험과 변화들이 생겨 왔다. 콜렉티브 임팩트가 개별 회사들이 제각각 하는 소셜 미션 추구보다 힘이 있다는 것이 모비랩의 전제다. 우리가 하는 모자이크 방식이 바로 이것이다.

환업의 이해

환업 세션에서는 앞으로 추구할 '소셜 미션'이라는 말을 구체적으로 만들어 낼 '소셜 임팩트'로 바꾸어 발표하도록 시킨다. 지금의 내 역할이 아니라, 미래의 세상에 올 변화를 말하도록 하는 것이고, 지금 추구하는 계획보다는 달성할 목표 지점과 도달해야 할 과제로 이야기하라는 것이다. 그럼으로써 실행의지를 조금 더 촉구하게 된다.

다음으로 만일 임팩트를 낸다면 그것으로 동료들에게 어떤 베니핏이 발생하는지 상상하게 만든다. 그리고 내 회사의 종업원, 소비자, 소셜 미션의 수혜자들, 시민, 콜라보를 해 온 파트너 등이 어떤 베니핏을 나누는지 구체적으로 말하도록 만든다.

환업 세션에서는 모든 가능한 실천들의 항목을 가상으로 생각해 보게 만든다. 그 안에서 당장 할 수 있는 실천, 가장 작게라도 할 수 있는 실천을 떠올리고 공유하게 한다.

또, 멀리 바라보고 소셜 미션을 달성하기 위해서 비즈니스 모델처럼 연별 계획을 설계하여 사회공헌을 통한 브랜드 홍보와 마케팅 이득이 적자에서 흑자로 전환하는 지점을 결정하도록 한다. 혹은 소셜 미션을 도달 목표와 달성 과제로 다시 정의하고, 기업의 사회에 대한 투자와 투자금의 회수로 놓고서 손익분기점을 넘는 시기를 정해 도전하게 한다.

비즈니스 모델만 설계하지 말고, 소셜 미션의 수행 계획을 일정표와 매출매입의 장부에 적는 식으로, 구체적으로 설계해야 좋은 기업가임을 모비랩은 말하고자 한다. 서비스 플랜을 짜는 것과 함께, 회사가 만들어 내고자 하는 소셜 임팩트의 형성 절차를 단기, 중기, 장기로 나누어 담도록 하는 것이다.

원탁의 구성원들이 돌아가면서, 나의 소셜 미션에 대해 이야기해 주는 시간을 갖는다. 내가 제시한 소셜 미션 외에도 내 역량과 기술, 지식 등 내가 가진 자원과 기회로 어떤 다른 소셜 미션을 추구하면 좋을지 권고 받는 시간이다. 나를 상대적으로 보면서 내가 해 낼 수 있는 일의 잠재력을 확장해서 보게 되는 경험을 한다. 그다음으로, 구성원들은 돌아가면서, 자신이 갖고 있는 자원과 기회라면 내가 갖고 있는 소셜 미션을 어떻게 달성할 수 있는지, 어떻게 나와 힘을 합쳐 내 소셜 미션을 추구하는 데에 기여할 것인지를 밝히게 된다. 상생을 위한 협동 코스를 도입해 보는 것이다.

모비랩은 기존 창업보육 과정과 다른 점들이 많다. 그중 하나는 처음부터 비즈니스 모델을 잡거나 소셜 미션을 정하도록 하지 않는다는 것이다. 원탁에 앉아 다른 기업가들과 대화하면서 협동과 협업 과정을 먼저 거친다. 원탁에서 얻는 직관과 성찰로 자신의 비즈니스 모델을 풍부하게 돌아볼 수 있게 된다. 소셜 미션도 원탁의 대화를 통해서 성장하는 것이다. 일반적으로 창업을 돕는 멘토나 컨설턴트들은 많은 창업 사례를 듣기 때문에 비교하고 분석하면서 창업하려는 사람들 못지않게 공부하면서 성장할 수 있다. 마찬가지로 창업과 창업 후를 고민하는 당사자인 기업가들도 원탁에서 다른 기업들의 소셜 미션을 충분히 듣고 대화하면서 학습하고 연구한다면, 자신이 갖고 있는 소셜 미션과 소셜 임팩트 설계에 있어 큰 성장이 일어난다고 본다.

또 하나의 다른 점, 공동작업의 비즈니스를 정해 나가는 협업을 중시한다는 데 있다. 그리고 비즈니스처럼 소셜 미션 역시 서로 맞는 사람들 간의 공동사업으로 묶어 준다. 각자가 정한 소셜 미션 대신 공동으로 어떤 소셜 임팩트에 도달할 것인지로 보는 틀을 바꾸어 원탁 대화를 진행하도록 한다. 원탁의 참여자들인 기업가들은 소셜 임팩트를 만드는 데 있어 어떤 식으로든 자신의 비즈니스 자원과 기회를 섞도록 만든다. 그리하여 자신이 추구하는 소셜 미션 외에도 공동사업의 형태로 새로운 소셜 미션을 하나 더 만드는 데 기여할 수 있도록 한다. 사회적 활동의 역량이 커질뿐더러 기업가 스스로도 다른 기업가들과 힘을 합치면 사회문제를 해결할 수 있는 자신의 잠재력이 확장된다는 인식을 얻는다.

공동의 환업을 추구한다

현행 사회적 기업 육성 과정의 한계는 개별 기업의 소셜 미션을 강조하는 데에서 크게 벗어나지 못한 데 있다. 모비랩은 사회적 기업들과 사회적 경제 조직이 공동의 미션을 놓고 임팩트를 키우는 실질적인 대화 절차를 거쳐야 한다고 본다. 모비랩 환업 세션에서는 기업가들이 모여 공동으로 사회문제를 해결하는 원탁에 집중하는 시간을 갖는다. 공유, 협동, 융합의 세 단계로 나눈 협업 대화를 적용하여 공동의 소셜 임팩트를 내는 시도를 해 보면서 힘을 합치면 효력이 발생한다는 점을 직관하도록 만든다.

사회적 기업 육성 과정에서도 소셜 미션을 다룬다. 비슷하게 모비랩에서도 개별 회사들이 사회기여를 추구하고 소셜 미션을 정돈해 보는 시간을 갖기는 한다. 하지만 소셜 미션을 정하는 데에서만 그치지 않는다. 비즈니스 모델을 짜고 장기 계획을 세우는 것처럼 일정 설계를 세우도록 하였다. 이 과정에서 사회적 기업가들은 소셜 미션을 관념적으로 떠들 수 없게 되고, 일반 기업들 역시 사회적 기여에 대해 몇 년의 구체적인 계획을 세우면서 모든 기업들이 사회적이라는 점을 성찰하게 된다.

무엇보다 개별 기업들의 환업 코스 이후에 협업과 환업을 결합하는 방식의 공동환업 과정을 진행한다. 협업 절차를 통해 환업의 힘을 증폭시키는 원탁에 앉아 콜렉티브 임팩트를 내는 코스를 거치는 것이 모비랩의 큰 특징이다.

모비랩 환업 과정은 난상으로 떠드는 것을 막고 공동으로 사회적 영향력을 발휘할 수 있는 방도를 찾도록 이를 절차화했다. 협업 세션처럼 공동환업 과정을 진행하면, 사회문제를 공동으로 해결하기 위해 먼저 각 회사가 자원과 기회를 분명하게 공유한다.

그리고 자신의 소셜 미션을 추구하는 데 필요한 도움을 얻고, 다른 기업의 소셜 미션을 추구하는 데 필요한 나의 도움을 제공하는 식의 '기브 앤 테이크' 대화를 진행한다. 상대방의 욕구는 무엇인지, 상대방에게 필요한 부분이 어떤 것인지, 정확히 알아 나간다 이 과정에서 서로의 이해관계를 파악하게 되고 함께 사회적 영향력을 발휘하는 최적의 지형도를 잘 그리는 것이다.

다음으로 하나의 콜렉티브 임팩트를 목표로 하는 과제를 놓고, 공동의 힘을 발휘하기 위해 자원과 기회를 제공하여 협업 대화를 진행한다. 그리고 서로가 지킬 규칙과 함께 각 회사가 맡을 역할을 분명히 밝히는 분업 계획을 짜 발표한다. 공동으로 창출하고자 하는 소셜 임팩트에 모두가 집중하도록 노력하는 것이 바로 협업적 환업이라고 부르는 공동환업 과정이다.

소셜 미션과 소셜 임팩트

소셜 임팩트는 내가 의도했다고 쉽게 낼 수 있는 것은 아니다. 내가 당장 할 수 있는 유일한 일은 소셜 미션을 표방한 후 하루의 실천을 하는 일뿐이다. 내가 의도해서 낼 수 있는 것도 당장의 행동을 벌여 만들어 낼 수 있는 실적이다. 실적은 지금 실제로 쌓아 놓는 것이다. 가시적이고 분명한, 일한 결과들일 뿐이다.

그런데 성과는, 그것이 쌓여서 새로운 인식의 변화로 나오게 하는 것이다. 경과들이 발생하고 결과들이 쌓여 변화된 의식을 내외부에서 갖게 되는 것이 성과다. 효과는 또 다르다. 간접적으로, 또 장기적으로 우리가 의도했던 영역에, 지역에, 사회 전체에 충격을 주고 행동의 변화, 생활의 변화가 일어났을 때 효과가 발생했다고 말한다. 효과가 영향력을 얻는다는 것은 사회에 변화가 생길 때 쓰는 말이다. 효과(Effect)가 쌓여 강력한 충격인 영향력(Impact)으로 나온다.

실적은 경과와 결과가 누적되는 것이다. 실적과 성과, 효과는 모두 다른 것이다. 효과와 영향력 역시 다른 개념이다. 이를테면 개미들은 각자의 실적인 현재 노동을 쌓아서, 여왕개미 집에 겨울 먹을 것을 저장한다. 누적된 경과가 힘 있는 결과를 낳는다. 식량을 비축하여 겨울을 안 죽고 살아남았고 자신감과 희망을 얻었다면 성과가 나온 것이다. 생존한 후 내년에 더 많은 곡식을 가져올 수 있도록 다음 세대를 재생산하고 충원하면서 조직이 견고해지는 데까지 발전하는 것이 효과가 나온 것이다. 이것을 꿀벌들의 이야기로 놓고 그대로 대입해도 마찬가지다. 노동이라는 경과가 누적되어 식량비축의 실적으로 생존이라는 결과가 나온 것이고, 겨울을 나고 조직을 강화하자는 결속력이 생기는 성과가 나타난 후, 조직을 재생산하고 확장하는 효과가 발생한 것이다. 한 해 겨울을 견디고 조직이 커지고 지역에서 꽃들에게 미치는 벌들의 활동이 눈에 띄게 늘어 간다면 그것은 영향력이 커진 것이다. 여왕개미가 만일 내년에 더 많은 꿀을 모으는 영향력을 전제로 하여 식량비축과 재생산 계획을 세운다면 그것을 '임팩트 설계'라고 한다.

임팩트 설계

모비랩 대화에서는 소셜 미션을 일정표로 설계하여 이미지화한다. 10년 후에 우리가 만들어 낼 임팩트 상황을 설정하고 거꾸로 이를 달성하기 위한 기업가의 행동을 구체적으로 설정하도록 돕는다. 지금부터 하루하루 소셜 미션에 맞는 행동들과 시간표상의 실천 절차들을 설계하는 것이다. 임팩트 설계를 한다는 것은 하루하루 소셜 미션을 실천하는 일을 계획하는 것이다.

사실 기업가는 자신이 벌인 일로 비롯된 사회를 바꾸는 효과까지 계획하거나 그 변화를 만들어 낸 영향력 자체를 계획하지 못한다. 예상해 보고 그려 볼 수 있으나 그리 되는 길을 짤 수는 없다. 사회를 어떻게 바꾸려고 의도하는 나의 행동을 설계하는 것일 뿐이다. 의도대로 다 해 낸다는 보장이 없다. 의도대로 해도 기대한 영향력이 발생하지 않을 수도 있다. 기업가는 단지 의향과 지향점을 설계하는 것이다.

내 회사가 실적을 내고 경과가 누적되어 그 결과로 조직원을 비롯한 협력업체 사람들의 행동과 생각이 달라지는 것이 성과다. 그것은 의도하고 기대한 결과로 나올 수도 있고, 기대하지도 의도하지도 않았으나 예상한 결과로 나올 수도 있다. 또 예측하지도 기대하지도 의도하지도 못한 결과가 나올 수도 있다. 성과는 조직원이나 소비자가 우리 기업을 바라보는 감성적, 정서적 변화를 만들어 낸다. 그들의 인식뿐 아니라 행동에 영향을 미치고 시장에서 이미지가 바뀌는 등 일상적인 변화가 구조화되면 효과가 나오는 것이다. 이것은 인플루언스(Influence), 즉 소통 과정에서 인식과 태도를 바꾸는 도미노가 쓰러지는 일이 발생하는 것이다. 내가 한 일로 인해 직원과 고객 등 관련된 사람들의 행동과 활동이 바뀌는 이펙트를 넘어 관심과 자세, 활동 등에서 사회적인 변화가 드러나는 정도의 충격과 영향력을 임팩트라고 한다. 임팩트는 사회 일각에 큰 개선을 자극하거나 사회 전체에 개선을 촉진하는 변화다. 시장에서 펼쳐지는 혁신, 즉 창조적 파괴도 이런 변화에 해당한다. 시장의 변화만이 아니라 사회의 변화를 설계하려고 애쓰는 것이 기업가들의 임팩트 설계다.

모자이크와 콜렉티브

소셜 임팩트가 모인 것이 콜렉티브 임팩트다. 함께 임팩트를 설계하고 함께 임팩트를 내기 위한 행동들을 추구하는 것이 콜렉티브 임팩트 작업이다. 콜렉티브 임팩트의 예로는 야생동물 전문가만이 아니라 다양한 분야에서 모여 동물원 개선과 야생동물 서식지 보전 캠페인을 하는 곳으로, 다양한 문제해결 방법을 자유롭게 공유하는 동행숲(동물이 행복한 숲) 커뮤니티를 들 수 있다.

기업과 디자이너, 크리에이터와 메이커, 예술가들의 커뮤니티로 생태계의 야생동물 서식지 보전을 위한 홍보와 기부 캠페인을 어느 한 기업보다 극적으로 만들어 낸다. 이 네트워크는 하나의 기업으로 일하지 않으므로 과제를 처리하는 결과들이 자주 있었지만, 작고 또 더디기도 했다. 목표를 이루는 실적은 작았지만 목적을 달성하는 성과와 사회에 취지를 전파하고 인식시키는 과정은 하나의 시스템이 되어 지속 가능하게 움직인다. 십시일반하여 서로가 부담 없이 참여하되, 공동으로 힘을 모으는 대화 방식의 약속들이 자리 잡아 살롱을 여는 전통으로 존재하기 때문이다.

콜렉티브(Collective)는 여럿이 가진 것을 하나로 모아서 힘을 줄 때 쓴다. 개별적인 지능이 모여 자연발행적으로 조직지능을 발휘하는 것이다. 오픈 소스로 모집한 자료들 중에서 최선의 답을 선택하거나, 완전히 새로운 융합된 답을 창출하는 집단지능을 형성할 때 콜렉티브가 일어난다. 대중의 지혜를 빌어 최선의 답이나 결과를 도출하는 것은 집단창의력을 드러낸다고도 말한다.

콜렉티브는 작은 것들이 모여 공동으로 힘을 발휘하면서 하나의 좋은 해답을 만들어 낼 때 쓴다. 그런데 콜라보는 다른 것들이 모여 새로운 결과를 창출해 내는 융합에 대해 말할 때 쓴다. 콜라보 혹은 협업을 뜻하는 콜라보레이션(Collaboration)은 두 가지 이상의 이질적인 자원들이 새로운 하나로 융합할 때 쓴다. 하나의 일감을 만들어 내는 것이다. 한편 협동을 뜻하는 코퍼레이션(Cooperation)은 참여자들이 상호 간 부조하는 거래나 호혜적 교섭을 해 내는 것을 뜻한다. 일손을 나누는 것이다.

일반적으로 코워킹(Co-working)은 공동작업을 포괄한다. 협동을 가리키기도 하고 협업을 가리키기도 한다. 협업이 하나의 일을 모든 구성원이 함께 하는 방식이라면 분업(Division Labour)은 각자 영역을 나누어 일을 쪼개는 것이다.

콜라보가 충돌과 융합을 말한다면 콜렉티브는 작업조를 짜지 않더라도 집단적으로 만들어 내는 최선의 해답을 말한다. 조직을 만들지 않아도 체계가 운용될 수 있다고 보는 것이다. 콜렉티브는 구름같이 모인 작은 군중들, 즉 크라우딩으로 가치를 만든다. 자원과 역량을 한곳에 모으는 공유의 관점에 선다.

콜렉티브와 모자이크는 같은 말이지만 미묘한 차이를 갖고 있다. 콜렉티브는 최적의 해답을 찾아내는 구심력을 가리킨다면, 모자이크는 다양한 실행들이 분산되어 유기적으로 연결되는 원심력을 뜻한다. 기업가들이 만들어 내는 협동과 협업의 조합들은 그들의 행동의지와 실천 가능성에 따라 여럿이 될 수 있는 것이다.

실질적 생존에 기여하도록

공통의 소셜 미션을 갖거나 서로 다른 소셜 미션을 가진 기업들이 모여, 사회의 한 문제를 해결하는 콜렉티브 임팩트를 만들어 낼 수 있다. 각자의 솔루션을 묶고 섞고 엮고 닦고 융합 솔루션을 창조하는 것이다.

협업 세션에서 콜라보 비즈니스를 짜는 것이 기업의 입체적 가치 확보 등 실질적 생존에 이득이 되는 것처럼, 환업 세션에서 콜렉티브 임팩트를 통해 사회적 가치를 키우는 것 역시 기업의 성장과 생존에 크게 유익하다.

이미 해업 과정에서 참여자들은 기업의 전망, 사명, 가치에 대해서 정

리했었다. 환업 과정에서는 이를 확대해서 사회적 효용, 소셜 미션, 사
회적 임팩트에 대해서 한 번 더 생각한다. 전망, 사명, 가치를 사회적 차
원에서 풀어 정하고 이를 위해 아주 작은 사회적 실천을 찾아낸다. 하
지만 당장부터 할 수 있는 실천을 찾아내야 한다. 이를 돌아가며 이야
기한다. 격려와 응원을 포함해서 서로에게 지지의 논평을 해 주는데,
이는 서로가 하고 있는 일을 확신하고 기업이 사회적으로 제공해 주는
가치에 대해서 생각하게 하는 효력을 준다.

우리는 환업 과정이 기업을 건강하게 할 뿐 아니라 사회를 건강하게
한다고 본다. 각 회사를 발전하게 하고 회사 간에 상생하며 업계 자체
가 공생하도록 인식을 바꾸도록 도와주기 때문이다. 환업 과정은 기업
가 양성에서 매우 중요한 역할을 한다고 본다. 자신이 설계한 환업 계
획이 나에게 좋을 것인가, 우리에게 좋을 것인가, 사회에 좋은 것인가
를 자문해야 한다. 이 모두에게 좋아야 한다. 그것이 모비랩 환업 과정
이 마지막에 스스로에게 던지도록 권장하는 질문이다.

○ 10년 후를 위한 체크리스트

앞에서, 성공한 기업들이 사회공헌을 하기까지 기업가는 자신이 고민해야 할 사회문제에 대해 나름대로 많은 고민들을 해왔을 것이라고 했다. 착한 기업은 하루아침에 되는 것이 아니다. 돈을 벌고 자리 잡은 후에 사회환원을 고민하는 회사는 오히려 드물 것이다. 사회적 기여는 회사를 만드는 순간부터 기업가의 꿈일 수 있다. 회사가 잘되면 사회를 위해 큰 역할을 하려는 기업가들이 생각보다 많다.

미리 준비하고 즉시 작게 실천하기

한편으로, 아무리 작은 것이라도 그 회사가 당장 실행할 수 있는 사회봉사가 있을 수 있다. 그 회사와 사업가가 관심을 갖고 열성을 보일 수 있는 사회적 가치창출 활동이 분명히 존재한다. 1990년대 가죽으로 가방과 신발을 만들었던 주식회사 쌈지는 미술작가를 후원하는 콜렉션에 열성을 보였고, 언더그라운드 뮤지션과 인디 음악을 후원했다. 예술을 사랑하는 기업가의 관심 때문이었다.

고대 앞에서 고학생을 돕는 마음으로 1천 원짜리 햄버거를 만들었던 영철버거는, 학창시절 그 따뜻한 도움을 잊지 않았던 고대 출신들이 특별히 열성을 보인 크라우드 펀딩으로 재기의 발판을 얻었다. 그때나 지금이나 영철버거가 하기에 적합한 가장 좋은 일은 힘든 여건에서 공부하는 고학생을 위한 장학금을 마련하는 것이다. 만일 가능하다면, 매장의 아르바이트 생들은 그런 상황에서 공부해야 하는 대학생들이 될 수 있을 것이다. 그리고 아르바이트생들의 이름으로 고학생들의 장학금을 만들어 세대를 이어 후배들을 돕는 전통을 창안해 실행하는 것이다. 한 회사가 당장 할 수 있는 사회적 활동은 의외로 근처에, 아주 쉬운 형태로 놓여 있다.

임팩트의 체크리스트와 로드맵을 짜라

향후 10년 이내에 회사에 있을 일들에 대해서 체크리스트를 작성해 보는 것은 분명 도움이 된다. 회사가 해 내기를 기대하는 일들을 우선순위로 적은 항목들, 성취를 위해 해 낼 과제들을 여러 개로 묶은 목록, 시간 순으로 성공의 경로를 작성하는 흐름도 등, 꼭 정해진 표 형태의 빈칸 양식이나 틀에 박힌 리스트 방식이 아니어도 된다.

회사가 추구하는 방향성을 드러낼 수 있는 것들이 체크리스트에 포함될 것이다. 그리고 체크리스트를 다시 훑어보면, 회사가 고민하는 정체성, 특히 현재의 위치를 볼 수 있게 된다. 회사가 10년간 해 나갈 과제의 체크리스트는 회사가 자본축적을 비롯한 가치를 추구해 나가는 로드맵이기도 하다.

만약, 이와 같은 방식으로 회사가 사회적 가치를 창출하는 10년의 일정표를 옆에 하나 더 짠다면 어떨까. 회사가 가치를 추구하고 비즈니스의 전망을 달성해 가는 이 로드맵의 한 부분에 소셜 미션을 달성해 나가는 일정이 있다면 어떨까. 당신의 회사가 가야 할 로드맵 안에, 회사가 추구하는 사회적 가치를 실현해 나가는 항목도 있는가를 질문하게 된다.

10년 후를 위한 회사의 체크리스트는 크든 작든 소셜 임팩트를 내는 계획표를 포함한다. 작게라도 그런 임팩트를 내는 흐름에 일조하는 사회기여 활동과 사회공헌 사업들, 그리고 구체적인 사회환원 방식과 조직원의 사회봉사, 사회에 대한 투자들의 항목들을 넣을 수 있다. 환업 세션에서는 10년을 두고 임팩트에 스스로 투자해 나가는 일정과 지출 계획, 그리고 얻을 수 있는 베니핏을 작성하는 임팩트 설계 코스가 별도로 진행될 수도 있다.

무엇을 돌려줄 것인가?

해업 세션에서 작성한 기업의 전망, 미션, 그리고 가치를 놓고 체크리스트와 로드맵을 제대로 작성했는지 볼 수 있겠다. 협업을 통해 어떤 가치들을 조금 더 효과적으로 달성해 나갈지를 기입할 수도 있다. 협업가로서 실천할 항목들을 확인해 보는 것이다. 협업과 함께, 사회에 무엇을 돌려줄 것인지 환업의 큰 줄기를 나누어 리스트를 작성할 수 있다.

회사의 정체성을 찾아보는 이 작업에 정해진 틀은 없다. 회사에 대해 자기정리를 하는 충분한 시간이 필요할 따름이다. 회사가 현재의 위치를 점검해 보고 앞으로 나아갈 지향점을 확인해 보는 작업은 회사가 할 일을 맺는 결업 단계로 나아가는 것이기도 하다. 회사의 브랜드 가치를 확인하고 홍보하는 일, 마케팅 캠페인의 언어들을 도출하여 회사를 소개하는 설득력을 마련하는 것이 결업이다.

회사의 존재 이유와 업의 개념을 찾아 발표물을 만들고, 영업 대화를 준비하는 회사 소개 홍보물을 만들어 본다. 이때 현재의 브랜드 포지셔닝을 확인하고, 앞으로 회사가 추구할 것을 디렉셔닝 아이디어로 도출해 보는 것이 해업 과정에서 풀어 낸 것을 매듭짓는 결업 과정이다.

모비랩은 이를 빈칸의 표 양식으로 만들어서 함께하는 참여자들에게 제공하기도 했었다. 하지만 꼭 과정 안에 정해진 틀이 있어야 한다고 생각하지 않는다. 항목들을 적도록 지침을 제공하고 백지를 줄 수도 있다. 칸을 채울 수 있는 서류 양식을 주는 것보다는, 모비래퍼들이 생각을 정리하도록 돕는 대화를 진행한 후, 백지에 스스로 설득력과 전달력을 갖춘 표나 그림을 그리도록 할 수 있다. 충분한 시간을 주어 기업가 스스로 그 안에 꼴을 채워 나가는 것이 중요하다.

앞으로 할 여러 일을 자체적으로 만들어 보는 것이 이 과정의 핵심이다. 그 안에 회사가 향후 10년 이내에 할 사회적 미션 수행들이 있는가, 또 직원들이 가치 있는 회사를 만들기 위해 함께 실천할 임팩트 추구 활동들이 있는가 확인해 보도록 만든다. 임팩트 설계를 돕는 체크리스트는 단순히 사회공헌이나 사회환원의 리스트가 아니다. 단지 무엇을 할 것인지 항목을 정하고 일정을 정하며 그림을 그려 나가는 것은 아니다. 체크리스트를 작성한 후 회사의 발전과 사회 안에서의 존재 이유를 찾고, 좋은 기업이란 어떤 것인가 하는 물음에 답을 하도록 만들어 주어야 한다.

사회 속에 어떤 기업이 되어 있을 것인가?

기업이 사회 속에서 어떤 모습을 보여 줄 것인지를 검토하는 체크리스트 작성은 기업과 기업가 자신에게 여러 모로 도움이 된다. 이는 회사의 성공 물론, 회사의 성장에, 그리고 사업가 자신의 성취와 성숙에 밀접하게 영향을 준다. 특히 상생이나 공생을 통해 생존의 기회를 늘이는 방법을 길게 보고 10년의 로드맵 안에 넣을 수 있도록 주문한다.

기업가만이 아니라 직원들이 함께, 회사의 10년 체크리스트와 더불어 임팩트 설계의 로드맵을 만들어 검토할 수 있다면 유익할 것이다. 이 과정을 통해 기업은 조직 통합을 촉진하고 기업문화를 활성화할 수도 있다. 직원들은 회사를 위해서 무슨 일을 할 수 있을지 생각하는 동시에, 우리 회사가 사회를 위해 무슨 일을 할 수 있는지 이야기 나누면서 자존감과 결속감이 높아질 것이다.

직원들을 대상으로 환업 세션을 한다면, 그 회사가 사회와 함께 동행하고 있다는 이미지를 직원들이 가지게 될 것이고, 이를 고객에게도 심어 줄 수 있다. 한편으로 회사를 꾸리는 기업가는 사회에 자원을 돌려주고, 사회 속에서 더 많은 기회를 가질 수 있도록 설계도를 조금 더 명료하게 그리는 성과를 얻게 된다.

미래의 사회 공헌을 생각하다

아주 작고 부담 없는 사회기여의 실천 중에서, 기업가와 직원들이 당장 할 수 있는 것은 무엇일까. 또 현재는 그렇게 하지 못한다 하더라도 돈 벌고 시간적 여유가 충분히 생겼을 때 어떤 사회공헌을 하면 좋을까. 이토록 멋진 가치와 사명을 가진 회사라면, 미래의 전망이 달성되는 시점에서 어떤 훌륭한 사회환원을 하고 있을 것인가. 또 회사 여럿이 힘을 합친다면 우리 회사가 혼자 해 내지 못하는 소셜 미션의 달성에 도움을 받을 수 있을 것인가. 힘을 합친다면 함께 어떤 사회적 임팩트를 내게 될 것인가. 환업 과정에서 참여자들로부터 끌어내는 질문들이다.

사실 사회공헌은 기업가에게 부담이 되는 부분이다. 하지만 환업 세션은 부담을 느끼기 쉬운 과제를 거창하게 보지 않고 당장 할 작은 실천으로 생각하게 만든다. 다른 참여자들이 나에게 권유하는 작은 사회적 실천의 기대에 대해서도 알게 된다. 또 내가 다른 기업이라면 내 역량과 지식을 써서 작게라도 어떤 사회환원을 실행할 것인지를 말해 주는 과정에서 원탁 참여자들의 인식은 확장된다.

기업가들 사이의 조언과 권유를 통해서 회사의 자원과 강점에 맞는 사회적 기여 방식을 생각해 보고, 누구나 할 수 있는 소박한 사회봉사가 얼마나 가치 있는 기업 행위인지 알게 되면서 시야가 확장될 수 있도록 하는 것이 환업 세션이다.

위에서 보았듯, 참여자들은 사회기여의 가능성을 가상으로라도 확장해서 생각해 보는 체크리스트를 만들어 본다. 모비래퍼들이 이끌어 주는 체크리스트 질문지에 따라서 회사 내에서 할 수 있는 사회공헌의 잠재력을 최대한 많이 파악해 본다. 일정 수준의 회사가 된 후 사회환원을 하는 착한 기업이 되는 것과 소셜 미션을 정해 사회적 실천을 추진해 나가는 사회적 기업이 되는 두 방향을 동시에 생각해 보기도 한다.

환업 세션에서는 내 회사가 사회적 기업이나 소셜 벤처로서 소셜 임팩트를 추구하지 않더라도, 소셜 미션을 수행하도록 질문을 받게 되어 있다. 소셜 임팩트를 내는 다른 회사와 함께 하여 서로 간에 돕고 공동의 임팩트를 추구하도록 질문을 던진다. 자신이 만드는 비즈니스에서 책임과 윤리를 지키고 자신이 만들어 파는 서비스에서 마음과 사람, 세상을 위한 가치를 융합해 넣도록 질문을 받는다. 자신의 서비스를 활용한 사회적 기여를 한다면 이를 위해 어떤 구체적인 조직 혁신이나 절차 혁신을 만들 것인지 자문하게 만든다.

종업원과 소비자, 파트너와 수혜자, 고객과 시민들에게 비즈니스의 가치뿐 아니라 함께 추구해야 할 사회개선의 가치가 전달되도록 만드는 인재 발굴, 조직 문화, 영업과 홍보 방법을 생각하게 만든다. 무엇보다 자기 회사의 서비스를 다른 사회적 기업의 소셜 미션의 해결에 이용하게 하거나, 소셜 벤처들이나 임팩트 스타트업들이 추구하는 비즈니스에 도움을 주는 협동 방식을 생각하게 만든다.

그동안 사회적 서비스를 목적으로 하는 사회적 경제조직이나 공익 서비스를 해 온 민간조직의 리더라면 새로운 질문을 얻게 될 것이다. 다른 기업들과 어떤 식으로 결합해서 기존에 내 회사가 해 오던 것과 별개의 새로운 사회봉사를 만들 것인지 생각해 본다. 또 기업들과 융합을 해서 다른 기업들의 가치 달성을 어떻게 도울 것인지도 생각해 본다.

또, 개별 기업의 소셜 임팩트가 아니라 기업들 사이에 공동의 소셜 임팩트를 만든다면 무엇을 어떻게 만들 것인지를 논의하는 과정도 포함된다. 콜렉티브 임팩트를 통해서, 함께하는 모든 기업은 '착한' 기업이 아니라 '좋은' 기업이 된다. 모든 기업이 다 사회적 기업처럼 자연스럽게 사회를 위해 할 수 있는 일을 찾아낸다.

기업의 지속성을 결정하는 진짜 가치

　누군가는 기업을 지속하게 하는 힘이 재정적인 면에서 나온다고 말한다. 재무적 문제가 있거나 수익을 거두지 못하는 기업은 오래가지 못한다. 하지만 재정은 필요조건일 뿐이다. 매출과 수익이 좋은 기업도 단지 견디는 힘을 가졌을 뿐이다. 견디는 힘과 속도를 얻었다 해도 바른 방향으로 가는지, 조금 더 용이하게 지속하는지, 기업을 지키는 힘뿐 아니라 제대로 키우는 힘을 얻었는지는 다른 문제다.

　기업의 지속성장을 위해서는 재무의 안정 외에도 필요한 조건들이 있다. 앞에서 몇 차례 강조한바, 고객의 마음을 얻고, 함께하는 사람들과 나누고, 세상을 확보해야 한다. 이것이 모여야 충분조건이 된다.

사람이 진리다

　흔히들 돈보다 중요한 것이 사람이라고들 말한다. 구성원들 간의 유대와 소속감, 공감대와 환대, 그리고 그들이 나누는 비전은 돈으로 살 수 없는 것이 확실하다. 기업을 성장하게 하는 요소들과 그 기업을 유지하도록 하는 것은 같은 데에서 출발한다. 그러니 사람들이 기업의 지속성을 결정하는 진짜 가치가 무엇인지 물을 때 '일단은 사람'이라고 대답하지 않을 수 없다.

사람은 모든 것의 기본이면서 모든 것을 지탱해 주는 힘이다. 사람들이 잘 살고 행복을 누리려고 사업을 하는 것이니, 고객을 섬기고 직원을 기르고, 협력업체를 모시는 등 기업의 본질은 사람의 가치와 관련되어 있다. 사람들을 잘 쓰고 잘 지키면 사업을 잘 지탱할 수 있다. 사람을 잘 키우고 잘 대하면 사업이 큰다.

안팎으로 사람들을 챙기는 것은 기업으로서는 투자다. 과거에 잉여혹은 비용의 낭비라고 보았던 인재 관리가 투자가 되었다. 그리고 영업 관리가 투자가 되었다. 심지어 사회를 돕는다. 지혜로운 투자를 하는 기업은 고객뿐 아니라 시민들이 지지하는 회사가 된다.

모비랩이 추구하는 바도 여기에서 출발한다. 아무리 힘 있는 기업이라 하더라도 사람을 중요하게 보지 않으면 결국 기업의 존재 이유를 놓친다. 사람들 사이에서 가치가 없는 기업이 되어 간다. 맞다. 수많은 기업들이 이 부분을 무시해 왔고 도외시해 왔다. 그리고 실패를 해도 더 크게 실패했다. 명심하라. 첫째도 사람이고 둘째도 사람이다.

순리 역행

세간에는 '한 방에 훅 간다'는 말이 있다. 권투 혹은 격투기에서 나온 표현이다. 기업이 그리 되는 것은 허약체질로 바탕을 만들어서다. 생존 경쟁에 나갈 체력을 못 만들어서다. 체격이 좋다고 튼튼한 것이 아닌데, 회사의 규모와 외양, 돈에만 신경을 써서 그렇다. 무릇 회사란 돈을 버는 일만으로 충분하다고 보았다. 회사의 충분조건을 오인했기에 사람을 자산으로 여기지 못하고 무시하다가 '상것'이니 '쌍놈'이니 하면서 비난을 듣게 되는 업자와 장사꾼을 양산했다.

하물며 회사를 지키는 게 아니라 키우는 것이라고 본다면 더욱 그렇다. 더 입체적으로 봐야 한다. 돈을 버는 데 집중하지 못하면 회사가 견디지 못한다. 자리 잡지 못한다. 이게 순리다. 그런데 무리를 하지 않으면 유리함이 없는 경우가 있다. 창조적 파괴와 시장혁신을 주도하지 못한다면, 더 멀리 생존하지 못하는 것이 그런 예다.

마찬가지로 순리를 역행해야 더 큰 회사로 자라는 경우가 있다. 돈벌이 잘하는 업자와 장사꾼은 마음, 사람, 세상을 관리해야 한다고 말하면 이해하지 못해 왔다. 관념적이기만 한 마음 나누기, 번 돈을 낭비하는 것처럼 치부되는 사람 키우기, 회사와 무관하게 착해 빠진 짓 같은 세상에 돌려주기 등을 왜 하겠는가. 하지만 그들보다 유능한 경영인의 간증은 세상에 이로운 일을 하고 어려운 곳을 도와 마음을 사고 사람을 얻으라는 것이다. 범부가 따라가지 못한 위대한 기업을 만든 이들의 교훈은 귀하게 모시는 고객에게 마음을 주고 마음을 사라는 것이다. 수많은 연구자들의 결론은 그것이었다. 사람을 귀하게 여기고 기르라는 것이었다.

인재 개발, 조직 문화, 영업 관리, 사회공헌 등은 한때 무용해 보이고 비용만 드는 것이었다. 하지만 지금은 돈을 부르는 투자로 중시된다. 순리를 역행한다고 보던 것이 오늘날은 정설이 되었다. 당신이 돈을 못 번다면, 또 벌어도 회사가 크지 못한다면, 바로 이것을 해 낼 재간이 없어서다. 회사가 만들어 파는 물건과 번 돈을 자본으로 보는 태도는 중하지만 흔한 것이다. 하지만 인적 자본, 지식 자본을 키우기 위해 사람을 중시하는 것은 이제 필히 해야 할 것이 되었다. 시장이 요하는 것이다.

사회적 자본을 쌓고, 문화 자본을 얻는 것은 능력 있는 사업가들도 여전히 받아들이기 쉽지 않은 묘한 일이다. 하지만 중한 것을 넘어 참으로 귀한 일이다.

그중에서도 그들이 갖고 있는 인적 자원을 무시하고 함부로 대하면 회사는 견디지 못한다. 사업가가 돈이 없을 때 특히 못 버틴다. 인재를 자산으로 대하는 것은 대기업만 할 일이 아니다. 중견기업이 더 잘해야 하고, 중소기업이 더더욱 잘해야 할 일이다. 초소형 기업이나 일인 기업은 자신의 주변까지 영업 대상이 아닌 직원처럼 대해야 하는 것도 그런 까닭이다. 파트너와 콜라보를 택하는 것은 필연이다.

인간이란 사업에 쓸 자원을 넘어 내가 가진 자산이다. 사업을 통해 쌓은 결과이자, 일종의 목적가치라는 것이다. 사람을 잘 길러 사업을 하는 것 같지만 남는 것은 결국 사람이다. 사람들과 더불어 살기 위해 일하는 것이다. 결국 사람들이 좋은 서비스를 받고 행복하도록 만드는 것이 제대로 된 비즈니스의 목적이다.

인재는 인적 재능이고, 이는 재산이니 재원이라고도 부른다. 이것을 소중하게 보고 키우는 것을 넘어, 이것을 기르고 쌓는 것이 기업의 본질이 되었다. 기업 행위를 이에 맞추어 바꾸면 지속성과 성장에 도움이 되지 않을 리 없다. 인적 자산에 대한 관념을 분명히 하는 것, 이것이 기업 유지와 성취의 비결이다.

나는 차라리 인간을 돈으로 보라 말한다. 귀하게 여기라는 것이다. 돈으로 볼 것이라면 제대로 돈으로 보라 말한다. 잘못 보면 무리를 낳는다. 돈을 인간으로 보았다면 그 피땀을 나눌 것인데, 인간을 돈으로 보면서 내 직원, 하청업체, 동업자를 더욱 쥐어짰다. 고객 역시 돈을 주는 대상일 뿐이다. 만일 사업가들이 인간을 제대로 돈처럼 보았다면 달랐을 것이다. 인간을 돈처럼 귀하게 본다면 인간을 대하는 방식이 달랐을 것이고, 위기의 순간마다 회사는 살아나곤 했을 것이다.

인간을 돈보다 귀한 것으로 보고, 돈을 넘어선 가치로 보면, 인간을 경영하는 방법이 달라질 것이다. 그렇게 된다면 인간이 먹고살기 위해 회사를 하는 것은 사업가의 일이고, 인간이 희망을 갖고 행복을 누리도록 하는 목적으로 돈을 버는 것은 사회적 기업만 하는 일이라는 발상은 사라질 것이다. 인간을 얻으려고 노력하고 또 돈보다도 귀한 보물로 본다면, 착한 기업이나 사회적 기업이 따로 존재하지 않을 것이다. 낡은 사업 관념이 사라지고 진정 좋은 기업들이 탄생할 것이다.

수많은 기업들이 사람에 대한 존중과 인간 본연의 존엄성을 무시했기 때문에 무너지곤 했다. 상점이나 공장, 농가는 물론, 어떤 회사든 그렇다. 이는 공공기관, 비영리조직과 시민조직을 막론한다. 기업만이 아니라 사회나 국가도 마찬가지다. 그 모든 것들을 이루는 것이 인간일진대 인간을 재산처럼, 보물처럼 다루지 않고 무슨 사업을 하는가.

'나'에게 좋은 것인가, '우리'에게 좋은 것인가

기업은 다분히 사회적이다. 사회의 연결망 안에서 많은 사람들이 직원, 파트너, 스폰서, 고객 등으로 묶여 있고 소비자, 수혜자뿐 아니라 시민들까지 어떤 식으로 상호영향을 받는다. 오늘날 생존을 위해 치열한 투쟁을 하는 기업 행위는 더 많은 관계를 갖고 소통의 빈도와 밀도가 높아졌다. 그러므로 기업은 시장적 존재를 넘어 더욱더 사회적인 존재가 되어 간다.

동료의 지원뿐 아니라 사회의 지지와 정부의 진흥 제도, 그리고 시장 환경의 사회간접자본 제공 덕분에 기업이 성장한다는 점만으로도, 기업은 사회에 돌려줄 빚이 있다. 또 기업은 사회적 필요를 채우면서 가치 있는 경제조직으로 돈을 버는 것이 그 존재 이유다. 좋은 기업으로서 가치를 누리고 싶지 않은 기업은 없을 것이다. 존재 이유를 지키는 기업이 좋은 기업이다. 사회에 돌려주는 기업이 그것이다. 존재 이유로 볼 때, 기업은 사회적이다.

따라서 기업의 진짜 존재 가치는 성장하는 동안 가지게 된 재원이나 인적 재원 등을 일정하게 사회에 돌려주는 데 있다. 사회를 돕는 수양과 아량, 역량이 있는지에 달렸다.

우리, 무리, 두리, 누리

기업들이 추구해야 할 사람의 가치는 우리, 무리, 두리, 누리로 나누어 볼 수 있다. 우리는 회사와 종업원이다. 무리는 고객, 특히 열성 소비자와 파트너다. 울타리를 뜻하는 두리는 협력사, 후원사, 파트너와 스폰서들이다. 세상을 뜻하는 누리는 소비자를 넘어선 사회, 즉 시민들이다. 우리, 무리, 두리, 누리를 잘 관리하는 것은 기업의 핵심 사안이다.

협업 과정에서 보듯 나를 넘어 함께 출근해서 일하는 우리를 살리는 것은, 파트너십과 콜라보를 생각하면서 무리를 살리는 것과 연결되어 있었다. 우리와 무리가 상생하고 공생하는 것이 중요한 기업 가치가 된다.

환업 과정에서는, 직원 및 고객들과 함께 주변, 즉 두리를 살리는 실천이 중요하다. 동료 기업들과 함께 공동으로 사회문제를 해결하고, 베니핏을 나누는 설계를 해야 한다. 한편으로 누리를 살리는 실천이 중요하다. 소셜 미션을 정하고 임팩트를 내는 설계를 해야 한다. 두리를 살리는 것은 누리를 살리는 것과 연결되어 있었다.

우선 주변부터 돌아보라

환업과 관련해서 내가 염두에 둔 것은 주변을 돌아보는 것이다. '좋은 것'은 나에게만 좋은 것이 되어서는 안 된다. 그것은 우리 모두에게도 좋은 것이 되어야 하고 사회적으로 볼 때도 긍정적인 힘을 발산해야 한다. 능동적으로 그런 일을 나눠 주어야 한다. 그것이 살아남는 기업의 진짜 가치이다.

기업은 직접적으로 사회발전을 목적으로 만들어진 존재는 아니다. 하지만 나는 기업이 시장의 발전을 목적으로 삼으며 문을 열어야 한다고 주장하고 싶다. 자기 회사의 발전만이 아니라 시장발전을 위해 뛰는 존재여야 한다고 생각한다. 정확히 말하자면 나는 기업이 시장에서 사회발전에 기여하기 위해 탄생했다고 생각한다.

모든 기업은 사회적 기능을 하고 있다. 그렇다면 돈을 벌고 나서 어떤 사회적 기여를 할 것인지 물을 것이 아니라 회사가 문을 연 첫날부터 사회공헌을 해야 하지 않을까. 직원 역시 일하고 돈을 번 첫날부터 어떤 식으로든 사회환원을 해야 하지 않을까.

모비랩 환업 세션에서 참여한 기업가들은 해업 세션에서 나누었던 기업가 개인의 동기와 임팩트에 대한 생각, 그리고 자신이 속한 기업이 가져야 할 새로운 전망과 가치를 다시 한 번 정리해 본다. 그리고 기업가의 동기에 맞으면서도 자신이 할 수 있는 가장 작은 사회공헌을 이야기로 나눈다. 그 과정에서 기업가로서 자신이 찾은 기업의 비전에 맞는 사회적 기여인지를 돌아보고 확인한다.

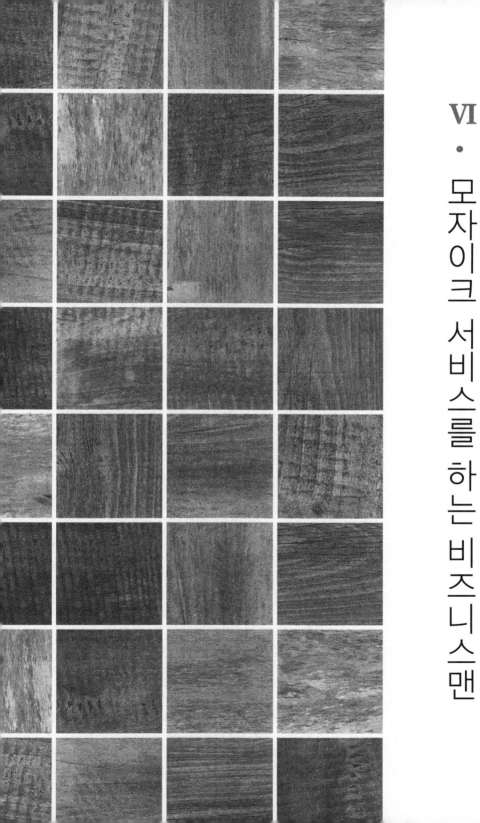

VI ·

모자이크 서비스를 하는 비즈니스맨

성공을 위한 패러다임의 전환

많은 사람들이 성공을 위해서 노력한다. 하지만 매번 같은 곳에서 허우적거린다. 어떤 이는 자신의 발전을 위해서 패러다임(Paradigm) 전환을 해야 한다고 생각하나, 실제로 하지 못한다. 그런 생각조차 못 하는 이도 있다. 자신의 발전을 위해서는 새로운 발상 전환이 필요하다.

비단 개인의 발전을 위한 것만은 아니다. 모두를 위한 것이고 우리가 속해 있는 사회를 위한 일이다. 이것은 기업가만의 문제도 아니다. 예술가, 사회혁신가, 문화기획자, 크리에이터, 시민활동가 누구에게든 적용된다.

협조가 익숙하지 않은 사람들

사람들은 모래알 같은 특성을 드러낸다. 달성해야 할 목표나, 특별한 기회를 선물받기 전까지는 말이다. 스스로를 드러내는 일에 익숙하면서도, 서로 협조하고 협력을 구하는 면은 어색해한다. 본연의 이기심 때문만은 아니다. 지금껏 살아온 사회적 풍습, 경제적 풍속 때문이다. 관성을 따르는 생각의 습관, 큰 위기가 없다면 스스로 따져 묻지 않는 관습적 사고에 연유한다.

우리 뇌 속에 오래전 박힌, 낡은 관념이 기업가들의 혁신과 창조를 막는다. 기업은 서로 돕지 않고 싸우는 것이며 각자 알아서 시장생존해야 하는 것이라는 편견을 깨는 발상 전환이 필요하다. 창업보육은 시장 전체를 성장시키는 방식이 아니라 개별 기업을 길러 내는 방식을 취해야 한다는 고정관념도 문젯거리다. 세상을 돕는 일을 하는 사람은 돈벌이가 안 될 것이라는 선입견은 시대착오적인 생각이 되고 있다.

기업가는 돈만 잘 벌면 된다고 보고, 그런 것을 성공으로 정의하고, 돈 잘 버는 기업들이 시장경제를 발전시켜 왔다는 공식이 너무 탄탄해서다. 이 시대에 유지되고 있는 상식 같지만, 이미 늙어 버린 문법이기도 하다. 우리는 그런 신타금(Syntagm) 안에 갇혀 산다. 새로운 시대를 꿈꾸는 경제학적 상상력, 인류학적 상상력, 사회학적 상상력이 부족한 것이다.

시대를 넘어서 다른 시스템을 짜는 식으로, 머릿속에서 생각의 틀을 바꾸어야 한다. 기업은 세상을 구하는 것이다. 세상을 구하면서 돈 버는 방법들은 많다. 돈만 버는 것이 성공은 아니고, 돈만 번 기업이 시장경제를 살려 온 것도 아니다. 각자 생존하면서 다른 기업을 죽이는 방식으로는 좋은 창업을 도울 수 없다. 이렇게 이 시대의 문법인 신타금을 바꾸어야 한다.

이미 사례들이 나오고 있다. 기업은 학교이고 기업은 공동체이고 기업은 시민사회다. 기업은 또 하나의 시민운동이고 기업은 일종의 예술이고 기업은 디자인이다. 21세기에 들어서기도 전에 많은 크리에이터, 이노베이터라 칭하는 존재들이 이미 그리 해 왔다. 새로운 상상력을 갖춘 자들이 NGO, NPO, GO, PO 같은 구분을 뛰어넘어 사회혁신 회사, 사회적 경제조직, 사회적 기업 등을 만들어 내고 있다.

스페인의 몬드라곤, 이탈리아의 볼로냐, 캐나다의 퀘벡 등은 지역사회가 하나의 협동조합 공동체를 이루고 그 안에 많은 사회적 문제를 해결하는 경제 조직들이 활약한다. 이처럼 사회단체도 회사도 아닌데, 동시에 두 기능을 수행하는 기업가 집단들이 나오고 있다. 그 안에 비즈니스맨인 동시에 공익 서비스를 만들고 기업가 정신과 리더십을 갖춘 자들이 부상한다. 시민사회에도 도움이 되고 기업으로 시장에서도 맡은 바를 다하는 능력자들이 나타나고 있다. 패러다임은 이미 바뀐 것이다.

협업이 우리 시대에 필요한 이유

국가의 경제를 좌지우지하는 것이 대기업이라고들 하나, 사회의 섬세한 발전과 다양한 성장을 주도하고 있는 것은 대체로 중소기업이다. 대기업보다는 중견기업이 더 많은 차별화된 시장 도전을 하고, 참신한 중소기업이 대기업보다 더 경영자의 철학을 바탕으로 사회공헌을 시도하는 경향이 크다. 한 사회를 위해 세금을 내어 지원하고, 국가 경제를 살리기 위해 시민들이 지지해야 할 부분이 어디인지 분명해 보인다.

한편으로 창업보육이 많아지고 청년 창업 사례들이 늘면서, 초소형 기업들과 일인 기업들이 시장에서 실험을 행하고 산업에 자극을 주는 역할을 많이 한다. 그런데 이런 활약을 하는 기업들이 살아남는 일은 요원하다. 스타트업이나 벤처, 사회적 기업이나 혁신기업처럼 과감한 모험이나 무모한 사회실험을 하면 할수록 더 살아남기 힘들어진다.

국민의 세금으로 지지해야 할 1순위는 국가경제를 지지한다는 기대를 안고 있으나 정작 사회공헌의 비중이 높지 않은 대기업이 아닐 것이다. 안정된 중견기업보다는 중소기업들, 중소기업보다는 초소형 기업과 일인 기업들이다. 특히 소셜 벤처와 소셜 임팩트를 내는 스타트업, 사회문제를 해결하는 기업가들은 아무리 망한다 할지라도 다시 그런 사업을 할 수 있도록 반복적으로 재기를 도와야만 할, 우리 산업경제의 리더들이다.

이런 귀한 기업가들의 거의 유일한 생존수단은 협업에서 나온다. 돈과 같이 획득할 가능성이 낮은 희소재, 손에 잡히는 물질과 같은 유형재가 없을 때 어찌할까. 노동력과 지식 등 무형의 가치를 갖는 자산을 거래하고 교환하고 '기브 앤 테이크'를 나누는 기업 간 상호부조가 필수적인 것이 된다. 갑을관계라든지 원청하청의 위계를 깨고 협력업체들로 바라보는 상생협동은 기본이다. 동종업계의 상부상조로 공급 물량을 늘린 후 유통 채널을 확보해서 함께 힘을 키우고 규모가 큰 프로모션 플랫폼을 만드는 것은 많은 사회적 경제 조직과 사회적 기업들이 추구하는 일이다. 한편으로 이종업계 간 융합을 통해서 공생공존할 수 있는 창의적이고 독자적인 서비스 하나를 저비용으로 개척해 내거나, 혁신적인 신형 비즈니스를 만들어 내는 지향들도 는다.

작고 창의적인 기업들이 협력하는 동기

작은 기업들뿐 아니라 대기업, 중견기업, 중소기업들, 그리고 여러 시민단체와 사회조직, 공공기관들도 생존하기 위해서 적극적으로 협업을 선택하는 시대다. 일인 기업과 초소형 기업을 운영하는 창의적인 기업가들은 당연히 마음을 열고 주위와 소통할 필요가 있다.

대체로 이런 기업가들은 최종 목표를 큰돈을 버는 데 두지 않는다. 작지만 독창적인 사업을 전개하는 사람들은 그 일의 가치를 달성하고자 하고 그런 길을 걸어 간 것에 대해 인정받기를 원한다. 그러다 보니, 정신적 가치, 사회적 가치를 매우 중요하게 여기는 경향이 있다.

사업가들이 흔히들 택하는 대세라든지 오늘날의 세태에 크게 휘둘리지 않기를 원하는 혁신적인 기업가들은, 일하면서 지금 이 순간 행복을 느끼고 싶다고 이야기한다. 돈을 벌든 그렇지 못해 힘이 들든 간에, 그 사업을 즐기고, 또 그 선택이 옳다고 보아 일한다. 돈을 벌 만한 일이면 무엇이든 하는 관점이 아닌 경우도 많다. 자신이 좋아하는 일, 자신이 잘하는 일을 해 내는 경우가 많다.

이런 기업가들은 비슷한 뜻을 품고 돈과 가치를 동시에 지향하는 동료 기업들과 협업을 하는 것을 매력적으로 생각하지 않을 수 없다. 단순히 돈을 벌기 위해 유리한 위치에서 돈을 지불하여 용역으로 상대방을 선택하지만은 않는다. 협상과 계약을 통해 상대방에 대한 구속력을 발휘하는 방식만으로는 만족하지 않는다. 동업과 협약을 취하는 다른 방법도 있다. 뜻이 맞는 기업들과 서로 돕고 신뢰를 형성하면서 가치 있는 공동사업을 추구한다면, 회사에서 직접 사람을 고용하는 것 못지 않게 도움이 되는 일이라고 생각한다. 그러니 협업을 통해 효율적으로 일을 나누고, 효과적으로 수익과 혜택을 넓혀 나눠 갖는 섬세한 기술을 익힌다면 성공 가능성을 높이게 된다. 유리한 전략이 되는 것이다.

대체로 협동과 협업의 경험이 없다

그럼에도 여전히 기업들이 자신의 낡은 틀에서 벗어나지 못하는 이유는 무엇일까. 기존에 자신이 몸담고 있던 회사의 경험이나 직장인 마인드에 묶여 있어서다. 절박하게 협력의 필요성을 느껴 본 적이 없으며, 자기만의 전문성으로 회사가 될 것이라는 막연한 생각이 여전히 강해서다. 살아 오면서 협업의 경험이 없으니 그 가치를 모른다는 것이 맞겠다.

한편으로는 협력의 피로나 협력을 할 때 지불해야 할 감정노동을 견딜 수 있는 참을성 부족을 그 이유로 들 수도 있겠다. 초소형 기업과 일인 기업을 움직이는 사람들도 예외가 아니다.

그런데 이런 기업들은 언젠가 한번쯤은 협력자가 없어 누구의 도움도 받지 못하는 초라한 상태로 위기에 처하게 한다. 그러므로 자기 회사의 강점을 개발하고 전문성을 높이려는 겸손한 자세와 함께, 다른 회사의 장점을 파악하는 식견을 바탕으로 상호 간에 온당한 협조를 구하려는 태도를 갖추어야 한다. 또, 자신이 아쉬운 것이 없는 상태에서도 기꺼이 다른 회사와 협업하는 자세가 중요하다.

자신만의 차별화된 경쟁력을 습득하고 동시에 주위와 소통하는 시간을 가질 수 있어야 한다. 작은 기업이 성공하려면 회사의 대표나 기업의 독자적인 힘을 바로 보여 줄 수 있어야 한다. 그런데 동시에 기업가에게 가장 중요한 덕목은 다른 기업들과 협동을 할 커뮤니티를 구축하고 실효성이 있는 네트워킹을 하는 능력이기도 하다.

소통과 협동은 선택이 아닌 필수다

다른 기업가들과 제대로 소통하고 협동을 잘하는 것은 이제 선택사항이 아니다. 기업가들의 생존을 위한 필수요소가 되었다. 일인 기업이 많아지고 초소형 기업들 간에 협업이 편하다는 인식도 늘었으며, 기업 간 협력이 쉽도록 디지털 플랫폼들과 온라인 솔루션들도 발달했다. 그런데 정작 기업가들은 제대로 된 교류 기술과 협력 방법을 익히지 못했다고 할 수 있다. 한마디로 시대에 맞는 영업의 지식이 부족하다.

크리에이터를 비롯하여 프리에이전트들이 많아졌다. 소셜테이터들이나 인플루언서들이 인터넷과 스마트폰 세상에서 활약하면서, 자신들 개인의 명성으로 생계를 해결하고 하나의 기업처럼 생존하고 있다. 뚜렷한 퍼스널 브랜드를 가지고 있는 사람이라면 모두 훌륭한 기업가가 될 기회가 있다. 그런데 이들도 제대로 협업이 이루어지지 않는다면 성공하기란 여간 어려운 일이 아닐 것이다. 협업을 넘어 분업을 하게 된다면 더욱 세련된 계약과 업무분장을 필요로 하니 말할 것도 없다. 자신만의 브랜드를 창출하고 그것을 성공 반열에 올려놓는 데 있어서 협업을 하는 일은 매우 절실하며, 특히 제대로 분업하는 일은 매우 유용한 가치를 갖게 되었다.

단순한 장사꾼에 머물지 않으려면 파트너로 살아가는 법을 잘 알아야 한다. 업자로 살아가는 수준을 벗어나려면 유연하고 세련된 콜라보 인생을 준비해야 한다. 창의적인 리더십을 갖고 일하고, 혁신적인 기업가로서 자신에게 기회를 제공하고 싶다면 그 원동력으로서 협업과 분업, 교류와 협력의 기술을 택하여 연마하라. 창의와 혁신은 확실히 '모자이크'를 통해 만들어진다.

모자이크 방식으로 사고하는 것이 창의적이고 혁신적인 기업을 하는 데 어찌 연결되는가. 각자가 가진 차별성이 협업을 통해서 공동작업의 프로젝트에 스며들게 하고, 그 프로젝트가 경쟁력을 갖고 훌륭한 성과를 내도록 동료들의 힘을 비비고 버무리도록 만들어 준다.

바로 당장 기업의 이익이 되지 못할지도 모르지만 여럿이 가상으로 설계하는 훌륭한 프로젝트는 가까운 훗날 매우 가치 있는 사업으로 사람들에게 나타날 수도 있다. 모자이크 방식은 계속 기업가들이 사고실험을 하도록 만들기 때문이고, 그 사고실험은 공동의 자원과 기회로 비빔밥을 만들어, 자신의 회사나 혼자만으로는 할 수 없는 융합을 만들어 준다. 구현 가능성이 높은 창의적이고 혁신적인 답들이 유발될 수밖에 없다.

왜 영업하는지 질문하라

기업가들은 이제 영업의 개념을 최대한 확장해 보아야 한다. 그것은 파트너십이다. 이때 파트너십이란 단순한 동업이 아니다. 전략적 제휴, 인소싱, 아웃소싱, 컨소시엄, 스폰서십과 클라이언트 등 영업상 파트너십의 형태는 참으로 많다. 넓게는 소비자와 종업원도 기업가의 파트너라고 말한다.

동업자와 후원자 외에, 원청과 하청, 도매와 소매, 제조와 판매, 구매와 제공, 조달과 보급 등 기존의 협력업체 범위를 넘어 협력자들을 확장해 보라. 훌륭한 파트너가 되는 방향으로 기업가 자신의 행동을 개선하고, 파트너십 관점에서 직원과 고객을 포함한 모든 인적 자원, 조직 자원을 바라보게 되면 소통과 협동을 끌어내는 역량을 바탕으로 기업 행위를 조절하고 영업을 그에 맞추어 개선하여 성과를 내는 것이 옳다고 판단하게 된다.

영업을 새로운 시각으로 보면 일정한 콜라보를 해 내는 것이라고 볼 수 있다. 콜라보의 관점에서 보면, 기업가는 조직 내부와 외부에서 적절한 협업과 때에 따른 분업을 해 내야 한다. 저마다 다른 콜라보를 반복적으로 해 내고 콜라보의 힘을 증강하는 것으로, 기업 행위는 달리 정의된다. 다른 기업들과는 늘 교류할 것인지, 협력도 할 것인지를 판단하고 관리하게 된다. 주변의 인적 자원과 조직들은 늘 소통과 협동으로 일정하게 만나야 할 파트너들이다.

좋은 기업은 실제 고객들에게 대하는 그대로 직원들을 대한다. 그리고 소비자를 모시듯 종업원을 모시는 회사는 비즈니스를 함께 만들어가는 사람들 간의 파트너십과 콜라보를 잘 할 수밖에 없다. 종업원에게 적용된 인간에 대한 관점은 실제 소비자들에게도 적용되기 마련이다. 좋은 조직문화를 갖추면서 적용한 철학 그대로 시장에서 우리 서비스 이용자들을 위한 마케팅을 하는 것이 훌륭한 기업 브랜딩이다.

조직 관리에서 기업가가 사람을 대하는 시각과 철학은 영업 관리에 영향을 미치므로 이를 보면 파트너십의 자세를 잘 알 수 있다. 만일 기업들 간의 콜라보에 대한 훌륭한 태도를 갖는다면 이는 소비자들을 위한 고객 응대, 접객 방식, 점두 이벤트 등에도 적용된다. 이런 것을 잘 관리하는 기업은 생존하고 성공할 가능성이 높다.

핵심은 사업가와 회사가 함께 힘을 모아 일하고 함께 돈을 벌어 나눌 사람을 대하는 방식이다. 기업이 파트너들에게 하는 것을 보면 소비자에게 하는 응대가 진실인지 아닌지 알 수 있다고 한다. 소비자에게 하

는 것과 다르게 종업원을 대할 때 그 기업의 가치가 낮아지는 것과 같
은 이치다.

시장 경쟁력 대 사회적 경쟁력

기업이 추구해야 할 것은 시장 경쟁력에 두지 말자. 근본적으로 사회 안에서 살아남고 인정받을 수 있는 경쟁력에 두자. 그런 기업은 시장을 넘어 사회에서 존중받을뿐더러, 홍보와 광고비 등 돈으로 살 수 없는 인격적인 존경이 그 기업가의 명예로 따르게 된다.

사회가 존경하는 기업이 되자

기업가의 이름을 걸고, 기업의 이름을 통해 얻게 되는 사회적 경쟁력은 생존력이기도 하고, 앞으로 커 나갈 수 있는 자생력이기도 하다. 이것은 기업 간의 상생을 통해 조금 더 효과적으로 힘을 얻는다. 기업들이 함께 도전하는 공생을 통해 그 힘은 커질 수 있다. 모자이크 방식으로 말이다. 그러니 사회 안에서 존중받으면서 생존할 수 있는 경쟁력이란 상생의 능력, 공생의 역량과 무관하지 않다.

사회적 경쟁력은 공존하는 기술로 돈을 더 버는 힘이라고 할 수 있다. 이 경쟁력은 만들어 내다 파는 것의 품질이 아니라 기업의 품격에서 나온다. 그리고 이를 끌고 가는 기업가의 품성에 대한 인정에서 비롯된다. 사회 안에서 존중받으려면 사회를 위한 기여를 설계하지 않을 수 없다. 이런 것은 모든 기업에게 필수적이다. 그렇다면 우리는 흔히 알고 있는 사회적 경제와 사회적 기업이 중요한 것을 하고 있다고 다시 생각해 봐야 한다.

사회적 경제를 보는 관점을 전환하자

사회적 경제는 과연 자본주의의 대안이 될까? 삶 속에 이미 존재하는 사회단체, 시민조직, 그리고 경제조직과 기업들 간에 공존하면서 서로 다른 차이를 관용하는 가치를 갖는 것이 사회적 경제일 것이다. 이들 간에 서서 서로를 이어 주는 협동과 연대가 바로 사회적 경제일 것이다. 그렇다면 사회적 경제는 사회문제를 푸는 경제이기 이전에, 사회적 영향력과 경제적 효과를 제대로 얻기 위해 상생과 공생을 추진하는 경제 아니겠는가. 결국 사회적 경제의 핵심은 협동과 협업에 있다. 모비랩은 협업 과정을 거친 후 환업 과정에서 상투적으로 알거나 이념적으로 생각하는 사회적 경제에 대해 기업 행위 안에서 제대로 적용할 수 있도록 실질적인 생각의 보완을 도와준다.

사실 정책적인 차원이나 경제 지원 제도로서 사회적 경제를 다루는 것은 한쪽 면만 보는 것이다. 그것은 공공기관이나 정부조직이 할 일이지, 사회적 기업이나 사회적 경제 조직을 비롯한 현장의 사업가들이 읊조릴 이야기는 아니다. 한 번 듣고 의식교육을 받아야 할 이야기를 계속 떠들다 보면 정부의 능력과 시장풍토 탓을 하게 될 뿐 현장에서 사업을 제대로 하지 못한다. 저마다 정책 설계를 할 것이 아니라 그 시간에 성실하게 현장에서 사업을 성공적으로 해 내려고 혼신을 다해야 하는 것이다.

심지어 사회적 기업과 사회적 경제 조직을 키우는 컨설턴트와 멘토들역시 이런 식으로 당위를 주장하기 때문에 실재의 존재를 다루지 못한다. 조력자들로서 이들은 사업가들이 어떻게 사회적 기업을 만들어 유지하고, 사회적 경제 조직들이 어떻게 더 나은 시장경제의 대안을 만드는지 생각을 제대로 하도록 도와야 한다. 그러자면 정책이나 제도 같은이야기를 할 것이 아니라 사회문제를 해결하면서 돈을 버는 수단들에관한 이야기를 나눠 주어야 한다. 돈을 벌면서 나타나는 회사들의 부작용을 줄이도록 도와주고, 기존 시장논리의 대안을 마련하려고 해도 쉽지 않아 고뇌하는 경우에 답들을 찾아 주도록 애써야 한다.

컨설턴트와 멘토들은 정부의 지원 제도와 육성 정책을 따지기보다는더욱 철학적인 존재가 되어야 한다. 사회적 경제를 하나의 대안경제로볼 것인지, 시장경제 안에서 하는 도전적 경제로 볼 것인지 충분히 성찰해야 한다. 하지만 사업은 제도, 정책과 다르다. 딜레마를 겪고 한번에 안 되는 것이 사업이다. 특히 혁신적인 경제 행위, 창조적인 경제 행위의 특징이 그렇다.

사회적 기업이나 사회적 경제는 자본주의의 대안일까. 나는 그렇지는 않다고 생각한다. 대안이라기보다는 상호 보완할 수 있는 경제의 서로 다른 형태라고, 아직까지는 생각할 수밖에 없다. 그렇다면 나로서는시장에서 승부를 보라고 창업가들에게 제대로 조언해야 할 것이다.

막강한 기성의 자본주의 흐름과 거기에 길든 소비자들의 습속으로볼 때 그렇다. 말로는 사회적 기업을 지지하고 사회적 경제가 자본주의시장경제의 대체가 되기를 바란다. 하지만 그런 사람도, 정작 지불하고구매할 때에는 대기업의 익숙한 서비스를 택한다. 그렇다면, 사회적 기업과 사회적 경제 조직은 사회문제를 해결하는 일정표를 설계하여 성과를 차근차근 내어 놓되, 시장에서 돈을 벌고 생존하는 당장의 집요한 상행위에 온몸을 투신해야 한다.

실천하고 생존하여 퍼지도록 애써라

현장에서 중요한 것은, 사업을 하면서 그것이 돈이 되게 하는 일이다. 사회적 경제 대신 사회적 경영을 하는 것이라고 할 수 있다. 기업 경영의 실천으로 성공 사례를 만들어야 한다. 사회적 경제가 대안경제가 되든 아니든, 생존해 내어 선도 사례를 만들어야 한다. 자본주의 시장경제의 대안인지 아닌지를 떠들지 말고, 기업가는 기업가답게, 제대로 시장을 넓히고 회사를 키우는 실천에 정진해야 한다.

사회적 경제는 이윤의 극대화를 목표로 하는 시장경제와 달리, 사람의 가치를 우위에 둔다. 표면적으로만 그리하면 안 되고 실제로 기업현장에서 그러해야 한다. 사회적 목적을 우선 추구하면서 인간을 모든 관점의 중심에 놓아야 한다. 생명을 존중하며, 관계를 소중히 여겨야 한다. 물론, 지속 가능한 경제 활동을 통해 부를 창출하는 것은 기본 사항이고 말이다.

분간하자면, 어떻게 기업적일 수 있는가 생각하는 것이 사회적 기업이고, 어떻게 경제적일 수 있는가를 생각하는 것이 사회적 경제 조직이다. 기업가들은 사회적 경제를 논하는 것보다는, 사회적 경제 조직을 비롯한 사회적 기업의 운영에 집중해야 한다. 우리 사회에 필요한 대안경제를 이야기하기보다, 대안적 기업이 가능하다는 증명을 해야 한다.

죽이 되든 밥이되든 사회적 경영을 해 내려는 실질적인 노력으로 말해야 한다.

사회적 경제를 말하려면 차라리 사회적 시장을 이야기해라. 사회적 개선을 돕는 경제를 이야기해도, 경제 제도를 뜯어고치는 이야기가 아니라 시장의 생리를 놓고 전략적으로 생존하는 이야기를 해야 한다. 사회적 기업을 하는 사람도 오히려 사회적 경영이라는 말을 쓰면서 고민의 관점을 바꾸어라. 사회적 가치를 가진 기업의 정의를 떠들기보다는, 어떻게 사회와 시장 양쪽의 토끼를 다 잡는 조직 운영의 기술을 확보해 나가는지, 이른바 어떻게 경영을 제대로 할지를 이야기해야 한다.

물론 사회적 산업을 만들어 가려면 현행 산업의 문제를 짚어야 한다. 내 산업체 하나가 살아남는 것이 아니라 경제 제도, 사회 안에서 시장의 기능, 그리고 산업의 전체 구조를 짚어야 한다. 사회발전에 동력이 될 체제부터 만들어야 내 사업체가 제대로 돌아간다는 이치다. 그러자면, 사회적 생산을 똑바로 하고 사회적 소비자를 설득하는 일처럼 구조를 건드리지 않을 수 없다. 생산에서 제공, 배달, 보급, 구매에 이르기까지 사회적 유통의 구조를 마련해야 한다. 그러자면 한 업체가 아니라 여럿이 바람직한 유통업체를 만들고, 생산에서 유통에 이르는 산업 체계를 마련해야 한다. 시장에서 이를 혼자 못 하면 협업을 해야 한다.

그럼에도 불구하고 기업가로서 우리들은 경제와 사회의 구조를 이야기하는 것이 아니라 제대로 기능하는 사례를 만들어 내야 한다. 사회적 가치 추구는 기업가들에게 기본 소양이다. 말로 떠들 일이 아니라 오늘 즉시 작게라도 실천할 일이다. 돈벌이로, 살아남기로 증명해야 한다.

사회적 경제 지원 제도를 넘어서라

현재의 창업보육을 하는 정부 조직과 공공기관들이 사회적 기업과 사회적 경제 조직을 만들어 가는 사람들을 응원하고 지원하기보다, 당장의 실적을 기대하는 경향이 국내에 많다고 한다. 이것은 결국 시장을 진흥하기보다 저질 시장을 만든다.

이들을 제대로 응원하고 지지하려면, 정부의 보조금이나 공공자금의 지원으로 링거를 꽂는 방식이 아니어야 한다. 돈 버는 방법을 고치도록 돕고, 공공의 지원 없이 돈을 못 벌 수밖에 없는 부분은 정확히 매출로 인식되는 공공지원을 해 주어야 한다. 그래야 경제 조직이 사업자로서 자신을 인식하기 시작한다. 정당한 매출을 해야만 인건비와 지식, 개발 용역을 쓸 때 이들 역시 정당한 매입을 하게 될 것이다. 사회적으로 올바른 취지의 일이니 자원봉사를 요구하고 재능 착취를 이끌어 내거나, 갑을계약에서 기성 자본주의 기업들이 자행하는 일방적인 갑의 관행을 하지 않게 된다. 새로운 대안을 만들려면 지금의 지원 행태들이 바뀌어야 한다.

국내의 사회적 기업 육성 제도를 넘어서라

사회적 기업, 사회적 경제의 개념을 한두 가지로 정의하거나 재단할 필요는 없다. 서로 다른 기업들이 다양하게 펼쳐 보이는 다양한 장면들, 각 기업의 도전 사례들, 기업가들이 하는 경험들 사이를 관통하는 생각들에 관심을 둘 필요가 있다. 사회적 경제는 목적지가 정해진 논술이 아니지 않은가. 열린 토론이 필요한 것이고, 다른 경험이 나오면 그것들을 존중하고 그 사례를 연구하면 된다. 이질적인 방법들이 공존하는 가운데 시장에서는 새로운 여러 개의 길들이 만들어지고, 자신의 회사 경영에서도 여러 길을 찾아보면 된다.

사회적 경제는 한눈에 들어오는 계획이 아닐 수도 있다. 그러니 사회적 경제지원 정책을 이해하는 것 이상으로 몰입할 필요가 있을까. 올바른 제도와 지원을 말하는 담론을 떠드는 데 참여하는 시간을 모조리 자신의 현장실천과 사업의 성과를 내는 데 써야 한다. 기업에 있어서는 실용적인 것이고 경제적인 것이다. 사기업이 아닌 비영리 비정부 민간단체, 공공기관, 공기업과 같은 경제 조직에 있어서도 그게 효율적인 것이다.

사회적 기업은 더욱 그렇다. 예외 없이 기업가란 시장에서 생존하고, 현장에서 답을 얻어 성장과 성취를 해 내야 한다. 이론이 아니라 경영으로 입증해야 한다. 사회적 기업 육성법을 숙지할 필요는 있으나, 사회적 기업의 정의와 개념을 이해한 후 바로 자신의 사업에 따라 자신이 보는 사회적 기업의 철학을 정해 버려야 한다. 그리고 차라리 자신의 회사가 갖추어야 할 업의 개념을 정하는 데 집중해야 한다. 사회적 기업의 개념이 그리 중요한가. 내가 기업을 통해 실제 만들어 낼 소박한 사회적 가치를 찾아라. 그리고 바로 성공을 위한 게임으로 뛰어들어 일하고 돈 벌어야 한다. 내가 사회적 기업다운가는 시행착오를 겪은 후에 성찰할 일이다. 실패한 후 되돌아봐도 늦지 않으니 정책이나 이론이 아니라 사업에 집중해야 한다.

자본주의 사회에서는 '이익 우선'이라는 생각에서 벗어나기 어려운 것도 사실이다. 하지만 경제라고 부르는 수익(Profit)을 등한시하면서 사회적 혜택(Benefit)만을 추구할 순 없다. 매출과 수익에 총력을 기울여도 그러한 편익을 기업과 조직원들이 쉽게 누리지 못하므로, 치열해야만 한다. 컨설턴트들이 소셜 미션에 대해 주문과 조언을 하는 지금의 창업 보육 방식을 버리는 것이 낫다. 더욱더 이익을 잘 내는 지혜로운 방법을 찾는 데에 주목해야 한다.

아무나 될 수 없지만 누구나 할 수 있다

사회적 기업은 '아무나' 할 수 없지만, '누구나' 할 수는 있다. 기업을 하는 누구나 이를 실천할 수 있지만, 그런 만큼 아무나 시도하지는 않는 것이 사실이다. 현실은 복잡하고 사회문제는 돈을 벌기 쉽지 않다고 여기기 때문이다. 한편으로는 사회에 결핍은 상당히 많고 이런 것을 사회적 필요에 따라 서비스로 제시할 수 있는 시장도 다양하다. 복잡한 현실 문제를 틈새시장으로 보면서 사업을 할 돌파구, 고용이 창출되는 기회로 생각하는 것이 바로 사회적 경제다.

한국은 세계가 주목하는 비약적 경제성장을 달성했다. 반면 압축적인 성장으로 인해 부작용이 커진지도 오래다. 극한의 생존경쟁, 거대독과점 기업의 승자독식으로 인한 산업 위축, 빈부양극화, 사회적 소외층의 확산 등의 어려운 사회문제에 장기 직면했다. 경제 성장에도 불구하고 경제빈국이 되어 가는 중이다. 물가는 비싸고 고용은 줄어들며, 기업은 활황을 맞기 힘든 때다. 가난하고 늙어 가는 선진국의 모습이 모두 이런 것이다. 나라의 경제 규모는 커지지만 국민의 경제는 줄어드는 대국소민(大國小民), 경제 조직 간의 빈부격차가 심화되어 20:80으로 경제의 양극화가 확정되는 것이다.

자본주의 시장경제 질서만으로는 한계가 있을 수밖에 없다. 서구사회 선진국이 그렇듯이 의당 사회적 경제로 공공시장을 창출하고 기존의 사회복지 패러다임을 넘어서 지역공동체를 살리거나 소외된 이웃의 일자리를 창출하는 데 도전해야 한다. 이는 불가피하다. 삶의 질을 넘어 생계가 문제가 되고, 경제활동으로 저축은커녕 유지가 힘든 세대에 사회보장제도조차 불완전하기 때문이다.

시민들은 행복과 희망이 동시에 문제가 되는 나라에 살고 있다. 창업과 창직으로 희망을 찾도록 해야 하지만, 그런 것을 아무리 늘려도 구조적으로 생존이 쉽지 않다. 이런 방식으로 행복을 이루기는 쉽지 않다. 노력해도 열정페이와 희망고문이 이어진다. 지원만 할 수는 없지만 창업한다고 다 되는 것이 아니니, 한 개인이 인생 주기 안에서 세금을 통해 발전할 수 있는 체제를 만들어 나가는 것이 우선이다. 사회적 경제, 사회복지, 평생학습, 마을공동체, 창업과 일자리 역시 그런 방향으로 통합되어 가는 추세다.

공동사업에 성공해 시장을 창출하라

연대와 공동체 회복으로 경제생활의 안전망을 개척해야 하고, 저고용 시대 개인들의 지속 가능한 생존을 해결해야 하는 등 시대적 과제들이 산재해 있다. 많은 사람들이 사회적 경제에 몸담으면서 우리가 가지고 있는 사회문제 해결에 실효적 대안이 되려고 애쓰고 있는 것도 사실이다.

사회적 경제 등 관련된 법률이 발전하고 제도적 뒷받침이 필요한 시점이기도 하다. 지금 정부와 공공기관을 넘어 시민단체들이, 또 이들을 넘어 사회적 경제조직의 실험이, 그리고 시장에서는 사회적 기업과 소셜 벤처, 사회적 임팩트를 내는 스타트업들이 문제해결에 대한 도전을 하고 있다. 사례가 나와야 한다. 경제의 풍토와 시장체질을 바꾸고 싶으면 선도적인 사례를 만들고 함께 나눌 수 있는 성공 사례를 내야 한다.

공동으로 사회적 결핍을 해결하기 위해 따로 하던 시도들이 현장에서 협치와 협영(협력경영)으로, 시장에서는 기업 간 동맹과 전략적 제휴로 드러나고 있다. 우리는 이 대안을 추구하는 것이 모비랩이라고 생각한다.

○ 네 가지 강력한 질문에 응하기

사회적 경제조직은 사회적 시장을 창출해야 한다. 사회적 기업은 사회적 경영을 해야 한다. 앞의 것은 경제를 바꾸는 실천이다. 공동의 연대를 하여야 한다. 시장체질을 바꾸기 위해서 상생과 공생은 필수다. 뒤의 것은 혁신 사례를 만드는 창조적인 경영이다. 내 비즈니스로 증명해야 한다. 내가 만들어 파는 서비스의 생존 말이다.

증명하라

사회적 기업은 대안적 경제를 만들고 경제를 개혁하는 민간운동이 아니다. 그런 사회적 경제를 바탕으로 하든 기성의 시장경제에서 하든 간에, 시장에서 살아남는 회사의 경영을 통해, 사회적으로 가치 있는 사업으로 승부를 본다.

디지털경제 등 경제의 체질을 바꾸는 정부의 역할 속에서 혁신기업을 통해 시장변화가 일어나는 경우도 있다. 공유경제처럼 혁신기술과 창조기업의 도전 속에서 시장이 먼저, 그리고 정부가 뒤따라 새로운 시장환경을 만드는 경우가 있다. 산업혁명을 비롯해 반도체, 컴퓨터, IT, SNS 등 한번에 시장 체질을 바꾸는 시대가 20년 이상 반복되고 있다.

시장의 질서가 전환되는 파도는 계속 어떤 식으로든 오고 있다.

기성 시장질서에 도전하기 위해서는 그 질서에 걸맞지 않은 다른 시장성공을 만들어 낼 수밖에 없다. 사회적 기업가들이 사회적 경제의 중요성을 이야기할 수는 있어도, 제도와 정책에 주목할 것이 아니라 사회적 기업으로 살아남는 증명에 집중해야 한다.

다른 한편으로, 나의 기업이 생존하고 성공하는 증명이 아니라 그것이 쌓여 다른 시장을 창출해 내는 수준에 집중해야 한다. 다른 시장을 창출하더라도 기성 경제질서의 나쁜 부분에 도전하는 것이어야 한다. 이 어려운 과제를 앞당기기 위해 기업 간 협동과 협업으로 증명해야 한다. 그런 점에서 사회적 기업들은 경제를 논하기보다 협업을 도입하는 경영을 구사해야 한다.

냉철하게 보라

혁신과 대안의 시도들을 주목해야 한다. 그 길에 도전해야 한다. 하지만 냉철하게 보아야 한다. 어떤 파도가 오든, 시장체질을 바꿀 수 있는 기술적 차원의 산업혁명이 오든, 신종 비즈니스로 시장혁신이 오든, 모든 창조적 파괴가 강력한 독과점 시장을 만들고 끝나는 것 역시 통찰할 수 있어야 한다.

사회적 경제나 공유경제 역시 인터넷 벤처와 스마트폰 시대의 스타트업들이 지금 그렇게 되고 있는 것처럼, 혁신과 창조의 방식을 통해서 자신들의 판을 시장의 지배질서로 만든 후에 독과점 기업 몇 개로 평정할 가능성이 높다. 대안적인 시도, 창조적 파괴의 도전들이 시장 우위와 지배적 유통의 장을 만든 후, 강력한 자본을 획득하면서 시장석권을 한 기업들의 생존으로 귀착되는 것을 관찰할 것으로 보이는 것이다.

그것을 의식적으로 지향하지 않더라도 그리 목적하는 것이 바로 시장의 게임이다. 대안경제 역시 혁신과 창조 다음에는 기성 자본주의 경제의 부상과 지배구도를 짜는 시장경제 특성 안에서 게임을 하게 될 것이다. 우리가 통찰해야 할 것은 바로 이것이다. 혁신기업들은 시장체질을 바꾼 후 공유재가 아니라 자신의 전유물로 만드는 일이 많다. 그런 일이 계속되는 한 아무리 시장혁신이 일어나도 한두 사업의 생존과 성공 이후에 양극화와 독과점으로 대형 규모의 고도경쟁을 하는 자본주의 시장은 계속된다.

기업의 성공 이후 경제의 체질 자체를 바꿀 고민으로 연결되지 않으면, 그렇다. 그것을 바꾸는 시도를 못 할 것이라면 사회적 경제를 대안경제로, 자본주의 시장경제를 대체할 수 있는 것으로 말하지 말고 받아들여야 한다. 끝까지 시장체질을 바꿀 것인지, 아니면 자본주의 시장을 인정하고 사회적 기업의 성공에 따르는 임팩트를 통해 작은 대안을 추구할 것인지 정해라.

대안경제를 표방해도 자본주의 시장에서는 현재의 독과점이 멈추지 않는다. 혁신으로 시장경제가 끝나는 것이 아니다. 다시 반복된다. 공유경제 기업도 그렇다. 사회혁신 기업도, 소셜 임팩트 벤처도, 사회적 기업들도, 사회적 협동조합들도 그러지 말란 법이 없다. 시장의 본질을 정확하고 냉철하게 받아들이고 거짓 없이 자본주의 시장체질을 바꿀 것인지, 시장경제 안에서 대안의 영역을 넓히는 일을 추구할 것인지 정해야 한다. 그것이 윤리적이다. 자신의 기업이 할 일을 분명하게 정해야 한다.

기업의 두 과제

정치는 분배할 권력을 확보하는 데 관심이 있다. 하지만 권력을 제대로 분배해야 훌륭한 정치다. 지위와 특권을 집중하는 독과점은 시장뿐 아니라 정치에도 나타난다.

경제는 사회 안에 있는 시장 안에서 부의 선순환을 만드는 것이다. 하지만 경영은 기업을 생존하도록 만드는 것이고, 기업은 부를 독점하고 시장을 지배하는 과점을 하는 데 관심이 크다. 만일 경제를 선순환시키지 않는다면 아무리 경영을 잘해도 기업은 살아남을 수 없다. 그것은 제도가 할 수 있는 일만은 아니다. 기업들이 순환을 촉진해야 한다. 시장에서 번 만큼 사회에 되돌려 주어야 경제의 피가 잘 흐른다. 기업의 사회공헌, 사회적 가치공유뿐 아니라 사회적 경제, 대안경제에 기업인들이 관심을 가져야 할 이유다.

자신들이 하고 있는 일의 시장 규모를 키우고 매출액과 이익을 올리는 것도 물론 중요하다. 기업은 프로핏, 다시 말하면 당당한 경쟁에서 수익을 거두는 멋진 게임을 하고 있다. 그런데 돈을 벌고 시장에서 생존해야 하는 기업에 있어서 이보다 더 중요한 것이 있다면, 그것은 어떤 식으로든 사회, 경제, 문화, 교육, 복지 등 공익에 이바지하는 것, 바로 베니핏을 만들어내는 일이다.

영리와 공익의 이분법을 벗어나는 질문들

사회에 어떤 기여를 하게 될 것인지 질문하는 것이 좋은 기업이다. 그리고 그로 인해서 직원이나 고객을 비롯한 주변 사람들은 어떤 행복을 얻게 될 것인지를 그들에게 상기할 수 있도록 해 주는 것이 좋은 기업가다. 하지만 대부분 영리기업과 공익사업을 나누고, 기업은 영리를 추구한다고 못박아 버린다. 여러 주목할 만한 기업들 중 가장 훌륭한 기업을 하나 고르게 된다면, 그 기업은 십중팔구 영리적 목적과 함께 공익을 달성했고 그로 인해 존경받고 있을 것인데 말이다.

사실 우리는 기업의 영리성과 공익성 중 무엇을 선택할 것인가, 하는 배타적이고 양분법적 질문 때문에 스스로 상상력 잃는 바보가 된다. 경영의 상상력은 그 질문을 전면 반박할 때 시작한다. 어떻게 하면 영리성과 공익성을 동시에 추구할 수 있을 것인가, 어찌 하면 공익성을 추구하면서 돈을 벌 것인가, 그리고 어떤 방법을 쓰면 큰 수익을 확보하고 이것으로 공익적 가치까지 얻을 수 있을 것인가.

질문을 제대로 던지자

이것은 기업에게 진퇴양난의 딜레마가 아니다. 기업가는 양가적 가치를 받아들여야 한다. 둘 중 무엇을 고를까 하는 것은 결코 좋은 질문이 될 수 없다. 이를 넘어선 몇 개의 질문을 보자.

첫 번째는 돈 잘 벌면서 어떻게 나에게 손해가 나지 않는 사회공헌을 잘할 수 있을까 하는 질문이다. 이것이 착한 기업이 추구하는 질문이다. 조금 더 적극적인 질문은 돈 잘 벌면서 사회공헌으로 우리 기업에게 이득과 수혜의 기회가 생기지 않을까 하는 것이다.

두 번째는 어떻게 하면 사회문제를 해결하면서 돈을 벌까 하는 질문이다. 이 질문은 사회적 기업, 사회적 경제조직을 발생시킨 창의적 질문이다.

세 번째는 그보다 더 혁신적 질문이다. 어떻게 하면 제대로 돈 버는 일로써, 사회문제도 동시에 해결할 수 있을까 하는 질문이다. 소셜 벤처와 소셜 임팩트 계열의 스타트업이 갖고 있는 이런 질문은 이제, 일반 벤처와 스타트업으로 퍼지고 있다.

모든 기업은 '사회적' 혹은 '소셜'이라는 이름을 붙이지 않고도, 강력한 결핍을 찾아 그것을 해결하면서 큰 시장, 큰 재원, 큰 부에 도전하려고 노력한다. 이런 질문이 사실 자본주의 시장경제의 체질을 바꾼 것이 아니라, 시장을 바라보는 기업인들의 패러다임을 바꾸어 가고 있다.

베니핏과 임팩트

이런 흑백논리를 완만하게 극복하기 위해서는 수익과 수혜, 즉 프로핏과 베니핏을 나누어 보는 것이 좋다. 내가 벌 수익의 양을 늘이는 질문 못지않게 더 다양한 고객이 누릴 중복적인 수혜를 따져 볼 수 있다. 사업 계획을 세울 때는, 회사의 수익을 짜는 장표 한 장도 필요하다. 하지만 그 앞에 수익을 거두면서 하나가 아닌 여러 고객들, 파트너들이 누릴 혜택의 표를 짜라. 그것이 비즈니스 마인드이고 서비스 정신이다.

우리 회사가 누릴 수익과 함께, 우리 회사가 얻게 될 것으로서, 금전적인 이득을 벗어난 무형적이고도 비금전적인 편익을 찾는 관점은 이미 존재한다. 회사가 돈만 버는 곳이 아니라 각종 이점과 이해를 획득하면서 유리한 지점에 서려고 애쓰는 곳인 것만은 분명하다. 하지만 회사가 버는 프로핏과 베니핏의 사고방식을 조금만 더 전환하여 보면 좋을 것이다.

회사는 프로핏을 얻는 비즈니스를 하는 곳이지만, 고객은 서비스를 제공받기 위해 돈을 지불하는 대신 분명한 베니핏을 얻어야 한다. 다시 말하면, 소비자는 회사에 수익을 안겨 주고 혜택을 얻는다. 회사는 단지, 서비스만 주어서는 안 되며 돈을 받은 대가로 정신적인 베니핏을 비롯한 다양한 수혜를 주는 방안을 고민해야 옳다. 회사가 얻는 프로핏과 함께, 그것을 얻는 대가와 값어치만큼 회사가 고객에게 제공해야 하는 베니핏을 제대로 설계한다면, 시장과 세상은 조금 더 나아질 것이다.

네 가지 강력한 질문

모비랩은 단지 프로핏을 얻는 데 머물던 기업가들의 존재를 뒤흔드는 강력한 질문을 한다. 그 질문은 네 가지로, 베니핏과 임팩트, 프레임과 솔루션에 관한 것이다. 이는 모자이크 비즈니스맨들이 늘 현업에서 간직해야 할 것, 경영 차원에서 실천해야 할 것들이다.

위에서 본 것처럼 베니핏 질문은, 우리가 프로핏을 얻으면서 누구에게 어떻게 베니핏을 제공하는지 설계해 보게 만든다. 혜택을 누구와 어찌 나누는가. 우리 회사의 서비스는 구매자와 사회에서의 수혜자가 같은가. 직접 수혜자 외에 2차 수혜자가 사회에 있는가. 우리 회사의 서비스로 인해, 시민들은 어떤 혜택을 얻는가. 소비자뿐 아니라 종업원과는 어찌 그 혜택을 나누고 있는가. 콜라보를 하면서 편익을 제대로 나누는가. 파트너들은 정말 수혜를 얻고 있는가.

다음은 임팩트 질문이다. 프로핏을 얻는 도전을 하는 기업가들은 그 비즈니스가 잘되었을 때 사회에 어떤 임팩트를 끼칠 것인가. 가장 바람직한 상태로 사업이 전개된다면, 내 비즈니스를 제대로 해 낸 것에 머물지 않고 내가 만든 서비스로 세상이 어찌 좋게 바뀌면 바람직할 것인가. 아무리 작게라도 내 사업은 구체적으로 세상에 어떤 영향을 미칠 것인가. 적어도 내 회사는 사회의 어떤 부분에 선한 영향을 발휘할 것인가. 어떤 사람이 감응하고, 어떤 마음이 싹틀 것인가. 그로 인해서 어떤 공익적 효과가 우리 회사도 모르게 퍼진다면 더없이 행복하지 않을까.

베니핏과 임팩트를 질문받을 때 기업가들의 시야는 확장된다. 그런데 프레임과 솔루션이라는 나머지 두 가지 질문은 기업가들 스스로 자신의 잠재력을 더 확대하도록 돕는다.

프레임 질문은 기업가가 무엇을 만들고 팔기 이전에 어떤 틀에서 문제를 볼 것인가 하는 것이다. 단지 무언가를 만드는 업자, 내다 파는 장사꾼이 아니라면 해야 하는 질문이다. 기업가가 되려면 세상의 결핍을 보는 시각, 특정한 사람들의 문제를 해결해 주는 관점, 그리고 소비자와 이용자, 수혜자라고 부르는 고객들의 마음을 사고 얻는 시선이 필요하다. 사회문제가 아니라도 시장의 문제, 소비자의 문제 중 어떤 숙제를 보고 고민했고 질문을 던졌는가. 좋은 기업가는 프레임을 세우고 일을 시작하기에 오래 간다.

마지막으로 기업가는 솔루션을 질문한다. 나의 서비스는 어떤 문제를 기술적으로 해결해 주는 비즈니스인가 하는 것이다. 기업가는 시장에 그리고 시민들에게 꼭 필요한 것을 제공한다. 제품을 만들고 상품을 파는 것이 아니라, 그것을 통해 해결책을 제공하는 것이다.

모비랩에서 프레임과 솔루션의 질문은 기업가가 만들고 파는 것을 넘어 시장과 시민사회에서 담당하는 과제를 떠올려 보게 한다. 그것이 없다면 세워 보고, 또 처음에 고민하고 던졌던 그 질문과 과제를 잊지 않도록 도와준다.

모자이크 비즈니스맨의 서비스는 무엇인가

모자이크 방식을 익히는 것과, 모자이크 방식을 전수하는 것, 그것이 모비맨들이 할 일이다. 모자이크 기업가들은 원탁의 기술과 대화의 약속 같은 모자이크 방식을 지킨다. 동시에 다른 현업의 동료들이 모비랩에 따라 사고할 수 있도록 원탁에서 상호 멘토링을 해 주거나 모비래퍼로서 대화를 나누도록 지원한다. 이것이 모자이크 비즈니스맨들이 동료들을 위해 해야 할 서비스다.

현장에서 기업가 정신을 성찰하게 돕자

사실 기업가가 되기 위해 갖추어야 할 기본 중 돈에 대한 관념 외에는 훈련받지 않는다. 시장풍토를 흐리거나 사회에 문제를 야기하는 경우에 책임감을 느끼지 않아도 되도록 훈련받아 왔다. 시장경제는 나날이 약육강식과 적자생존 속에서 1% 승리와 나머지의 참담한 패배, 10% 성공 외에는 의미가 없는 90%의 무시받는 실패로 나뉜다. 독과점의 성공이라고 부르는 아주 작은 하얀 반점이 띄엄띄엄 있는 암흑세계가 바로 시장판이다.

5%의 회사가 차지하는 70%의 부 외에, 95%의 경제 주체들이 30%의

부를 나누는 양극화 속에서 더욱 큰 것만 추구하게 된다. 심지어 바뀌지 않고 영원히 생존할 것같이 규모의 시장을 확보하는 경쟁을 벌이는 가운데, 작고 다양하고 개성 있는 영역을 확보하고 살아남으려는 범위의 경제는 점점 살 길을 잃는다.

모비랩에서 자신의 업의 정의부터 내려 보고 기업가로서 성찰하는 해업부터 해야만 하는 이유는 여기에 있다. 협업과 환업을 통해 기업가의 고정관념, 시장과 돈에 대한 선입견, 사업에 대한 편견을 깨야 하는 것도 그 때문이다. 제대로 된 기업들이 많아지고 이들이 서로를 돕는 경영을 추구하면서 산업을 키우고 경제의 구성을 바꾸는 수밖에 없다. 그래서 모비랩을 많은 기업가들에게 전파하는 것도 중요하지만, 핵심은 기업가들이 기업가들을 도와, 이런 성찰을 해 나가도록 돕는 것이다.

그래서 더욱 많은 현업의 기업가들이 모비래퍼가 되어 다른 현장의 기업가들이 자성하도록 도울 수 있으면 좋겠다. 이것이 모자이크 비즈니스맨이 된 기업가가 해야 할 서비스다.

모비랩의 지향점을 동료에게 전수하자

모비랩은 사업가들의 현장에서 직접 임상 실험을 하면서 개발을 한 프로그램이다. '어떻게 돈 벌까'를 먼저 이야기할 것이 아니라 철학을 가지고 돈을 벌고, 인간의 얼굴을 한 돈, 감정을 지닌 돈을 벌어야 한다는 고민이 먼저여야 한다. 이게 모비랩의 첫 번째 지향점으로서, 진정한 기업가와 일반적인 사업가를 구분하는 것이다.

두 번째는 협업이다. 콜라보를 할 때 더 잘 살아남는다는 것을 모비랩은 강조한다. 동업과 영업만 잘하면 돈을 어느 정도 벌 수 있다는 가설을 세우고 파트너십을 디자인한다. 물론 성공적인 협업은 기술과 역량을 필요로 한다. 되는 협업을 해야 한다. 융합 솔루션은 꼭 필요한 것이고 그것을 위한 동행을 잘하면 시장도 사회도 호혜적으로 가치 있는 것들을 조금씩 더 나누면서 개선될 가능성이 있다.

세 번째는 사회로 돌려주자는 생각이다. 사회로 돌려줄 때도 비즈니스 모델을 짜듯이 체계적으로 일정을 설계해야 한다. 3년짜리 계획을 짜서 하루하루 실천을 해야 한다. 돈 번 다음에 사회로 돌려줄 생각을 하면 훌륭한 기업가가 될 수 없다. 안 될 것 같은 '소셜 미션'을 서류에 써 넣고 지키지 않는 것은 기업가가 아니라 거짓말쟁이다. '소셜 미션'이라는 것은 계획을 세워 언제 어떻게 사회로 서비스를 '지불'할 것인지 구체화해야 한다. '사회적 기업'이라고 간판을 달지만 실제 사회에 도움이 되는 일은 하지 않는 것이 세태다. 모비랩은 이 문제를 직시했다. 소셜 임팩트를 낼 수 있는 사업인지 분석해서 실제로 사회적 효용을 입증하는 회사가 되려고 노력해야 한다.

특히 모비랩은 여러 기업들이 협업하여 이를 추진하자고 강조한다. 공동으로 사회문제를 해결하자는 협업적 환원이 바로 '콜렉티브 임팩트'이다. 모자이크 비즈니스맨들이라면 저마다 따로 사회봉사를 하지 않고 기업 간에 공동으로 하면 사회적 임팩트가 커진다는 가설을 증명하는 리빙랩을 시도해야 한다.

해업에서 결업으로

기본적인 모비랩 프로그램을 구성하는 해업, 협업, 환업의 세 세션은 현재 다른 단계로 진화하고 있다. 기업가들을 대상으로 해업 프로그램을 진행한 후에는 '결업' 세션을 진행할 수 있다. 인생의 업이 무엇인지 풀어주었으면, 그것을 결심 이상으로 정립하고 주변에 잘 표현해야 한다. 나아가 조직원들과 고객들에게 공감할 수 있는 것으로 매듭지어야 한다. 따라서 결업 과정을 통해 종업원들과 함께 회사의 브랜드를 정립하고, 소비자들에게 이것을 알리는 마케팅 계획까지 확장해야 한다.

사업을 하기 전에 기업가 스스로 업의 개념을 정해야 한다. 그러고 나면 그 기업이 갖추어야 할 업의 정의를 다시 내릴 수 있어야 한다. 해업에서는 기업의 전망을 풀어 주었으니 이제 묶어 주어야 한다. 그래서 결업이라고 한다. 비즈니스 콘셉트를 정한다고도 하고 기업의 아이덴티티를 결정한다고도 한다.

기업가의 지향점을 강력하게 제시하는 디렉셔닝 아이디어(Directioning Idea)를 효과적으로 바깥으로 끌어내는 것을 해업이라고 한다면, 이것이 정확한 전달력을 갖고 설득력 있게 다가갈 수 있도록 마케팅 커뮤니케이션을 만들어 내야 한다. 그런데 효과가 커지도록 다른 동료들과 함께 풀어 나가려면, 기업가로서 내가 기대하는 지향점과 현장의 동료들이 기대하는 위치 사이에서 차이를 발견하고 입체적인 관점에서 브랜드 포지셔닝(Brand Posisioning)의 선택을 해 나가야 한다. 결업은 내 회사를 대표하는 비즈니스, 시그니처 서비스를 잘 구현하는 브랜딩 프로세스를 짜 보는 것이라고 할 수 있다.

협업에서 분업으로

모비랩에서는 협동과 협업을 분명히 구분한다. 기업들이 서로 베니핏을 나누는 상생의 대화가 협동이다. 먼저 주고 나중에 받는 기브 앤 테이크의 원리가 작용한다. 그 후 공동으로 새로운 베니핏을 만들어 내려는 것이 공생의 대화로서 이것이 협업이다. 호혜성에 원칙을 넘어 함께 하는 기업들 전체의 자원과 기회를 확보하는 공존을 추구한다. 이를 위해서 공동작업을 통해 융합 솔루션을 만들어 낸다.

개별보다 공동으로 할 때 더 많은 프로핏을 얻는다. 공동의 베니핏이 증가하는 동시에 개별 기업의 베니핏도 증가했는지를 점검한다. 집합적으로 프로핏과 베니핏만 증가시키는 것이 아니라 공동작업을 통해 집합적인 소셜 임팩트를 만들어 간다. 단순한 결합을 넘어서는 융합의 차이를 인식한 것이 모비랩 협업 대화를 겪은 기업가들의 특징이다.

이제 콜라보를 하고 파트너십을 맺는 기업들 사이에서는 동료로서 어떤 협상과 계약을 하고 권리 못지 않게 맡은 바 책임을 다할 것인가 하는 것이 중요해진다. 역할분담과 업무분장을 어찌 해 나갈 것인가. 따라서 상의, 협의, 합의에 이르거나 혹은 토의, 동의, 결의에 이르는 의사결정 과정이 중요해진다. 결정에 따라서 실무로 수행해야 할 문제해결은 또 다른 역할과 규칙을 필요로 한다. 모비맨들은 이것을 익혀야 한다.

그중에서도 협업을 넘어서 제대로 된 분업도 할 줄 알아야 한다. 이 대화 기술은 단순히 모비랩 과정에 머물지 않고 현장에서 실행 절차를 짜는 데 이용할 수 있다. 협업 과정에서는 영업이나 동업의 철학을 직관하고 성찰하게 만든다. 하지만 분업 과정에서는 조직 안에서 다룰 대화의 기술을 얻게 된다. 기업가들의 현장에서는 다운사이징, 아웃소싱,

전략적 제휴, 컨소시엄 등의 방법들을 쓰려고 하지만, 그 세부적인 방법을 아는 것이야말로 중요하다. 그것이 단순한 법적 구속을 넘어서 신념과 신뢰를 바탕으로 한 모자이크 정신에 기초해야 한다. 그리고 대화의 기술을 익혀야 가능하다. 협업을 넘어 실제적인 분업을 추구하는 세션을 만드는 이유다.

현장에서 벌어질 공동작업들의 이해

모비랩의 근간은 협업 대화다. 이것이 지나면 분업이 필요하다. 공유, 협동, 융합 코스로 진행되는 협업 세션을 할 때 보자. 공유 코스를 통해 우리는 다양한 것의 인정과 공존을 느끼게 되고, 차이의 존중과 관용이 필요하다는 것을 겪게 된다.

교류가 있어야 협력이 가능하다. 다시 말하면 소통을 하고 난 다음에 협동을 진행한다. 따라서 공유 대화 다음에 협동 대화를 진행하는 것이다. 이제 융합을 통해 협업의 마지막 코스를 마치면, 우리는 분업 세션으로 이동하게 된다. 공유에서 이미 분업에 필요한 것들, 즉 차이의 공존, 다양성의 융통, 관용 속의 병행 등에 대해 유연하게 판단할 수 있는 정보를 얻었다.

협동은 상생하는 작업으로 이해관계를 갖고 파트너십을 맺으려는 회사 간에 서비스를 결합하는 비즈니스다. 협동 코스에서는 서로 간의 솔루션을 결합해 본다. 협업은 함께하는 여러 회사들의 공생을 추구하는 것으로서, 공동의 목적에 따라 각자의 서비스를 융합하여 하나의 새 비즈니스를 만든다. 여기에 작용하는 것이 융합 솔루션이다.

서로 상생하고, 함께 공생할 수 있게 되는 상황은 이런 것만이 아니다. 각자의 이해관계가 살아나면서 더 다양하고 분산된 길들이 보인다. 공동작업으로 펼치는 사업들은 여러 가지 시나리오를 그려 나가는 절차이고, 하나의 정답은 없다. 융합하는 것처럼 각자를 전문화하는 길이 있을 수 있고, 통합하는 것 못지않게 분화하는 방법을 구사하기도 한다. 이 모든 것은 원탁 대화에서 당사자들이 결정해 나가면 된다. 몇 가지 패턴을 볼 수 있다.

먼저, 하나의 큰 공동작업으로 종합하는 경우와 작은 공동작업들을 모으는 연합은 다르다. 앞의 것은 센터를 중심으로 움직이는 하나의 모자이크다. 여러 작은 모자이크들 사이의 허브를 구성하는 양태와 다를 것이다. 비유하자면 여러 회사들이 모였을 때 하나의 구심력으로 응축할 것인지, 원심력을 펼치며 확산할 것인지는 다르다.

다음으로, 여러 기업이 모여 공동의 과제로 수렴할 것인지, 여러 가지 과제를 나누어 맡으면서 섭렵해 나갈 것인지도 다르다. 과제를 놓고 융합하는 것처럼 모자이크 안에서 여러 과제에 따라 분산화, 파편화하는 것도 가능하다. 파편화된 과업을 묶어 모자이크를 만들 수도 있지만 모자이크 안에서 파편화된 과업들로 분열할 수도 있다. 여러 부족 공동체를 만들듯 통합 속에서 분화를 할 능력을 발휘하는 것은 하나의 비유가 될 수 있다.

셋째로 스태프와 라인을 구분하여, 전체를 관리하는 역할과 사업을 나누어 맡는 역할, 집행의 역할과 현장의 역할을 구분하는 전통적인 조직 분업을 추구할 수 있다. 전문성과 보편성의 관계를 놓고 총무와 실무를 나누는 것이다.

이처럼 기업체 간의 모자이크는 구체적인 현장으로 들어가면 협동과 협업을 넘어선다. 모자이크 정신을 바탕으로 하나의 신념과 서로의 신뢰를 갖추고 나면, 사실상 규칙 안에서 역할을 나누고 권리만큼 책임을 지는 것이 일이 되어 버린다.

현장에서 모자이크를 짜는 규칙

현업에서 모자이크 방식을 만들어 가는 기업가들의 원탁은 아래 여섯 가지의 규범을 갖고 운영된다. 상호성, 수평성, 밑에서부터 위로 구성, 작은 것에서 큰 것으로 구성 등이다.

첫 번째는 쌍방향성이다. 일방적으로 말하지도, 한 방향으로 지시하지도 않는다. 모든 것은 상호성을 갖는다. 먼저 마음을 교감하는 것이다. 그런 다음 머리로 이해해야 한다. 그리고 몸으로 일해서 이해한 바를 지켜야 한다. 그것이 상호혜택적인 것을 찾는 것이다. 쌍방향성의 소통을 하려면 귀로 들어야 한다. 그리고 질문을 던져야 한다. 그다음이 내 이야기를 말하고 내 생각을 밝히는 것이다. 모비랩 대화는 '너 나한테 뭐 줄래? 나는 너한테 뭘 줄게'라고 말하는 교환의 대화다. 거래가 일어나면 '가치 있는' 협동의 대화가 일어난다. 호의적 대화가 '기브 앤 테이크'가 되는 것이다. 그러고 나서 융합의 대화는 의미를 갖고 목표까지 함께 가지는 것이다. 이때부터 이야기가 쉬워진다. 호혜성, 즉 혜택을 함께 모으고 함께 나누는 것을 위해 처음 만났을 때부터 상호성에 맞게 공유를 시작하는 것이다.

두 번째, 수평성이다. 한 표씩 행사할 수 있어야 한다. 위계를 떠나 원탁으로 왔을 때는 모두가 똑같아야 한다. 지식이 많다고 더 앞서 나가는 것은 아니다. 경험은 저마다 다르지만 모두 가치 있다. 사람은 스스로 성장하기 때문에 현재 가지고 있는 능력 자체가 표를 행사하는 권리와 직결될 수 없다. 대화만 효과적으로 나눌 기술이 있다면 모두 평등한 원탁에 앉아도 된다. 물론 진행의 효율이 필요한 경우에만 수직적 소통을 허용하도록 약속해야 한다. 항상 모두가 똑같아야 한다는 것은 아니다. 이를테면 말만 하는 사공들이 많은 가짜 민주주의로 가면 안 된다. 똑똑한 사공 20명이 앉았지만 배는 바보처럼 산으로 갈 수도 있다. 원탁의 효율은 기업가들이 제대로 실행하고 최대한의 효과를 보기 위한 것이다. 구상은 20명이 하지만 실행은 3명이 할 수 있다. 의사결정은 배에 탄 사람들이 모두 할 수 있어도, 문제해결의 지휘는 선장과 기관사, 항해사와 갑판장, 조타수 등 5명에게 맡기고 나머지는 시키는 역할을 부여받아 노를 젓는 일반 사공의 임무를 성실히 수행하게 만드는 것이 바람직하다.

세 번째, '밑에서부터 위(Bottoms-up)'로 소통하는 것이다. 원탁의 특징은 우리가 이야기한 것을 위로 올려서 하나의 큰 뜻을 모으는 것이다. 그것이 기본이다. 필요한 경우 조직의 위계를 정해 '위로부터 아래(Top-down)'를 통해 시간과 노력을 단축할 수 있다. 이 모든 것을 동료들이 모여 역할을 나누어 정하면 된다. '위로부터 아래'로 해야 할 것이 있는가 하면 '밑에서부터 위'로 해야 할 것이 있다. 또 의사결정해야 할 것과 문제해결을 해야 할 것 등 경우에 따라서 선택은 달라진다. 하지만 기본은 동료들이 원탁에 앉아 아래에서 위로 모자이크를 구성하는 데 있는 것이 분명하다.

네 번째, 작은 것이 모여 큰 것을 만드는 절차다. '마이크로 투 매크로(Micro to Macro)'다. 핵심은 작은 것들이 힘을 합치는 것이다. 작은 것이 모이면 더 강하다. 개미와 꿀벌은 개체의 아이디어가 없는데도 큰 솔루션을 만들어 낸다. 개성화, 다양화를 강조하는 것이 아니다. 모두 행복을 실현하는 문화의 경우에는 그것이 주요하다. 하지만 이것은 생존하면서 시장을 바꾸어 가는 경영이다. 그래서 차이의 인정과 공존, 그리고 생명체처럼 유연하지만 탄력 있는 조직을 만들어 가는 덩치 키우기에 집중해야 한다. 모두의 베니핏과 프로핏, 그리고 임팩트를 증진하려고 원탁에 앉은 것이기 때문이다.

다섯 번째, 모자이크는 중앙에 조직지능을 만들되 모두가 개별을 살리는 집중에 신경 쓰는 것이다. 다른 말로 하면 전체를 유연하게 유지하는 분산이다. 각자 다양하게 다른 가운데, 두루 살고 하나로도 움직이는 집단지능을 갖도록 애써야 한다. 집중과 분산 혹은 융복합과 분산화 사이에서 균형을 맞추는 것이 이상적이다. 하지만 중요한 것은 모자이크가 조각 난, 크기도 다르고 색깔도 다 다른 파편들이 무지개색으로 멋지게 결합한 것이라는 점이다. 전체의 조화도 아름답지만 모자이크 안에서는 하나하나의 파편들도 개성 있게 드러난다. 참여한 기업가들은 협업과 분업 과정을 진행하면서 비로소 이 균형 사이에서 무엇에 비중을 두어 택할지 함께 판단을 내리게 된다.

여섯 번째, 원탁의 특징은 평등과 동시에 자유를 추구한다는 것이다. 조직보다는 자연스럽지만 규칙과 역할을 지키는 것이 중요하다. 원탁에서는 하나로 힘을 결집하는 것보다 원탁에 앉은 사람들 하나하나의 '임파워먼트'를 중시하게 된다. 이 가설을 옳다고 느끼는 신념들이 모이는 것이고 앉아 있는 동안 이 질서를 신뢰하는 것이다. 이런 원리대로 하면 원탁은 개성과 차이를 살리면서 전체를 위한 약속을 지켜야 한다. 구심력을 갖고 협업을 할 수 있게 되고, 원심력을 가지고 삼삼오오 분업을 하는 훌륭한 장치도 된다. 프로젝트가 동시다발로 이루어지는 파워가 만들어진다.

○ 가설에 도전하는 '리빙랩'

일상 속에서 펼쳐지는 사회실험, 리빙랩처럼 모비랩은 가설을 세우고 이를 검증하는 데 도전한다. '협업하면 비즈니스 이익을 확대할 수 있다'는 가설이다. 모두 비즈니스 이익을 확대하는 해피엔딩을 위해서는, 어떻게 제대로 협업할 것인가를 모색해야 한다. 이것이 모자이크 방식으로 만들어져 온 우리 '리빙랩'의 과제다.

우리는 만일 프로그램 안에서 협동과 협업을 체험하는 원탁을 집중적으로 짠다면 기업들이 얻을 성과가 좋아질 것이라고 가정했다. 우리는 어떻게 현장감 있는 대화를 진행하게 할 것인가 하는 질문을 던졌다. 그리고 프로그램 안에서는 참여하는 각 회사 대표에게 실질적인 도움이 되도록 실무 원탁에 버금하는 충분한 대화 시간을 주는 것을 전제했다.

구체적이고 실질적인 원탁을 지원하자

창업보육 서비스로 시작하여 창업 후 성장기업 보육 서비스로 자리 잡고, 기업가 양성 비즈니스로 진화해가는 모비랩은, 뜻에 동조하는 여러 현장 기업가들이 역량과 재능을 합치는 공동작업으로 프로그램을 발전시켰다. 기업가들 사이에 진행하는 원탁의 기술을 정교하게 다듬기 위해서는 더 많은 시간이 필요하다.

한국사회에서 기업가들은 협동하거나 협업을 해 본 경험이 없다. 회사를 만든 사람들조차 현장의 비즈니스에서 제대로 협동과 협업의 규칙을 적용해 본 경험이 없다. 경험이 부족하다. 있다 해도 일천하다.

원탁에서는 협업과 협동에 대한 사고실험이 진행된다. 모비랩은 협업의 모의실험이다. 콜라보와 파트너십의 기대 효과에 대해서, 가상체험으로 직관할 수 있게 보여 줄 수밖에 없었다. 그렇기 때문에 현장감을 갖는 기업가들 사이의 대화를 통해 스스로 성찰을 도모하도록 도와야한다. 가상이지만 박진감을 갖게 진행할 수 있다. 자신의 사업과 영업에 대해 소개하고, 각자와 서로의 생존과 활로에 대해 생각을 나누며, 현실성과 구체성을 갖고 이야기를 하도록 만들었기 때문이다.

우리는 대화의 원탁만으로도 보육이 된다고 믿었고, 이러한 크고 단순한 아이디어(One big simple idea)를 고수했다. 사실 기업들 역시 대화의 원탁으로 돌아간다. 다만 회사에서 이 대화가 잘 정립된 것인지가 문제다. 제대로 된 대화를 통해 기업가들은 현장의 거래를 하고 공존을 모색하면서 생존력을 높일 수 있다. 협동과 협업의 대화를 충분히 나누면 영업의 감각과 역량을 제공할 수 있다. 그렇다면 이러한 교류의 원탁을 넘어, 실제적인 협력의 원탁을 진행하도록 도와야 한다.

기업가들에게 원탁의 기술을 직접 가르친다면

기업가들이 모비랩으로 원탁을 경험하고 기업가 정신과 비즈니스 전망을 점검하는 것도 중요하다. 나아가 기업들이 직접 원탁의 대화술을 쓸 수 있도록 가르치자. 조직원과의 대화뿐 아니라, 다른 기업가들과의 콜라보와 파트너십에 꼭 필요한 것이기 때문이다.

기업을 비롯한 조직 내에서 실무는 모두 대화로 이루어진다. 그것은 모두 할 일을 결정하고 하는 방법을 해결하는 논의들의 연속이다. 이것은 다시 토, 의, 논, 쟁 네 가지로 나뉜다. 토는 함께 답을 찾는 것, 의는 꿈이나 뜻을 정하기 위해 말하는 것, 논은 논리를 세워 바른 길을 따지는 것, 쟁은 다른 입장으로 나눠 충분히 파악하는 것이다. 이것들은 때에 따라 알맞게 써야 한다.

만일, 기업가들에게 원탁의 기술을 전파한다면, 기업문화는 또 기업가들이 만들어 가는 시장의 풍토는 나아질 것인가. 협동과 협업을 통해 선의의 경쟁을 하면서 생존에 있어서의 공존과 상호혜택을 추구하는 경제 생태계는 지금보다 더 좋은 여건에 놓일 것이 분명하다. 현장에서 동료들에게 원탁의 기술을 익히도록 돕고, 이런 이야기를 나누는 대화의 문화를 만드는 것이 그래서 필요하다고 생각했다.

대화의 기술이 기업가들 양성 프로그램인 랩을 떠나 사업의 현장에서 적용되는가. 원탁의 규칙들을 조직 내에, 기업 간에, 실제 모자이크 비즈니스에, 협업가들이 만들어 가는 공동작업의 서비스에 적용할 수 있는가. 원탁의 대화술이 실제 사업을 하고 돈을 벌면서 시장과 사회를 바꾸는 데 효과를 내는가. 그렇다고 보았다.

대화의 약속을 전파하자

기업가들이 대화의 약속을 잘 익혀 지키도록, 언어의 규칙을 내면화하도록 만드는 것은 좋은 기업가를 양성하는 데 핵심 사안이라고 느껴진다. 이 중에서도 상의, 협의, 합의 등은 기업 조직 내에서도 필요하지만, 기업가들, 즉 콜라보를 해 나갈 파트너들 사이에서도 필요한 언어이다. 대화의 기술 중에서 실질적인 것들이다.

좋은 창업보육 과정, 바람직한 기업가 양성 과정이라면 실무원탁을 진행할 수 있도록 언어들을 익히도록 해야 한다. 그것을 함으로써 기업가의 품위가 나올 것이다. 품격을 지키려는 기업가들은 상도덕이라 부르는 시장의 약속을 지키려 하고, 품질이 좋은 서비스를 만들려 하지 않을 수 없다. 어찌 보면 이런 기본을 망각해서 현대사회의 시장경제가 좌초되고 있는지 모른다.

이런 대화술을 익히는 것은 계약, 협상, 영업에 대한 현장의 역량을 기르는 것이기도 하다. 이런 발상을 한다면 대화의 기술을 익히고 원탁을 진행하는 방법을 터득하는 노력은 실제 상황을 탄탄히 준비하는 것이 될 것이다.

실무를 지향하는 원탁 대화는 소통하고 교류하는 원탁, 협동하고 협력을 주고받는 원탁을 나누어 진행한다. 또, 협동을 통해 상생하려는 대화의 원탁 다음에 공생을 추구하는 협업 대화의 원탁을 발전시킨다. 융합과 협업의 원탁을 진행한 후에는 분업의 원탁을 진행한다. 내가 현장에서 본 기업가와 예비 기업가들에게 가장 필요하게 여겨지는 것은 바로 이런 기술들이었다.

상의, 협의, 합의

조직 안에서나 기업가들 사이에서 진행하는 대화 중에서 논의는 여러 수준이 있는데, 제일 넓게는 '상의'라는 것이 있다. 문제를 발견하고, 그것을 해결할 때 함께 하는 사람들 사이에 상의가 늘 일어난다. 혼자 하는 일이라 할지라도 늘 다른 사람과의 상의는 일어난다. 상의는 서로 의견을 구하거나 여러 의견을 제시하기도 하고, 의견을 잠정적으로 정하게도 된다.

상의의 끝에 이르는 것은 '협의' 혹은 '합의'다. 실제로 일을 많이 해 본 사람들도 힘들어하는 부분, 집단과 조직을 이끌어 본 사람도 쉽지 않게 생각하는 부분이 이것이다. 협의를 할 때는 질문을 잘 던져야 한다. 대화가 겉돌지 않기 위해서는 문제 제기를 분명히 하고, 초점이 흩어지지 않도록 이끌어 가야 한다. 그래서 서류를 두고 회의를 진행하는 것이 바람직하다. 논의의 전제 등이 잘 드러나고, 이것을 바탕으로 이야기를 전개해야 한다.

합의는 과제를 놓고 답을 함께 찾거나 할 일을 결정하는 것이다. 추구하는 가치와 목적에 관한 것, 문제에 과제에 관한 것, 달성하려는 목표와 과업에 관한 것, 방향을 정하는 진단과 처방에 관한 것, 이를 이뤄가는 방침으로서 전략과 전술에 관한 것, 일하는 방도로서 지켜나가야 할 절차와 약속들에 대한 것, 일을 해 내는 방안으로 수단 기술과 조직에 대한 것 등 합의는 여러 수준이 있다.

협의하는 대화는 어떻게든 만들 수 있지만, 서로에게 필요한 협상을 치르고 협약을 하거나 상호 간에 이르는 합의는 쉽게 이루어 내지 못할 수도 있다. 기업의 구성원들 사이에서도 그렇고, 기업 간에는 말할 것도 없다. 다양한 견해를 갖고 서로 다른 목표를 추구하는 사람들이 모여 돌아가는 것이 조직이다. 한편으로 이런 생각들이 하나가 되어서 돌아가는 것이 조직이다. 조직을 이루면 반드시 달성해야 할 것도 있다. 그래서 과녁을 분명히 하고 합의를 이루고자 애쓴다.

상의를 진전시키면 '협' 혹은 '합' 둘 중 하나에 이르는 절차를 밟는다. 기업가는 말할 것도 없고 많은 리더들이 이런 데에 능숙하지 못하다. 하지만 협의와 합의는 자주 일어나야 한다. 선진적인 사회나 조직에서는 이런 자리들이 많이 열린다. 의사결정과 문제해결을 효과적으로 하기 위해서다. 협의하고 합의하는 것은 공식적인 자리만 있는 것이 아니다. 조직 안에서 일상적으로 쓰인다. 이런 면에서 보면, 모든 시작과 끝이 대화라고 느끼게 된다.

토의, 동의, 결의

기업 조직이나 기업가들 사이에 일어나는 논의 중에서 계약과 협상 등 공식적인 약속들을 정해 나가는 협동의 대화는 상의, 협의, 합의의 세 단계를 통해서 진행된다. 한편으로 이것보다 자발적이고 비공식인 결정들이 이뤄지기도 한다. 토의, 동의, 결의의 세 단계로 진행되는 논의가 그것이다. 협업의 대화 중에 함께 해 나갈 공동작업을 찾는 것은 이 절차를 거친다.

'토의'는 공동작업을 위해 해야 할 일을 찾는 자유로운 논의다. 논의는 서로의 관점과 시선을 보여 주는 것이다. 때로는 입장이 다른 구성원들 사이의 논쟁을 거치기도 한다. 중요한 것은 시각과 입장을 모두가 공유하는 시간을 정해 놓아 시간이 늘어지지 않도록 하는 진행사회를 두는 것이다.

거수와 투표를 통한 다수결이 아니라면, 만장일치를 위한 토의를 진행할 수 있다. 의견들을 돌아가며 이야기하는 토의 외에도 다른 관점과 시각을 피력하는 토론을 함으로써 집단적인 판단과 선택을 내리기도 한다. 만장일치를 하든 아니든 간에 일정한 시간을 정하고 결정을 해 나가는 절차의 약속이 필요하다.

만장일치가 아니라면 충분한 논의를 거쳐 '동의'를 이뤄 나가는 자연스러운 절차에 도달해야 한다. 원탁의 구성원들은 다 결정과 선택을 지향하면서 의견을 좁혀야 한다. 이런 흐름을 유도하는 의견조정자의 역할이 중요하다. 진행사회를 보는 리더십도 중요하지만 모두가 정한 바를 확인하고 '결의'에 이르도록 매듭을 짓는 대화촉진자의 활약이 필요하다. 이런 역할은 별도로 주어지지 않더라도 보통 복수의 구성원들이 그 방향을 지지하면서 활약에 참여한다.

모비랩. 그리고 모비맨들

이 글을 읽는 당신, 평생에 회사 하나를 한다면 어찌 끌고 가야 할까. 짧고 굵게? 가늘고 길게? 하지만 모든 이가 바라는 것은 더 굵고 더 길게 가는 것, 크건 작건 강한 기업을 하는 것이다.

더 굵고, 더 강하고, 더 길게…

어떤 이는 '중후장대'하게, 어떤 이는 '경박단소'하게 회사를 끌어가고자 한다. 일반적인 창업보육 과정에서는 제대로 설계하여 돌다리도 두드리면서 비즈니스 모델을 짜고 신중하게 만들어 내는 회사를 권한다. 반면, 현장에서 실전을 해 온 사업가들은 훨씬 '장사꾼' 같고 '업자'처럼 행동한다. 서비스 플랜을 계획하지 않고 직관적으로 할 일을 짠다. 바로 돈 벌 곳에서 일부터 벌인다.

이것이 현실을 아는 사업가들이 회사를 여는 방법이다. 바로 가게 문 열고, 공장을 돌려 일 받고, 돈이 되는 일부터 찾아 일단 회사를 낸다. 보기에 따라서는 가볍기 짝이 없는 이 방식은 오늘날 일인 기업이나 초소형 기업들이 드러내는 기동력 있는 모습이기도 하다. 미래사회에는 대부분의 사업들이 이렇게 만들어질 것이다.

오늘날 창의적인 직업과 사업이 만들어지는 방식은 위의 두 가지를 병행한다. 스타트업은 가볍고 빠르게, 핵심만 분명하게 행동파처럼 만든다. 스케일업을 할 시점에는 더욱 신중파가 되어 깊이 따지고 돌다리를 두드려 가며 숙고한다.

중요한 것은 어찌 회사를 만들어 끌어가든, 확실한 가치로 길게 가고, 탁월한 전망으로 멀리 보고, 훌륭한 사명으로 오래 가는 일이다. 동시에 협력과 사회적 영향력으로 힘 있게 족적을 만들어 가는 것이다. 그걸 잘해야 강소기업이 된다. 그리고 이런 기업을 길러 내는 것이 바로 모비랩 과정이다.

모비맨

모비랩 과정에서 후배 기업가들을 길러 내는 역할을 하는 사람들이 현업에서 일하는 선배인 모비래퍼들이다. 이들은 서로 간에 멘토가 되는 대화를 통해서 좋은 협업가의 모습을 직관하고, 기업가 정신을 풍부하게 입체적으로 성찰하도록, 모비랩 참여자들인 다른 기업가들을 돕는다.

모비래퍼들 자신도 기업가로서 현장에서는 협업가의 면모로 일한다. 모자이크 방식을 지향하며 스스로 모비랩에서 지도하는 바를 실천하는 것이다. 이런 이들을 바로 모자이크 비즈니스맨, 즉 모비맨들이라고 부른다. 모자이크의 가치를 지향하는 이들 기업가들은, 모여서 시장의 체질을 바꾸고 자연스럽게 동료들과 함께 사회를 바꾸는 '체인지 메이커(Change Maker)'가 되기를 바라는 존재들이다.

모비랩이 키워 내는 존재가 바로 모비맨이다. 모자이크 방식으로 일하는 기업가, 모자이크 가치를 추구하는 경영인이 바로 모자이크 기업가다. 모비랩이라는 기업가 양성 과정 안에서는 모두 원탁에 앉으면 모비래퍼 역할을 하는 기업가가 기업가들 사이의 상호 멘토링을 도울 수 있다. 하지만 기업가들이 사업을 하고 생존하기 위해 만나는 현장에서는 모비맨이 모비맨을 직접 기르고, 서로 원탁의 대화를 할 수 있도록 도와야 한다. 상호 멘토링을 할 동료가 되어 주는 것이다.

그러자면 현장의 원탁이 전통처럼 움직이고, 모자이크 기업가들이 자주 모여 대화의 문화를 만들어 가는 인재 판, 즉 모자이크 기업가들의 소사이어티가 형성되어야 한다. 그래서 우리는 모비랩 프로그램 외에도 '협업가 정신'을 가진 사람들이 개더링하는 모비랩 살롱을 꾸준히 열고 있다. 현장에서 실제적인 모자이크 비즈니스들이 열리도록 현장의 대화를 개설하는 것이다.

모자이크 기업가

모비랩 과정은 창업 후 기업 성장 보육과정을 지향하였지만, 기업가 양성 프로그램으로 진화했다. 모비랩 과정을 밟지 않더라도 원탁과 살롱 안에서는 우리가 길러 내는 모자이크 기업가의 모습을 권장할 만한 규칙처럼 이야기할 수 있어야 한다. 그 내용은 다음과 같다.

하나, 모자이크 기업가는 협업가 정신을 갖고 서로 돕는다.

둘, 모자이크 기업가는 원탁에서 대화를 통해 서로를 알아 나가고 함께 할 일을 찾는 기품을 갖는다.

셋, 모자이크 비즈니스맨은 이에 따라 종업원과 소비자뿐 아니라 스폰서와 파트너 등 다양한 고객에게 파트너십과 콜라보를 해 나가는 영업의 관점에서 접근한다. 시장의 소비자를 넘어 사회에서 시민들을 협업의 관점에서 바라보고, 프로핏뿐 아니라 함께 나눌 베니핏을, 시장에서 창출하는 이펙트뿐 아니라 사회적인 임팩트를 추구한다.

넷, 모자이크 비즈니스는 돈을 벌기 위해 마음을, 사람들을, 세상을 관리하는 경영을 한다. 그리고 마음은 해업, 사람들은 협업, 세상은 환업을 통해 관리할 수 있다.

먼저 해업은 마음을 세우는 업이다. 고객의 마음을 움직이기 위해, 마음을 모으고 나눠 줄 수 있도록 업의 정의를 내리는 것이다. 모자이크 비즈니스맨은 기업가의 본질을 잊지 않을 때 고객을 제대로 얻는다고 본다.

다음으로 협업은 사람들과 함께 하는 업이다. 사람들이 함께 구하고, 함께 얻고, 서로 나누는 등 사람들과 함께 시장을 개척하는 것이다. 모자이크 비즈니스맨은 상생과 공생을 추구하는 모자이크가 돈을 만든다고 본다.

마지막으로 환업은 세상을 개선하는 업이다. 돈을 벌 뿐 아니라 세상을 구하고 번 것을 세상에 나누는 것이다. 모자이크 비즈니스맨은 서비스를 사회와 연결 짓고 비즈니스로 사회를 움직이면 가치를 높일 수 있다고 본다.

모비랩의 존재 이유

모비랩 프로그램 안에서 대화는 정교하게 설계되어 있다. 창업보육 기술을 추구하는 것이 아니라 기업가 정신을 추구한다. 하지만 기업가 정신이라기보다는 기업의 본질이 무엇인지 찾는 것이 이 양성 과정의 핵심이다.

모비랩에서는 기업가들이 어떻게 행동을 해야 하는가 묻곤 한다. 언어를 바꿔 본질을 건드린다. 기업이 왜 존재하는가. 창업 후 생존과 육성 기술은 기업가를 핵심적으로 도울 수 없다. 기업은 무엇인가 스스로 집중해야 한다. 좋은 기업은 어떤 것인지 몸소 질문해야 한다. 기업은 시장에서 어떤 역할을 하고, 사회에서 어떤 기능을 해야 하는가, 그것에 대해 대화를 나눌 수 있을 때 비로소 그는 기업가가 된다.

기업은 종업원과 소비자의 마음을 움직여야 하지만, 시민들과 사회에도 공감을 줘야 한다. 사회 전체로 볼 때, 기업의 효용은 무엇인가. 경제를 촉진하는 것으로 보아 세금을 내어 지원도 하는 것으로 보아, 분명히 기업은 사익을 추구하는 동시에 공익적으로 유용한 것이 되도록 기대하고 있는데 말이다.

기성의 창업보육 프로그램을 개선하는 모비랩은 바른 질문으로 출발한다. 어떻게 기업을 만들 것인가가 아니라, 좋은 기업이란 무엇인가 물어야 한다. 그리고 어떤 기업가가 될 것인지 물어야 하고, 왜 기업가가 되고자 하는지 다시 생각할 시간을 주어야 한다. 결국 가장 좋은 창업보육 과정은 보육하지 않고 스스로 기업과 기업가의 길을 발견하는 기업가 양성 과정이다.

모비랩이 보는 세상

모비랩이 제시하는 것이 기업가 정신이든 리더십이든 그 핵심은 모자이크에 있다. 모자이크 비즈니스맨은, 협동과 협업에 머물지 않고 그것이 만들어 내는 변화까지 지향한다. 기업 간의 상생으로 생존하고, 업계를 새롭게 만드는 공생으로 시장을 바꾸고, 나아가 사회에 편익과 공리를 제공하는 데까지 나아가려 해야 한다.

그래서 모자이크는 결국 사회혁신가, 사회적 기업가의 솔루션이라고 할 수 있다. 사회문제를 해결하거나 소셜 임팩트를 내는 일, 정부와 공공 영역에서 하지 못하는 사회의 결핍을 해소하는 소셜 미션을 수행하는 일, 소셜 엔지니어처럼 제도와 관행을 바꾸어 나가는, 이러한 모든 일의 해답에서 피할 수 없는 기본적인 것은 모자이크 방식이다. 그래서 모자이크는 공동으로 세상을 바꾸어가는 생활 속의 사회실험인 리빙랩, 그리고 공동으로 사회에 선한 영향력을 발휘하는 콜렉티브 임팩트, 위키피디아 방식의 집단지능 등과 맥락을 함께 하고 있는 것이다.

스타트업이나 벤처 기업인 스스로 사회적 기업이나 소셜 벤처, 소셜 임팩트를 내는 스타트업으로 자신을 생각하지 않아도 상관이 없다. 모비랩 프로그램에 참여한 기업가들은 모자이크 방식으로 생존율을 높이는 대화 속에서 자연스럽게 사회적 기업처럼 환원을 생각하고, 소셜 벤처처럼 순환을 설계하게 되는 것을 관찰한다.

그들 스스로 시장에서 돈을 버는 것과 사회를 위해 필요한 회사가 되는 것이 양자선택의 문제도 아니고, 함께 못 할 일도 아니라는 것을 발견하는 것이다. 그리고 그 둘을 해 내는 자신의 미래, 회사의 미래를 희망하는 것을 본다. 또, 실패를 줄이는 과정에서 공동으로 일하면서

비용을 줄이는 제안을 받고 사회를 도우면서 기업 이미지와 가치를 높이라는 암시를 받는 데 있어 예외가 없었다.

모비랩이 보는 기업상

모비랩이 세상에 끼칠 수 있는 영향은 여러 가지가 있지만 무엇보다 모든 기업이 다 사회적일 수 있다는 사상이 퍼질 것이다. 또 기업하는 풍토가 바뀌어 선의의 경쟁이 늘고, 단순 경쟁을 넘어선 기업 간 협동을 통한 상생계약, 협업으로 만들어 내는 공생의 전통 등이 새로운 시장을 부상하게 할 것이다.

이런 기업가들이 늘어나면 작은 범위의 시장으로서 효과를 낼 뿐 아니라, 멋진 사회적 충격도 줄 수 있다. 기업가들 사이에서 파트너십과 콜라보를 바라보는 방식이 바뀌고, 영업의 자원과 기회를 바라보는 방식이 바뀐다. 이것은 모자이크로 기업 활동을 이해할 때 가능해진다.

모비랩이 길러내는 기업가의 모습은 '협업가'다. 모든 기업은 사회가 발전하는 데 구체적으로 기여해야 하는데, 사회에 영향을 미치는 분명한 방법은 협업에 있다. 기업 간에 훌륭한 협업을 만들고 이를 확장하여 많은 사람들이 혜택을 나누도록 하면 사회에는 강한 영향이 퍼질수밖에 없다. 그러니 협업가를 길러내는 것이 핵심이다. 사회적 기업가를 기르는 것 이상으로 해야 할 일이 협업가를 길러내는 것이다.

모비랩은 최종적으로 사회적 기업을 기른다거나 소셜 벤처들에게 특화된 프로그램이 아니다. 모든 기업가를 제대로 양성하고 좋은 기업을 만들도록 준비하는 서비스다. 그리고 이 교육 비즈니스는 사회적인 임팩트를 강력하게 낼 수 있다. 협업가들이 많아지면 자연스럽게 경영인들이 소비자와 시민을 위하는 윤리경영을 하고, 사회에 대한 책임경영을 할 것이다.

공익 서비스와 사회적 서비스를 자신의 사업들과 연관하는 기업들이 늘 것이다. 기업의 사회공헌(CSR), 사회와 공유하는 가치창출(CSV) 차원에서 고민하는 기업이 늘 것이다. 비즈니스맨들은 사업으로 돈을 버는 한편으로 소셜 서비스를 만드는 시도도 할 뿐 아니라 많은 사람들에게 선한 영향을 미치는 소셜 비즈니스 그 자체로 회사를 유지하고 시장을 창출할 수 있다는 점 그 자체에 대해 관심이 커질 것이다.

이와 관련해 모자이크 방식을 추구하는 기업가들은 파급력 큰 시장을 찾으면서도 그 파급력만큼 전파와 보급의 힘을 키우는 방법을 고민할 것이다. 기업의 가치를 퍼뜨릴 수 있는 힘을 키우면 시장을 넓힐 수 있을뿐더러, 사회에 필요한 가치 역시 파급할 수 있다. 또 사회적 가치를 함께 고려하는 자신들의 기업 활동이 중요하다는 것을 제대로 알리는 공익적 메시지에 대해서도 더 고민할 것이다.

우리는 사회적 기여를 함에도 불구하고 사회가 바뀌지 않는 한계 중 일부가 요식적으로 사회적 기업을 만들어 내는 사업가들뿐 아니라, 소셜 미션을 실천할 고민을 제대로 하지 못하도록 피상적으로 길러 내는 보육 기관에 있다는 점도 알게 되었다. 그래서 시장체질 개선, 산업 구조, 경제 발전에 도움이 되는 기업 육성 방식에 대해 전환적으로 고민하고 있다.

모자이크 방식을 지향하고 원탁의 대화가 중요한 힘이라고 보는 우리는 협업가 정신을 지향한다. 미래의 변화와 발전은 모비랩이 만들어 내고자 하는 기업가들, 특히 환업에 대한 인식이 높은 품격 있는 기업가들이 증가함으로써 이뤄질 것이다. 분명한 것은, 기업들의 환업이 협업을 통해서만 효과를 볼 수 있다는 점이다.

사회적 영향력은 기업 간의 협업으로 힘이 커진다. 무엇보다 사회를 바꾸는 목적에 집중하기보다 뜻을 모이는 협업에 집중할 때 사회를 개선하는 효과를 볼 가능성이 높다. 영향력 있는 협업을 만드는 것이 사회를 변화시키는 첫걸음이다.

기업가가 사회를 발전시키든 시장을 변화하게 만들든, 협업이 출발선이다. 세상을 바꾸든, 기업의 생존과 성장을 고민하든, 우리는 유능한 협업가가 되어야 한다.

글을 맺으며

지금까지 모비랩은 무엇이고 왜, 그리고 무엇을 얻기 위해 만들어졌는가(1장), 어떤 사연으로, 누구를 위해 만들어졌는가(2장), 모비랩은 어떻게 운영되는가(3, 4, 5장), 모비랩을 만들어 가는 기업가들은 어떤 역할을 하고, 모비랩을 통해서 길러내려는 기업가의 모습은 어떤 것인가(6장)를 소개했다.

'모비랩'에 대한 고민은 3년 전부터 있었다. 콜라보와 융합에 대한 논의를 하고 프로그램을 진행한 1년, 모비랩을 설계하고 서비스로 개발하는 과정 1년, 구체적으로 실행해 비즈니스로 구현하는 것이 이제 또 1년이다. 지금의 모비랩에 녹아든 철학을 정련해 간 것은 청년기부터의 경험이 큰 몫을 차지한다. 20대, 30대에 민간에서 네트워킹을 시도하고 자생적인 커뮤니티를 만들어 성과를 본 경험, 그리고 40대를 통해 창업을 하고 기업 간 협업에서 얻은 교훈 등을 바탕으로 나의 내면에서 관철해 나가려던 가치, 행동과 밀접한 관련을 맺는다.

20대 때의 나는 재단법인 대화문화 아카데미라는 국제적인 영향력을 가진 NGO 단체에서 간사와 연구원으로서 활동했다. 현재 (재)여해와함께의 전신이다. 거기에서 사회를 변화시키는 대화의 힘을 훈련하고 습득할 수 있었다. 첫 직장으로 자부심을 갖고 있는 그곳은 단순한 시민운동 단체가 아니라, 대화의 철학이라는 분명한 개념으로 1960년대부터 한국사회를 바꾸어 나간 사회변화 조직(Change Maker)이기 때문이다.

당시 나는 퇴근 후에 시간을 내서 신촌의 대학가에서 청년 예술가들이 모이는 커뮤니티를 만들었고, 30세가 되자마자 홍대앞으로 가서 언더그라운드 뮤지션과 인디 아티스트들의 네트워크를 만들었다. 불가능해 보이는 협동과 불가해한 연대가 몇 년에 걸쳐 문화를 형성해 내는 것을 몸소 겪었다. 그리고 되든 안 되는 소통과 협조의 원탁을 만드는 것이 일을 효과적으로 만들게 된다는 교훈을 반복적으로 얻었던 것이다.

이런 과거의 활동 경험이 녹아져 있는 산물 중 하나가 바로 모비랩이다. 모비랩은 결과를 제대로 얻기 위해서는 제대로 된 관계를 쌓아 나가는 것이 중요하고, 성공하지 못하더라도 과정을 중시하면 특정한 성취와 함께 성장하게 된다는 청년기 체득의 사유가 녹아 있다. 비용만 늘고 휘발되기 쉬운 것이 협업이고, 투자를 해도 관리하지 않으면 쉽게 해체되는 것이 교류라는 것을 누구보다도 자주 겪어 잘 알지만, 현실의 한계에 부딪쳐 가면서, 그 힘든 것을 헤쳐 나가는 실험과 도전이 더 낫다고 판단했다. 이러한 아방가르드적인 특성들과 삶의 에너지가 녹아 있는 것이 바로, 역발상과 무모한 착상으로 가득 찬 모비랩이다.

몇 년 전 청년 기업을 육성하고 기업가를 양성하는 일을 선택하면서는 단순한 창업자를 보육하는 것이 아니라, 반드시 성장 대열에 진입시키고야 마는 프로그램을 만들고 싶었다. 그래서 창업 후에 현장에 나가 생존의 몸부림으로 신음하게 되는 기업가들의 성장을 돕는 쪽으로 방향을 정했고, 정부가 하지 않는 일을 조명했다. 새롭게 회사를 여는 청년들보다는 사업을 하면서 시름을 앓아 보고 실패의 아픔도 겪게 되는 기업가들에게 힘을 주고 싶었다. 그럼으로써 그들을 명예로운 기업가로 제대로 길러 내고 싶었던 것이다.

30대부터 문화기획자로 잘 살았다. 총괄기획자로 책임을 지는 일 외에도 회사를 열고 큰 프로젝트에 책임을 지는 일도 했다. 많은 시행착오를 겪었다. 특히 공공의 가치와 기업가의 생존을 동시에 고민하는 문화기획사들의 성장과 실패를 보았던 나로서는, 그들의 창업과 수성, 좌절로부터 기업가 정신을 찾아내고 싶었다. 회사를 만들어 간 내 경험을 비롯하여 문화기획가들과 그들이 만들어 내어 생존한 기업의 사례들이 시사하는 바를 모비랩에 적용하고자 한 것이다.

30대에 나는 동료들과 함께 문화기획사뿐 아니라 국내에는 전례가 없었던 문화 컨설팅 회사를 만들었고, 교육, 마케팅, 디자인 등의 자매회사들을 여럿 만드는 데 관여했다. 많은 파트너들과 함께 해서 가능한 일이었다. 나보다 유능한 동료가 리더가 될 때 그들을 뒤에서 돕는 서번트가 되고 때로는 옆에서 함께 있어 주면서 설립자가 되는 코파운더처럼 행동하기 때문에 가능했다. 혼자라면 만들지 못할 회사들 8개가 모두 살아남고 또 약진하는 동안, 나는 무거운 책임을 진 기업가들의 매니저이자 서포터로서 노심초사하면서 밖에서 그들을 응원하는 일이 더 많아졌다. 이런 가슴 졸이는 경험은 나로 하여금 창업보육을 하며 멘토로 살 체력을 만들어 주었다. 나는 거북이 등껍질의 문양처럼 여러 회사들이 모인 이 만남을 용산판이라고 불렀다.

하나의 큰 회사를 만들지 않고 이런 회사들을 여럿 만든 후 40대가 되었다. 나는 자매회사의 대표들에게 여러 회사들이 하나의 동맹체로서 집단지능을 발휘하는 문화 경영을 실험하자고 제안했다. 2011년의 일이다. 그 일이 쉽지는 않았다. 동료들은 서로 양보하면서 동맹체를 굳건히 하기도 했지만, 비용이 많이 들고 성사가 쉽지 않은 콜라보에 대해 냉철하게 회의적인 시각을 드러내기도 했다. 하지만 컨소시엄과 전략적 제휴들을 만들어 내는 도전은 늘 매력적이었다.

이들 8개 회사들이 구속력이 없으면서도 동맹을 유지하고 폐쇄집단이 아니지만 소속감을 갖는 독특한 집단을 유지하는 것을 놀랍게 여긴 사회적 기업 육성가들은 8개 회사를 묶어 협동조합을 만들어야 한다는 조언을 했다. 그때 나는 다른 소셜 벤처들의 창업을 도우면서 기업 간 협업을 강조하기 시작했는데, 정작 내가 몸담았던 8개의 문화기획사들의 성장과 성공을 돕기 위해 더 강력하게 협업을 조성하는 행동을 했는지를 반성했다.

20대 게릴라 정신으로 사업들을 만들고 30대에 벤처 정신으로 문화분야에서 창업했던 그 도전과 실험이 모비랩 가운데 들어갔다. 하지만 정말 모비랩을 열게 된 계기는, 남의 회사 같지 않은 이들 8개 회사가 책임질 줄 아는 좋은 지도자를 만나 잘 커 가는 것을 목도한 경험 때문이다. 특히 이들이 상도덕을 지키는 가운데, 기업들끼리 서로 돕고 때로는 손해보더라도 양보하고 힘을 합치는 바보스러운 행동을 하면서도 망하지 않는 것을 보았기 때문이다.

무엇보다 회사들의 협동과 협업으로 실패율을 줄이고 생존율을 높일 수 있다는 전제를 그때 하게 되었다. 모자이크를 만들고 그 안에서 업종별 제휴와 업종 간 동맹을 맺는 것은 조금도 이상적인 이야기가 아니다. 이미 자본주의 시장의 기업들이 1980년대부터 받아들여온 방식이다. 나는 작은 회사들, 유연하고 창의적인 사업체들 사이에 이것이 필요하다고 보게 되었다.

2013년부터 2015년까지 서울대공원장 직을 경험한 것 역시 일조했다. 기관장으로서의 난 정부와 지자체 그리고 기업들 간의 상호협조와 관관협력, 민관협치 등과 같은 이상적으로 보이는 실험에 도전했다. 예산이 없어 많은 전문가들에게 대화의 날이라는 모임에 오도록 부탁했고, 수많은 자발적인 자문회의를 만들기 위해 발로 뛰는 가운데, 정말로 2년에 걸쳐 대화를 통해 일이 벌어지는 경험을 다시 했다. 서울대공원의 향후 30년 비전을 찾는 '위대한 숲 프로젝트'라는 집단지능이 만들어지고, 많은 인원들이 연결되어 '대공원의 친구들'을 만든 후에는 집단창의력을 발휘해 서울대공원을 혁신하는 문제해결을 도모하는 '동물이행복한숲' 모임으로 발전했다.

미완의 성취를 했던 그 콜라보의 체험으로 나는 퇴임 직후부터 동료들과 함께 살롱을 열고 개더링을 시도했으며, 원탁 대화를 꾸준히 열었다. 특히 서울대공원 시절 만난 소셜 벤처들이 모여 '액션대공원'이라는 이름의 콜라보로 서울대공원 안에 창조기지를 만들고자 했다. 실현되지 못했지만 이들 청년 기업가들이 청년 일자리 창출 등 공익적 목적으로 공동 비즈니스를 만들어 내고 수입 중 일부를 서울대공원 숲 만들기와 야생동물 서식지 보전에 쓰는 프로젝트를 자구적으로 전개하기로 했을 때 큰 감동을 했다. 이후 이들과 같은 소셜 벤처를 기르고 돕겠다고 마음먹었고, 퇴임 후에 사회적 기업을 육성하는 일을 하게 된다.

콜라보를 강조하던 나는 소셜 벤처와 사회적 기업들이 한강의 인공섬인 새빛둥둥섬을 임대하고 청년들의 일자리 창출과 창업 지원 자금을 모으기 위한 공동 프로젝트를 해 내는 것을 보았다. 실제 이들은 공동 프로젝트의 수입을 통해 청년 상인을 지원하고, 청년 기업가 육성 프로그램을 만들고, 청년들의 장학금을 만들어 내는 작업을 했다. 이들이 한 일은 사실 정부가 청년 정책을 통해 해 낸 지원보다 더 실행력이 강하고 실제로 청년들에게 필요한 현장을 마련해 주는 것이었다. 청년을 도와 사회문제를 해결하려는 시도로 만든 '청년희망' 프로젝트는 소셜 벤처들이 연합하여 만들었지만 문화기획가들이 만들어 낸 어떤 문화 행사보다 매력적이었다. 이 사례는 집단지능으로 진행해 낸 문화기획의 예가 되었다. 이때 소셜 벤처들이 힘을 합쳐 콜렉티브 임팩트를 만들어 내는 것이 옳다고 보았고, 모비랩을 만드는 본격적인 계획에 돌입한다.

결국, 홍대 앞 인디신의 네트워크를 짜고 언더그라운드 예술의 커뮤니티를 만들어 가면서 일을 해 낸 경험, 문화기획자로서 여러 사업체들을 만들고 이들의 콜라보에 도전한 경험, 기관장으로 있었던 공공시설에서 소셜 벤처들의 콜라보를 통해 창조기지를 만들고 생태계 보전 캠페인을 전개하려고 시도한 경험, 소셜 벤처들을 육성하는 과정에서 이들이 콜라보로 청년 창업과 일자리 문제를 해결하는 비즈니스 협동을 하는 것을 바라본 경험, 이런 것들을 통해 얻은 교훈을 창업 프로그램과 기업가 양성 코스의 지식으로 집대성한 것이 바로 모비랩이다.

청년 창업을 돕다가 모비랩이라는 창업 후 성장 기업 보육과정을 만들게 된 것은 불가능에 도전하면서 창조적 파괴를 감행하는 혁신적인 기업가 정신에 매료되었기 때문이다. 훌륭한 기업가 정신을 내 삶에 반영하고, 후회하지 않는 사업을 하면서 살아가려는 나 자신의 충동이 무엇보다 컸다. 한편으로 어려운 도전인 기업가를 지향하는 인재들이 기업가 정신으로 내면을 갖추어가는 데 충실하기를 바랐다. 보통 기업이 아니라 좋은 기업을 만들어 사업을 전개하도록 돕고 싶었다. 그래서 모비랩을 만들게 되었다.

기업은 단순히 살아남는 것에만 만족해서는 안 된다. 좋은 기업이란 무엇인지에 따져 업을 세우고, 기업가다운 태도를 경영에 투영해야 한다. 협조와 협력의 방법을 반영할 수 있어야 하며, 또한 사회에서 존재

할 가치가 분명한 기업으로 자리매김할 수 있어야 한다.

기업은 단지 돈을 버는 기계가 되어서는 안 된다. 지속가능한 수익을 창출하고 이윤이 꾸준히 이윤을 낳는 시장의 성공에 도전하면서도, 동시에 사회 안에서 가치 있는 존재로서 사람들에게 행복, 희망, 용기, 안녕과 같은 에너지를 공급할 수 있어야 한다.

정리하자면, 기업가의 내면으로부터 진정성이 우러나오는 경영 철학을 제시할 수 있어야 한다. 그 지향점을 통해 시장에서 성장하고 성공적으로 존재하는 동시에, 경영의 산물로서 사회를 아름답게 만들어 가는 사업을 벌여야 한다. 기업이 생존하고 성장하고 발전해 나가야 한다는 기본 전제와 더불어, 그것을 자신의 업의 한 부분으로 해 내어야 한다.

기업은 경제 주체로서 존재하는 동시에 사회를 발전시키는 존재여야 한다. 그것을 내면화하는 조직원 동료들과 함께 기업의 전통으로 승화시켜 문화적 자산으로 가지려고 노력해야 한다. 자신만의 독특한 경영 철학을 세상이 제시함으로써, 기업은 고객 친화적인 동시에 사회 밀착적인 생명체로 발전할 수 있다. 기업가는 이와 관련해서 자신의 역량을 기업의 직원들은 물론, 콜라보를 할 파트너들, 특히 상생과 공생을 지향할 동료 기업에게 나눠 주고 그들과 함께 편익을 얻어 그들과 함께 나누어야 한다.

모비랩은 기업의 존재 이유를 묻고, 좋은 기업이 무엇인가 하는 본질을 파고들며, 기업가들이 발전을 위해 업의 개념을 바로잡아 기업의 가치를 높이는 단단한 토대를 놓을 수 있도록 돕는다. 하지만 무엇보다 모비랩은 기업가 정신을 고취한다. 특히 협업가로서 살도록, 파트너십과 콜라보의 가치를 구현하고 협업가로서 성과를 만들어 내도록 돕는다. 모비랩은 전적으로 협업가를 길러 낸다.

모비랩의 철학과 기법들이 어찌 펼쳐지고, 모비맨들은 어떤 성과를 내고 있는지는 다음 책에서 다시 밝히기로 한다. 그 전에 모비랩을 통해 당신과 만나기를 학수고대한다.